Andreas Cieslik-Eichert, Claus Jacke

Kreatives Handeln

in Fachschulen für Sozialpädagogik

4. Auflage

Bestellnummer 3466

Bildungsverlag EINS

service@bv-1.de
www.bildungsverlag1.de

Bildungsverlag EINS GmbH
Ettore-Bugatti-Straße 6-14, 51149 Köln

ISBN 978-3-8237-**3466**-6

Inhalt

Vorwort

Ästhetische Kompetenz fördern

Zum Repertoire erzieherischer Handlungskompetenz gehören die theoretische und praktische Auseinandersetzung mit Kunst, Künstlerinnen, Künstlern und kulturellen Prozessen. Indem man Techniken und Verfahren des bildnerischen und plastischen Arbeitens mit unterschiedlichen Medien und Materialien kennenlernt, erfährt man wesentliche Grundlagen für den Bildungsbereich kreative Gestaltung.

Kreatives Handeln kann sich nicht allein auf gestalterische Alltagssituationen beziehen, etwa auf Jahreszeiten bezogene Bastelaktionen mit dekorativen Ergebnissen. Es ist vielmehr so: Die Vielfalt der ästhetischen Phänomene muss im Bereich ästhetische Bildung in den Blick genommen werden. Nach diesem Verständnis gehören Museumsbesuche und die Beschäftigung mit Kunstrichtungen, Künstlerinnen und Künstlern unterschiedlicher Epochen oder die Herstellung von Videoclips ebenso dazu wie die Erkundung eines Gebäudes oder die Gestaltung eines Plakates am Computer. Die vollständige Bandbreite der ästhetischen Praxis ist in der Sozialpädagogik als autonomes Prinzip (als Querschnittsaufgabe) des kreativen Handelns zu sehen und erfüllt erst so die Erwartungen ästhetischer Bildung im Kontext sozialpädagogischer Lern- und Handlungsfelder.

Sinnliches Wahrnehmen, kritische Auseinandersetzung, innovative Denkstrategien und selbstständiges Gestalten sind die grundlegenden Funktionen dieses Bildungsbereichs in der Kinder- und Jugendarbeit. Die freie Entfaltung des kreativen Handelns und die Entwicklung der eigenen Persönlichkeit sind die Grundsätze ästhetischer Bildung, die Kinder und Jugendliche dazu befähigen sollen, kritisch, kundig, reflektiert und produktiv mit der kulturellen Umwelt umzugehen: KREATIVES HANDELN hat als Ziel die Förderung ästhetischer Kompetenz.

Dieses Buch verfolgt einerseits den Gedanken einer fortschreitenden Vermittlung von wichtigen Themen künstlerischen Arbeitens. Andererseits ist es eine Sammlung, die nach Bedarf punktuell benutzt und auch ergänzt werden kann. Das Kapitel 4 bietet für das eigene kreative Handeln Einführungen und Hinweisen zu bildnerischen, plastischen und handwerklichen Verfahren. In allen Kapiteln finden sich Vorschläge für Lernsituationen und ein methodisch-didaktischer Kommentar für die Umsetzung in die sozialpädagogische Praxis. Ebenso gibt es offene Anregungen zu Gesprächen, Diskussionen oder weiteren Möglichkeiten zum kreativen Handeln.

Wir verstehen die Neuauflage dieses Unterrichtswerkes KREATIVES HANDELN IN FACHSCHULEN FÜR SOZIALPÄDAGOGIK als aktualisierten und erweiterten Versuch, wiederum einen Beitrag auf dem Weg zur Verwirklichung der ästhetischen Kompetenz zu leisten.

Die Autoren
www.kreatives-handeln.de

Einführung – Kreatives Handeln als Querschnittsaufgabe

1

Der Lehrplan für die „Fachschulen des Sozialwesens – Fachrichtung Sozialpädagogik" beschreibt die Ausbildung zur Erzieherin und zum Erzieher als Entwicklung der Studierenden hin zu selbstständigen und eigenverantwortlichen Fachkräften in den sozialpädagogischen Arbeitsfeldern der Kinder- und Jugendarbeit, die über eine Orientierung in einem komplexen Berufsfeld verfügen.

Um diesem Ausbildungsziel gerecht zu werden, orientiert sich der Unterricht in dieser Ausbildung in seiner didaktischen Konzeption an der jeweiligen beruflichen Praxis. Welche Themen sind relevant für die spätere Tätigkeit? An welchen Praxissituationen kann man berufliches Handeln erproben und reflektieren? Die beruflichen Handlungen werden von den Studierenden selbstständig geplant, durchgeführt und reflektiert – im schulischen Kontext als Lernsituation und in der begleiteten Erpro-

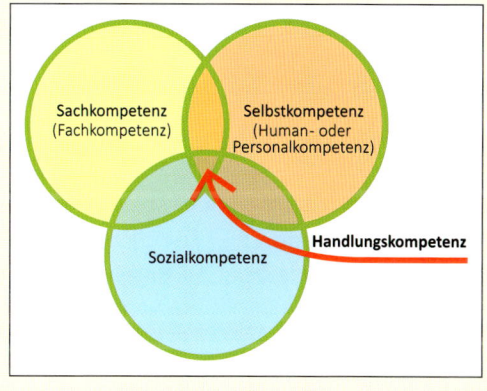

bung am Lernort in der Praxis. Ziel des Unterrichts im Berufskolleg ist folglich die Entwicklung beruflicher Handlungskompetenz durch die ausgewogene und aufeinander bezogene Ausbildung von Fach-, Human- und Sozialkompetenz. Methoden-, Lern- und Sprachkompetenz beziehen sich dabei auf alle drei Dimensionen. Insofern reicht es nicht aus, sich allein Fachwissen anzueignen. Um berufliche Probleme erkennen, bearbeiten und adäquat lösen zu können, ist fächerübergreifendes Handlungswissen notwendig.

Dazu organisiert sich das Lernen in sinnvollen und von der beruflichen Realität abgeleiteten Lernfeldern, die durch die Bearbeitung von Lernsituationen gestaltet werden sollen. Lernsituationen sind dabei als „didaktisch konstruierte thematische Einheiten, die komplexe berufliche, private oder gesellschaftliche Aufgabenstellungen beinhalten"[1] zu verstehen. Eine berufliche Aufgaben- und Problemstellung ist immer der Ausgangspunkt für eine Lernsituation. Unterschieden wird zwischen „fachsystematischen, handlungssystematischen

---

1 Muster-Wäbs, H./Schneider, K.: Vom Lernfeld zur Lernsituation, S. 19

und lernsubjektsystematischen Lernsituationen."[2] Um komplexe Aufgaben selbstständig und kompetent bewältigen zu können, ist die systematische Entwicklung der Lernkompetenz der Studierenden als Grundlage für eigenständiges Arbeiten unerlässlich.

„Lernkompetenz ist die Grundlage, um aktiv und eigenständig an den gesellschaftlichen und beruflichen Veränderungen teilnehmen zu können. Zur Lernkompetenz gehört insbesondere auch die Fähigkeit und Bereitschaft, im Beruf und über den Beruf hinaus Lerntechniken und Lernstrategien zu entwickeln."[3]

Der berufsbezogene Lernbereich der Ausbildung zur Erzieherin bzw. zum Erzieher beinhaltet in den sechs Lernfeldern die Vermittlung der sozialpädagogischen Theorie und Praxis und – neben Religionslehre, einem Vertiefungsbereich, Projektarbeit und der Praxis in sozialpädagogischen Einrichtungen – die Vermittlung „didaktisch-methodischen Wissens zur fachkompetenten Förderung von Kindern, Jugendlichen und jungen Erwachsenen in ausgewählten Bildungsbereichen."[4]

Im Lernfeld 4 (Sozialpädagogische Bildungsarbeit in den Bildungsbereichen professionell gestalten)[5] gibt der Lehrplan einen deutlichen Hinweis auf die Vermittlung von fachspezifischen und sozialpädagogischen Kompetenzen in den Bildungsbereichen.

Die Formulierung „Musisch-ästhetische Bildung"[6] bezieht Ästhetik nicht nur auf den musikalischen und künstlerischen Bereich im engeren Sinn. Vielmehr wird davon ausgegangen, dass ästhetische Bildung alle „Bereiche des alltäglichen Lebens"[7] berührt und folglich die Bereiche Musik, Kunst und Spiel auch in einem ästhetischen Kontext betrachtet. Gestalten ist als Form des Spielens, des spielerischen Umgangs mit Materialien zu verstehen. Dafür bedarf es allerdings einer kompetenten Unterstützung, indem Materialien bereitgestellt werden, unterschiedliche Gestaltungsweisen und Techniken zum selbstbestimmten Tun vermittelt und angeleitet werden sowie entsprechende räumliche und zeitliche Möglichkeiten geschaffen werden.

Wir beschäftigen uns hier theoretisch und praktisch mit dem Gestalten als kreativem Handeln. Folglich werden hier bildungsbereichsbezogene Fachkompetenzen des kreativen Gestaltens angeboten, die zur Lösung von beruflichen Problemstellungen hilfreich sind. Darüber hinaus soll aber auch gezeigt werden, dass kreatives Handeln innerhalb der musisch-ästhetischen Bildung als eigenständige Position – als selbstständiger künstlerischer Erfahrungsraum – betrachtet werden kann. Dieser wird beeinflusst von den sozialpädagogischen Handlungsbedingungen (Adressat, Arbeitsfeld, Situation, Medium etc.) auf der einen und den ästhetischen Kompetenzen (Welche Erfahrungen haben die Erziehenden bereits mit Kunst gemacht? Welche Gestaltungskenntnisse sind vorhanden?) auf der anderen Seite.

---

2 Muster-Wäbs, H./Schneider, K.: Vom Lernfeld zur Lernsituation, S. 55
3 Ministerium für Schule und Weiterbildung des Landes Nordrhein-Westfalen: Richtlinien und Lehrpläne, S. 1 f.
4 Ministerium für Schule und Weiterbildung des Landes Nordrhein-Westfalen: Richtlinien und Lehrpläne, S. 46
5 Ministerium für Schule und Weiterbildung des Landes Nordrhein-Westfalen: Richtlinien und Lehrpläne, S. 49
6 Ministerium für Schule und Weiterbildung des Landes Nordrhein-Westfalen: Mehr Chancen durch Bildung, S. 49
7 Ministerium für Schule und Weiterbildung des Landes Nordrhein-Westfalen: Mehr Chancen durch Bildung, S. 49

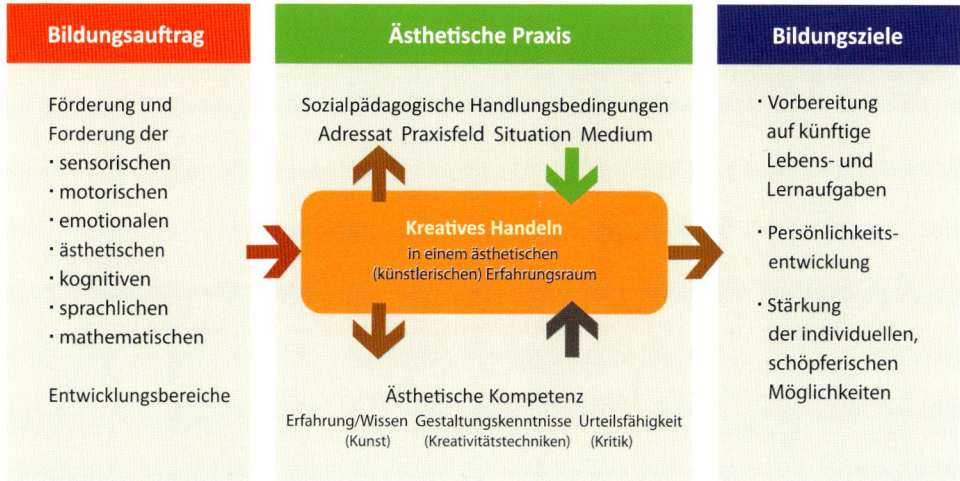

Bildungsgefüge kreativen Handelns

Ästhetische Bildung

„Der Begriff der ästhetischen Bildung fasst hier im Wesentlichen zwei Aspekte zusammen, den eines Denkens in Bildern, ästhetisches Denken genannt, sowie Prozesse, durch welche solche Bilder gestaltet und ausgestaltet werden. Mit beiden hat sich die ästhetische Bildung zu beschäftigen. Wahrnehmen, die Bildung und Differenzierung von Wahrnehmung sowie ihre Gestaltung in Szenen und Bildern machen einen wesentlichen, häufig vernachlässigten Teil kindlicher Denkprozesse aus. Da Kinder in ihren ersten Lebensjahren mehr als später jemals wieder aus dem lernen, was sie über ihre Sinne erfahren, dürfte ästhetische Bildung einen wesentlichen Teil basaler kindlicher Bildung ausmachen."[8]

Die Grundsätze zur Bildungsförderung beschreiben einen Bildungsauftrag für die Erarbeitung von träger- oder einrichtungspezifischen Bildungskonzepten zur Entwicklung und Begleitung von Bildungsmöglichkeiten für Kinder von null bis zehn Jahren. Diese beziehen sich nicht nur auf die bloße Vermittlung von Wissen, sondern auf die sinnliche Aneignung durch vielfältige Erfahrungsmöglichkeiten. Somit sind die zehn inhaltlich zunächst begrenzten Bildungsbereiche interdisziplinär zu verstehen:

„Ästhetische Bildung beispielsweise manifestiert sich nicht nur – wie im Bildungsbereich ‚Musisch-ästhetische Bildung' dargestellt – in den Bereichen Gestalten und Musik, sondern auch in den Bereichen ‚Sprache und Kommunikation' oder auch ‚Mathematische Bildung'. Naturwissenschaftliche- oder auch technische Fragestellungen lassen sich nur schwer von ökologischen Gesichtspunkten trennen, und schließlich durchdringen sprachliche Bildungsprozesse alle Bildungsbereiche."[9]

---

8 Schäfer, G.: Ästhetische Bildung, S. 117
9 Ministerium für Schule und Weiterbildung des Landes Nordrhein-Westfalen: Mehr Chancen durch Bildung, S. 29

Kinder in den sensorischen, motorischen, emotionalen, ästhetischen, kognitiven, sprachlichen und mathematischen Entwicklungsbereichen zu begleiten, zu fördern und herauszufordern, ist die Leitidee der Bildungsbereiche. Bildungsprozesse gelingen nur, wenn das Selbstbewusstsein, die Eigenständigkeit und Identität entwickelt und gestärkt werden.

Die hier angesprochene ästhetische Praxis verfolgt das Ziel, umfassend auf künftige Lebens- und Lernaufgaben vorzubereiten, Kindern Hilfestellungen bei der Entwicklung ihrer Persönlichkeit zu geben und Gelegenheiten anzubieten, die eigenen kreativen Potenziale kennenzulernen und die schöpferischen Möglichkeiten der Wahrnehmung und Gestaltung und des künstlerischen Ausdrucks zu erfahren.

„Insbesondere in den ersten Lebensjahren lernen Kinder (zunächst ausschließlich) aus dem, was sie über ihre eigenen Sinne erfahren. Darüber erschließen sie sich die Wirklichkeit, konstruieren ihre Bilder von der Welt und geben ihnen ihre subjektive Bedeutung. Dieser individuelle Verarbeitungsprozess knüpft an bereits im Kopf bestehende Bilder sowie an vorhandene Erfahrungen und Vorstellungen an. Eine wachsende Vielzahl von Bildern ermöglicht facettenreiches, kreatives Denken und ein sich stetig erweiterndes Verständnis der Welt. Diese Bildungsprozesse werden dadurch unterstützt, dass Kinder vielfältige Möglichkeiten haben, das, was sie wahrnehmen, nicht nur als inneres Bild zu konstruieren, sondern auch als äußeres Bild gestalten zu können. Hier gewinnen alle Bereiche, die vielfältige Sinneserfahrungen und Ausdrucksformen ermöglichen, große Wichtigkeit."[10]

Bei RUDOLF SEITZ findet sich dazu folgende kleine Geschichte:

„Das Kind braucht seinen Raum und seine Zeit, um Entwicklungen ausleben zu können. Manche frühpädagogische Curricula erinnern an den alten Chinesen, der Reis säte. Täglich ging er hinaus, um beim Wachsen zuzusehen. Eines Tages kam er erst sehr spät und völlig erschöpft nach Hause: ‚Ich habe dem Reis wachsen helfen', antwortete er auf die Fragen seiner Familie. Am nächsten Tag gingen alle hinaus. Die Pflanzen hingen matt und verdorrt am Boden. Der Mann hatte an jeder ein wenig angezogen. Er hatte die Geduld verloren [...]."[11]

Was ist Kreativität?

Wahrscheinlich gibt es kein Wort, welches so oft gebraucht wurde, um etwas als außergewöhnlich oder völlig „abgedreht" zu bezeichnen: *Du bist aber kreativ!* – Da macht jemand etwas, das vielleicht aus dem Rahmen fällt und dann wird es gleich als kreativ bezeichnet. Was heißt das eigentlich – *kreativ*?

In der wissenschaftlichen Literatur wird der Begriff „kreativ" mit Bedeutungen wie produktiv, originell oder erfinderisch beschrieben. Kreativität wird entsprechend als schöpferisches Denken bezeichnet, als

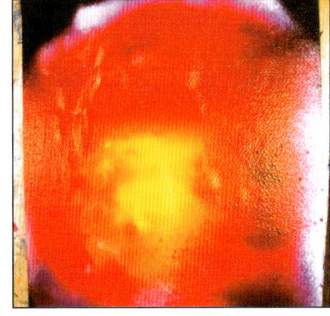

Aquarell: Nass-in-Nass-Technik

10 Ministerium für Schule und Weiterbildung des Landes Nordrhein-Westfalen: Mehr Chancen durch Bildung, S. 49
11 Seitz, R.: Kunst in der Kniebeuge, S. 18

„Fähigkeit, unter Überschreitung früher gemachter Erfahrungen eigenständig etwas Neues zu schaffen, was es vorher noch nicht gab. Dabei spielt es keine Rolle, ob das erstmalig Geschaffene nur für das Individuum selbst oder darüber hinaus für alle Menschen neu ist. Voraussetzung dafür ist die Fähigkeit zur Umstrukturierung gegebener Situationen und Einfallsreichtum, d.h. die Synthese (= Verknüpfung) von Erfahrung und Fantasie."[12]

MIHALY CSIKSZENTMIHALYI – ein amerikanischer Forscher – beschreibt Kreativität als so faszinierend, „weil sie uns aus dem Alltag heraushebt, weil sie uns das Gefühl gibt, intensiver zu leben als sonst. [...] Kreativität hinterlässt darüber hinaus ein Ergebnis, das zum Reichtum und zur Komplexität des Lebens in der Zukunft beiträgt."[13]

Materialien zur Nass-in-Nass-Technik

„Ich möchte [...] Kreativität vorläufig und immer noch recht allgemein als die Fähigkeit zum selbstbestimmten schöpferischen Denken und Handeln beschreiben. In dem Terminus ‚selbstbestimmt' finden wir einen alten zentralen Begriff der allgemeinen Pädagogik wieder, der auf dem Prinzip der Bildsamkeit des Menschen, häufig verbunden mit der Aufforderung zur Selbsttätigkeit, aufruht."[14]

Drucktechnik: Experimente mit der Farbrolle

Kreativität ist der Begriff für die Fähigkeit, neue Beziehungen wahrzunehmen oder außerhalb der bekannten Bahnen neue und originelle Ideen zu produzieren. Die kreative Leistung besteht zunächst in dem Erkennen eines Problems, für das eine Lösung gefunden werden muss. Auf dieser Suche vermittelt die Kreativität nicht nur ein brauchbares Ergebnis, sondern manchmal auch neue Verfahrensweisen, mit deren Hilfe vielleicht ähnliche Probleme angegangen werden können. Dieses Entdecken oder Erkennen von neuen Zusammenhängen, die Fähigkeit, Probleme und Konflikte zu überschauen und ungewöhnliche Ideen zur Veränderung einer Situation zu finden, wird allgemein als kreatives Vermögen bezeichnet.

Drei verschiedene Farbrollen

Die Wirtschaft braucht kreative Mitarbeiterinnen und Mitarbeiter zur Erforschung und Entwicklung neuer Produkte; ebenso wie die Politik sie zur Findung besonders geschickter und kluger Entscheidungen braucht. Die Probleme unserer modernen Gesellschaft verlangen zunehmend

---

12 Dietrich, G./Walter, H.: Grundbegriffe der psychologischen Fachsprache, S. 161
13 Csikszentmihalyi, M.: Kreativität, S. 10
14 Urban, K. K.: Kreativität, S. 67

kreative Leistungen des Einzelnen und der Teams. Schließlich erwarten die darstellenden und bildenden Künste, Theater, Musik, Film, Fernsehen und Kunst, immer wieder Innovationen. Kreativität spielt also bei der Entwicklung neuer Technologien, Handlungsstrategien oder Konzeptionen eine große Rolle. Ohne kreatives Potenzial wären Veränderungen in unserer Gesellschaft undenkbar.

Dass sich hinter solchen Leistungen ein Prozess verbirgt, ist dem Ergebnis auf den ersten Blick nicht anzusehen. Doch schon das Erkennen und Formulieren einer Aufgabe, eines Problems, das gelöst werden soll, ist die erste Herausforderung an die Kreativität (die Wissenschaft verwendet hierfür den Begriff „Präparationsphase"). Wie lässt sich dieses Problem lösen?

„Wenn wir etwas lernen wollen, müssen wir den zu erlernenden Informationen Aufmerksamkeit schenken. Aufmerksamkeit ist eine begrenzte Ressource. Wir können immer nur eine begrenzte Menge an Informationen zu einem bestimmten Zeitpunkt verarbeiten. […] Wir haben auch Mühe, etwas Neues zu lernen, wenn wir mit anderen notwendigen Aufgaben beschäftigt sind, die ebenfalls Aufmerksamkeit verlangen. […] Kreativität entfaltet sich am ehesten an Orten, wo neue Ideen weniger wahrnehmbare Anstrengungen erfordern."[15]

Der kreative Prozess

Meistens gibt es viele Wege, die zum Ziel führen. Um den richtigen herauszufinden, müssen die Informationen, Materialien, Texte oder Bilder, Methoden etc., die für die Bearbeitung eines Problems möglicherweise infrage kommen können, auf ihre Brauchbarkeit hin untersucht, überprüft und ausgewählt werden. Vielfach wird man probieren, Zusammenhänge herstellen, neue Verknüpfungen suchen, Unmögliches miteinander in Beziehung bringen – immer vor dem Hintergrund, ob das, was man gerade macht, möglicherweise ein Weg zum Ziel sein könnte.

Der kreative Prozess gliedert sich in folgende Schritte:

- **Präparationsphase:** Schon das Erkennen und Formulieren eines Problems, das gelöst werden soll, ist die erste Herausforderung. Wie lässt sich dieses Problem lösen?

- **Inkubationsphase:** Es werden Materialien, Texte, Bilder, Methoden etc. untersucht und auf ihre Brauchbarkeit geprüft. Wie lassen sie sich für die Bearbeitung des Problems, für das Ausprobieren von Zusammenhängen und die gedanklichen Verbindungen verwenden?

- **Illuminationsphase („Aha-Erlebnis"):** Der richtige Einfall kommt meistens unverhofft. Man ist sehr intensiv mit einem Problem beschäftigt, in Gedanken versunken, kann sich gar nicht so richtig auf die Dinge des Alltags einlassen, weil man das Problem immer noch vor Augen hat. Dann sitzt man etwa in der Straßenbahn, schaut aus dem Fenster und lässt die Stadt an sich vorbeigleiten. Da plötzlich kommt ein Gedanke wie ein Blitz (Illumination), der das Problem in einem völlig neuen Licht erscheinen lässt. Alles, was vorher noch chaotisch, unlösbar, unübersichtlich erschien, ist plötzlich glasklar.

---

15 Csikszentmihalyi, M.: Kreativität, S. 19 f.

- **Verifikationsphase:** Viele kreative Lösungen haben häufig nur dann einen Sinn, wenn das Ergebnis wirklich neu ist, anderen Menschen vermittelt und auch umgesetzt werden kann. Ohne Kommunikation und Realisation bliebe eine Idee zwar für den Einzelnen subjektiv befriedigend und könnte auch als kreativ bezeichnet werden, sie hätte aber keine gesellschaftliche Bedeutung.

Kreative Prozesse sind mühsam, weil sie immer wieder einen veränderten Blick auf das Wesentliche des Problems erfordern. Sie brauchen Zeit, weil viel ausprobiert, verworfen und wieder probiert werden muss.

„Man kann unmöglich wissen, ob ein Gedanke neu ist, es sei denn, man zieht gewisse Vergleichsmaßstäbe heran, und ob er wertvoll ist, hängt von der Einschätzung der Gemeinschaft ab. Insofern findet Kreativität nicht im Kopf des Individuums statt, sondern in der Interaktion zwischen dem individuellen Denken und einem soziokulturellen Kontext. Sie ist eher ein systemisches, denn ein individuelles Phänomen.“[16]

Was ist kreatives Handeln?

Die Betrachtung eines kreativen Produktes verläuft nach den Kriterien *Neuigkeit* und *Angemessenheit* bezüglich der gefundenen Problemlösung. Das Ergebnis eines kreativen Arbeitsprozesses kann nur dann als wirklich kreativ bezeichnet werden, wenn es tatsächlich neu ist; daran wird es sich gesellschaftlich messen lassen müssen.
Künstlerisches Gestalten im Rahmen des kreativen Handelns ist dagegen als subjektive Auseinandersetzung mit Materialien und Formen anzusehen, also ist es für den Einzelnen auch immer ein kreativer Prozess mit einem kreativen Ergebnis, da das entstandene Produkt subjektiv auch als neu angesehen wird. Kreatives Handeln ist insofern als ästhetische Erfahrung und sinnliche Wahrnehmung zu verstehen – als Ausprobieren und Experimentieren mit Materialien. Wenn Kinder und Jugendliche beispielsweise von sich aus damit beginnen, ein Bild zu malen, eine Figur, eine Plastik zu formen oder mit der Kamera Bilder oder Videos zu machen, um eigene Fantasien und Vorstellungen, Erfahrungen und Erlebnisse auszudrücken, dann beginnt für sie ein kreativer Prozess. Findet diese gestalterische Bearbeitung der Materialien in einer Situation statt, in der die Kinder und Jugendlichen nicht nach vorgegebenen Mustern und Anweisungen, sondern nach eigenen Vorstellungen arbeiten, ermöglichen kreative Prozesse neue Lernerfahrungen und Ausdrucksweisen. Insofern zielt kreatives Handeln immer darauf, die Wahrnehmung aller Sinne zu fördern. Im kreativen Handeln lernen Kinder und Jugendliche den flexiblen Umgang mit Bildern und plastischer Gestaltung, indem sie spielerisch gegensätzliche Materialien kombinieren und zu neuen Aussagen gelangen.

Entscheidend ist also für das kreative Handeln die Förderung der eigenen Ausdrucksfähigkeiten durch die gestalterische Auseinandersetzung mit Materialien und Werkzeugen. Dadurch lernen die Kinder und Jugendlichen, Eigeninitiative für Gestaltungsaufgaben und deren Lösungen zu entwickeln.

---

16 Csikszentmihalyi, M.: Kreativität, S. 41

Versteht man kreatives Handeln als einen Prozess, in dem sich Kinder oder Jugendliche gestaltend mit ihrer Welt auseinandersetzen, so bekommen auch die Produkte dieses Prozesses eine andere Bedeutung. Die Bilder oder Objekte der Kinder und Jugendlichen sind Ergebnisse, Dokumente oder vielleicht sogar nur Zwischenstufen dieses Prozesses der Auseinandersetzung und Bearbeitung. Diese Werke sollen nicht den künstlerischen Vorstellungen der Erwachsenen oder Außenstehenden entsprechen, da es hier um die Förderung des kreativen Handelns der Kinder und Jugendlichen geht. Das heißt, sie suchen und finden ihre eigene Bildsprache, eine eigene Form eines plastischen Objektes oder einen eigenen Weg der Umsetzung einer konstruktiven Arbeit. So kann es sein, dass manche Arbeiten sehr viel Zeit brauchen, andere Objekte wiederum lassen sich vielleicht spontan in einer Stunde herstellen. Wichtig ist, dass man die Geduld aufbringt, die für den Entstehungsprozess eines Werkes notwendig ist. Dass man bei einer solchen eigenständigen und intensiven Arbeit nicht gestört werden möchte, gehört selbstverständlich genauso zum ureigenen Wesen des kreativen Handelns, wie Gestaltungsergebnisse in ihrer bunten Vielfalt zuzulassen. Kreatives Handeln ist zu verstehen als Prozess zwischen der Vielfalt von Materialien und Bearbeitungsweisen einerseits sowie dem Zeitnehmen und der Konzentration andererseits.

Für Kinder und Jugendliche ist das kreative Handeln mit der Erfahrung und Erkenntnis verbunden, ein eigenes, unverwechselbares künstlerisches Objekt geschaffen zu haben. Insofern ist die Herstellung von gleichen Laternen, Untersetzern aus Wäscheklammern oder Schneemännern nach einer vorgegebenen Bastelanleitung auch kein kreatives Handeln, bestenfalls eine Beschäftigung.

Kreatives Handeln ist nicht nur als individuelle Auseinandersetzung mit einem Thema oder Material zu verstehen, sondern kann sich auch als Gruppenprozess entwickeln, also auch soziales Handeln bedeuten, wie das folgende Beispiel zeigt:

„Kinder arbeiten gemeinsam an einem fantastischen Haus. Notwendig wird hierfür sein: Material und eine Gruppe von Kindern. Es müssen Vorstellungen von Häusern entwickelt werden, und zwar so lange, bis die Gruppe einer Meinung hinsichtlich des Hauses ist. Wichtig dabei ist, dass das geplante Haus sich aus den einzelnen Vorstellungen, die die Kinder entwickeln, zusammensetzt. Weiter ist man mit der Realisierung des Hauses auf die Eigenschaften des zur Verfügung stehenden Materials und Werkzeugs angewiesen. Diese Eigenschaften haben ebenfalls Einfluss auf das Produkt. Die Kinder können bei einem solchen Vorhaben während der Planung, des Herstellungsprozesses und am fertigen Produkt viele Phänomene erleben, erfahren und besprechen."[17]

Wie lässt sich kreatives Handeln fördern?

Ob ein Mensch kreativ ist, hängt nicht allein von seinen Begabungen ab, sondern auch von einem **kreativen Umfeld**, einem weiteren kreativen Grundelement. Die Beschaffenheit des Soziotops, wie der Wissenschaftler Albert Ziegler Lebens- und Lernumgebungen nennt, also ob ein Jugendlicher in einem eher hemmenden oder in einer fördernden Umgebung aufwächst, ist entscheidend auch für die Entfaltung seiner Kreativität.[18]

---

17 Seitz, R./Beisl, H.: Materialkiste, S. 18
18 vgl. Ziegler, A.: Hochbegabung, S. 74

Als **kreativitätshemmende Faktoren** lassen sich beispielsweise nennen:

- Pessimismus, fehlendes Selbstvertrauen und Mutlosigkeit: Aus Furcht vor Misserfolgen werden keine Experimente gewagt.
- Angst vor Neuem und Vorurteile: Sie können verhindern, dass auch ungewohnte Problemlösungen gedacht werden.
- Konformes Denken: Der Wunsch nach Anerkennung verhindert den Mut, den unkonventionellen Weg zu gehen.

Dagegen können als **kreativitätsfördernde Faktoren** genannt werden:

- die Möglichkeit, sich frei entfalten und entscheiden zu können
- ein durch Unabhängigkeit gekennzeichnetes Eltern-Kind-Verhältnis
- nichtautoritäres Elternverhalten
- innovatives und anregendes Familienklima
- intellektuelle Interessen
- unerwartete Bekräftigungen

Um die kreativen Ausdrucksmöglichkeiten bei Kindern und Jugendlichen zu stärken, ist es grundsätzlich wichtig, dass die Erziehenden das kreative Handeln der Kinder und Jugendlichen in der Einrichtung in den verschiedensten Ausdrucksformen ernst nehmen und als Entwicklungsprozess anerkennen. Sie müssen ihre kreativen Bedürfnisse richtig wahrnehmen und den Kindern und Jugendlichen durch ein freies und sinnlich anregendes Klima die Gelegenheiten und Möglichkeiten schaffen, gestalterische Eigeninitiative entfalten zu können. Die Kinder und Jugendlichen sollten vorbereitete Orte in ihren Einrichtungen vorfinden, die Material und Werkzeuge beherbergen, um immer dann künstlerisch tätig werden zu können, wenn es den Bedürfnissen entspricht. Die Erziehenden sollten diese Eigeninitiativen begleiten und Aktivitäten und Aktionen planen und vorbereiten, die situativ Themen und Inhalte ansprechen, die den individuellen Gestaltungsbedürfnissen und Ausdrucksfähigkeiten der Kinder und Jugendlichen entsprechen.

Für die Auswahl der Arbeitsverfahren und Materialien ist die Situation der Kinder und Jugendlichen, ihr eigenes Verhältnis zu den vorgeschlagenen Tätigkeiten und die Bedeutung, die sie dem Thema beimessen, entscheidend. Zur Förderung der kreativen Handlungsmöglichkeiten gehören auch Hilfestellungen, die die Erziehenden den Kindern oder Jugendlichen bei der Umsetzung ihrer bildnerischen oder plastischen Ideen geben können. Dies können praktische Hinweise oder Anregungen für eine mögliche Bildkomposition sein.

Graffiti: Spraykunst an den Wänden eines Jugendtreffs

Wie viel Kreativität braucht eine Erzieherin oder ein Erzieher?

Niemand wird von sich behaupten können, von vornherein kreativ zu sein. Künstlerische Methoden müssen erlernt und ausgebildet werden. Kinder und Jugendliche zum kreativen Handeln zu motivieren, das geeignete Medium für sie zu finden, gelingt nicht sofort. Wir gehen davon aus, dass kreatives Handeln entwickelt werden kann. Voraussetzung dafür ist allerdings, dass man sich auf die künstlerischen Ausdrucksweisen einlassen will. Sicherlich kann nicht alles in der schulischen Ausbildung vermittelt und erlernt werden. Der zeitliche Rahmen für die Aufmerksamkeit des Kreativen in der Erzieherausbildung hat deutliche Grenzen. Das kreative Handeln der Auszubildenden muss in der Ausbildung einen gebührenden Raum erhalten, denn die Selbsterfahrungen des kreativen Umgangs mit Themen und Materialien sind Voraussetzung dafür, dass es an Kinder und Jugendliche weitergegeben werden kann. Insofern ist kreatives Handeln in der Ausbildung zur Erzieherin bzw. zum Erzieher also Teil der Vermittlung von Fachkompetenzen, die den Horizont der Handlungskompetenzen erweitern.

In der Praxis sind viele kreative Handlungsweisen und Techniken brauchbar – einige aber nur bedingt, da die Einrichtung möglicherweise nicht über entsprechende Werkzeuge und Räumlichkeiten verfügt. Es ist daher wichtig, bei der Erarbeitung von Lernsituationen oder für die Arbeit im späteren Handlungsfeld eine sorgfältige Auswahl vorzunehmen. Eine Leitfrage könnte dabei sein: Welches Repertoire an Handlungstechniken kenne ich schon gut? Welche möchte/sollte ich noch kennenlernen?

Gesprächsanregungen

1. Welche Erfahrungen haben Sie im Bereich des kreativen Handelns in Ihren sozialpädagogischen Praktika gemacht?
2. Diskutieren Sie, was der Pädagogikprofessor GERD E. SCHÄFER unter Ästhetik versteht und erläutern Sie seine Vorstellung von ästhetischer Bildung.
3. Überlegen Sie in einer Kleingruppe, wie kreative Erfahrungsräume in Tageseinrichtungen für Kinder Ihrer Meinung nach ausgestattet sein müssen, um dem Anspruch ästhetischer Bildung gerecht werden zu können.
4. Denken Sie über Ihre eigene Haltung zum Thema ästhetische Bildung nach und entwerfen Sie eine praktisch-pädagogische Aktion aus dem Bereich der sinnlichen Wahrnehmung, die Sie zum Beispiel in einem Praktikum umsetzen können.
5. Diskutieren Sie: Welche künstlerischen Handlungsmöglichkeiten und Vorstellungen von kreativem Handeln besaßen die Einrichtungen, in denen Sie tätig waren?
6. Entwerfen und bearbeiten Sie Lernsituationen, in denen das kreative Handeln eine besondere Rolle spielt. Stellen Sie Ihre Ergebnisse in der Lerngruppe vor und diskutieren Sie Ihre Überlegungen.
7. Diskutieren Sie Ihre eigene ästhetische Praxis. Wo liegen Ihre persönlichen Interessen? Welche Ausdrucksformen bevorzugen Sie?

Literaturhinweise

Amthauer, Karl Hermann (Hrsg.) u.a.: Herausforderung Erziehung in sozialpädagogischen Berufen, Band 2, Troisdorf, Bildungsverlag EINS, 2007, S. 179 f.

Braun, Daniela: Kreativität in Theorie und Praxis. Bildungsförderung in Kita und Kindergarten, Freiburg i. Br., Herder, 2011.

Schäfer, Gerd E.: Ästhetische Bildung, in: Ders.: Bildung beginnt mit der Geburt. Ein offener Bildungsplan für Kindestageseinrichtungen in Nordrhein-Westfalen, Weinheim, Beltz Verlag, S. 117f.

Seitz, Rudolf: Kunst in der Kniebeuge. Ästhetische Elementarerziehung. Beispiele, Anregungen, Überlegungen, 8. Aufl., München, DonBosco, 1995.

Urban, Klaus K.: Kreativität. Herausforderung für Schule, Wissenschaft und Gesellschaft, Münster, Lit, 2004.

Zimmer, Renate: Handbuch der Sinneswahrnehmung, Grundlagen einer ganzheitlichen Erziehung, Freiburg i. Br., Basel, Wien, Herder, 2012.

1. Erläutern Sie, was man unter Handlungskompetenz versteht.

2. Erläutern Sie die Begriffe „Ästhetik", „Ästhetische Bildung" und „Ästhetische Kompetenz".

3. Was ist Kreativität? Differenzieren Sie den Begriff in die gesellschaftliche und die künstlerische Bedeutung von Kreativität.

4. Beschreiben Sie die Schritte des kreativen Prozesses. Welche Faktoren begünstigen oder hemmen die Entwicklung von Kreativität?

5. Erläutern Sie, welche Rolle Kreativität im erzieherischen Alltag spielt.

6. Nennen Sie die verschiedenen Bildungsbereiche in der Kinder- und Jugendarbeit. Erläutern Sie, was im Bereich der musisch-ästhetischen Bildung unter „Gestalten" verstanden wird.

7. Wie wird in einer Tageseinrichtung für Kinder ästhetische Kompetenz gestärkt und Kreativität gefördert? Formulieren Sie grundsätzliche Aspekte, die Ihrer Meinung nach in einem pädagogischen Konzept stehen sollten.

8. Erläutern Sie, welche Konsequenzen Sie aus diesen Grundsätzen für die architektonische und räumliche Gestaltung einer sozialpädagogischen Einrichtung ableiten.

Kunst wahrnehmen und verstehen

2

2.1   Sich und andere durch Kunst kennenlernen

Kreide: Ineinander verschlungene Buchstaben, die eine eigene neue Form ergeben

Einführung

Bevor man kreatives Handeln als Erzieherin oder als Erzieher einsetzt, ist es hilfreich, eigene Erfahrungen damit zu sammeln. Zu Beginn der Ausbildung treffen die Studierenden auf die typische Situation des Sichkennenlernens. Die erste Kontaktaufnahme in einer neuen Gruppe bedeutet zunächst eine besondere subjektive und individuelle Erfahrung. Es geht darum, sich selbst darzustellen, dazu muss man ein Eigenbild haben und es den anderen Gruppenmitgliedern präsentieren. Kreatives Handeln kann bei der Verarbeitung und Umsetzung dieser Erfahrung hilfreich sein.

Auch in der pädagogischen Arbeit mit Kindern und Jugendlichen gibt es diese Situation immer wieder: Diese Phase des ersten Sichkennenlernens verlangt dann eine einfühlsame und professionelle Begleitung durch die Erzieherin oder den Erzieher. Es ist also sinnvoll, verschiedene Möglichkeiten, Hemmschwellen in neuen Gruppen abzubauen, kennengelernt zu haben und diese passend einzusetzen. Gerade für diese Situation eignen sich bildnerische Arbeiten besonders gut. Zum einen geht es dabei um eine kreative Auseinandersetzung mit der eigenen Situation und zum anderen setzen sich die anderen Gruppenmitglieder betrachtend und analysierend mit ästhetischen Phänomenen auseinander, die von den anderen erstellt worden sind.

Dabei muss betont werden, dass es nicht und niemals darum gehen darf, dass irgendwelche persönlichen Dinge als bildliche Mitteilungen offengelegt werden sollen. Dies käme einer Bloßstellung gleich und ist hier in keiner Weise gemeint.

Vielmehr geht es um eine bildnerische Botschaft, die ein Kennenlernen erleichtert, ein erstes gemeinsames Arbeiten einleitet und so ein positives Klima in der Gruppe zu erzeugen hilft.

Fantasiereise

An vielen Berufskollegs gibt es einen sogenannten „Blocktag" für die Unterstufen der Erzieherinnen und Erzieher. An einem Tag in der Woche arbeiten die Klassen in einem Zeitraum von fünf Unterrichtsstunden mit zwei oder mehr Lehrkräften an komplexen und wechselnden Themenstellungen, denen Lernsituationen zugrunde liegen. Durch die Blocktage wird es möglich, dass die vielfältigen Aspekte der jeweiligen Situationen ausführlich behandelt werden können. Theoretisches und praktisches Arbeiten führen in der Regel zu Einzel- oder Gruppenpräsentation, bei denen die Schülerinnen und Schüler ihre Ergebnisse vorstellen. Gerade zum Beginn der Ausbildung ist der Blocktag eine gute Möglichkeit, um sich auf verschiedene Art zu präsentieren. Die hier gezeigten Beispiele sind individuelle Ergebnisse von zwei Blocktagen aus den ersten Wochen der Unterstufe. Die Schülerinnen und Schüler präsentieren sich dabei mit einer „Fantasiereise". Jede Reise hat einen Start und ein Ziel. Dazwischen gibt es Stationen, die zur Erlangung des Ziels von Bedeutung sind. Es gibt beispielsweise Stationen wie:

- Warum habe ich diese Berufsentscheidung getroffen?
- Was bringe ich mit und wo liegen meine Stärken (und Schwächen)?
- Was will ich noch lernen oder verbessern?
- Was erwarte ich von den Lehrerinnen und Lehrern?
- Habe ich bereits besondere Interessen oder Fähigkeiten (z. B. ein Instrument spielen)?
- Was ist mein Ziel und welche persönlichen Berufsvorstellungen habe ich?

Jeder kann die Anzahl der Stationen und die konkreten Schwerpunkte selbst festlegen. Bei der Umsetzung können die Schülerinnen und Schüler ihren kreativen Einfällen freien Lauf lassen. Dadurch entsteht eine Vielzahl an unterschiedlichen und interessanten Ergebnissen künstlerischer Art. Bei der Präsentation sind persönliches Auftreten, gedankliche Struktur des Vortrags und sprachlicher Ausdruck Aspekte, die aus der Sicht eines anderen Faches beurteilt werden können. Darüber hinaus werden gleichzeitig Eigenschaften wie z. B. Teamfähigkeit, Toleranz oder zielorientiertes Denken gefördert.

 Mittel und Materialien

- Bleistifte und Buntstifte
- farbige Kreiden
- Pinsel und Deckfarben
- Farbkartons und bedruckte Papiere
- Diaprojektor
- Fotokopierer
- Schere
- Klebstoff

oben links:

Mit verschiedenen Materialien wurde eine Fantasiereise gestaltet. Die Figur im Vordergrund wird dabei über die Fläche bewegt und dient zur Erläuterung der einzelnen Stationen.

oben rechts:

Mit Farbpapieren, Stiften und gefalteten Elementen wurde diese Fantasiereise gestaltet.

links:

Bei dieser Reise wird der modellierte Kanal mit Wasser gefüllt und ein kleines Boot steuert die einzelnen Stationen an.

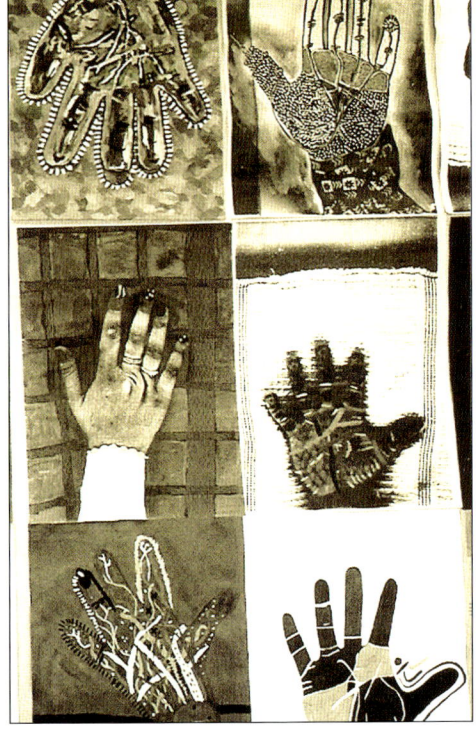

Persönliches Namensschild „Meike":
Filzstift auf Karton

Händesammlung: Übermalte Fotokopien von den
eigenen Händen (→ Zeichnung, → Gips)

Anregungen für die Bearbeitung von Lernsituationen

Praxissituation – für Kinder und Jugendliche

Gemeinschaftsarbeit: Kinder oder Jugendliche treffen sich zum ersten Mal. Um sich gegenseitig kennenzulernen und miteinander ins Gespräch zu kommen, wird eine Gemeinschaftsarbeit geplant. So eine Arbeit könnte beispielsweise folgendermaßen aussehen: Ein großes Papier (etwa in Postergröße) wird mit Bleistift und Lineal in viele kleine Felder aufgeteilt. Dabei sollte die Menge der Felder der Anzahl der Gruppenmitglieder entsprechen. Dann werden auf allen Feldern am Rand Anschlusspunkte zum nächsten Feld festgelegt (zum Beispiel eine Straße, die sich über alle Felder schlängelt). Nach dem Zerteilen des Papiers kann jeder sein Feld frei gestalten. Am Schluss werden die einzelnen Felder wieder zu einem großen Blatt zusammengefügt. So entsteht eine Fantasielandschaft, bei der die Straße eine durchgängige Verbindung darstellt. Dieses neue und sicherlich verblüffende Bild wird bestimmt für Gesprächsstoff sorgen.

Praxissituation – für Kinder und Jugendliche

Farbpuzzle: Für eine ähnliche Arbeit könnte man auch ein Bild (Dia) aus der Kunst (oder einem anderen Bereich) nehmen und es mit einem Projektor auf ein großes weißes Papier projizieren. Zunächst werden die Hauptlinien eingezeichnet. Dann wird das Blatt in entsprechend viele Felder aufgeteilt und zerschnitten. Jeder erhält dann ein Stück des Gesamten. Als gemeinsame Aufgabe könnte beispielsweise „Die farbliche Verfremdung" gestellt werden. Wieder zusammengefügt kann so eine interessante Gemeinschaftsarbeit sichtbar werden, auf die auch später, zum Beispiel als Einstieg für eine Bildbetrachtung, zurückgegriffen werden kann.

Weitere Anregungen

Sich selbst kreativ darstellen

- ein kleines Detail aus einem Foto ausschneiden, auf ein weißes Papier kleben und nach den eigenen Vorstellungen weiterzeichnen bzw. mit den Lieblingsfarben ausmalen
- mithilfe eines Diaprojektors die Schattenrisse der Gesichter (Profilansicht) auf ein schwarzes Papier bringen und scherenschnittartig ausschneiden
- mit dem Fotokopierer Porträts herstellen (beispielsweise Grimassen mit geschlossenen Augen) und die Kopien teilweise übermalen
- mit einer Fantasieschrift den eigenen Namen farbig gestalten

Thematische Anlässe

- auf einem großen Bogen Papier eine Positiv-/Negativ-Sammlung (Pro und Kontra) anlegen (Was mag man?/Was mag man nicht?/Was ist für einen selbst wichtig?/Was ist unwichtig? etc. So eine Sammlung könnte auch im Laufe der Zeit überarbeitet oder vervollständigt werden.)
- die eigene Berufswahl visualisieren
- den bisherigen Bildungsweg nachzeichnen, nachformen oder mit einem Material bearbeiten
- ein Mosaik der Wünsche, Erwartungen, Fragen und Haltungen zum Beruf der Erzieherin bzw. des Erziehers erstellen

Im Austausch mit den anderen

- sich gegenseitig zeichnen (so könnten erste Porträtversuche entstehen)
- eine Momentaufnahme (Bild von der Schule, Gruppensituation u. a.) szenisch darstellen und fotografieren

Kommentar

Eine andere Gestaltungsmöglichkeit für die Phase des Kennenlernens ist beispielsweise das Hören eines Musikstücks und eine Umsetzung der Töne in individuelle Bilder, die später gemeinsam angeschaut und besprochen werden.

Künstlerisch/praktische Arbeiten dieser Art haben dabei einen doppelten Sinn: Einerseits sind sie, indem man eigene Vorstellungen, Meinungen und Gedanken bildnerisch umsetzt, auf die eigene Person bezogen. Andererseits können sie, indem man sich mitteilt, auch immer als Botschaft bzw. als Hinwendung zum anderen verstanden werden.

 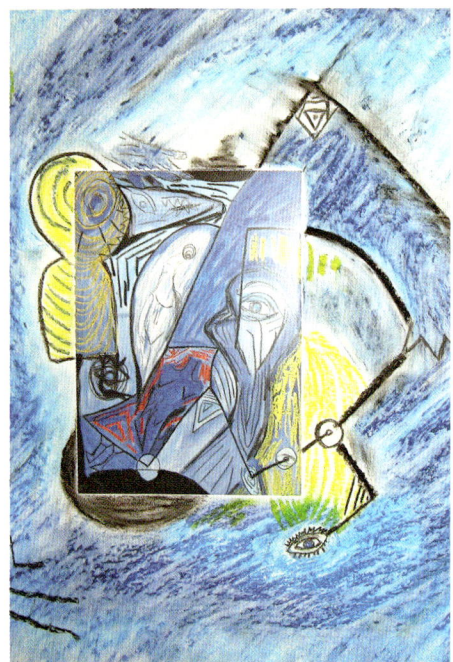

Beispiele für Bilderweiterungen: Eine Abbildung im Postkartenformat wir auf ein Blatt geklebt und nach eigenen Vorstellungen mit Zeichenkohle oder Pastellkreide weitergezeichnet.

2.2 Methoden der Bildanalyse

„L'Afrique n'est pas loin" (fr. = „Afrika ist nicht fern") von Guillaume Cornelis van Beverloo

Entstehungsjahr: 1992, Öl auf Leinwand, 120 x 90 cm, Privatsammlung

Einführung

„Sich ein Bild machen" ist eine Redewendung, die in der beruflichen Praxis einer Erzieherin und eines Erziehers auf verschiedene Weise von Bedeutung ist. Zeichnen und Malen gehören zu den wichtigsten bildnerischen Ausdrucksformen von Kindern und Jugendlichen. Sich und andere wahrnehmen und wiedergeben oder Erfahrungen und Erlebtes darstellen sind nur zwei beispielhafte Anlässe, um bildnerisch tätig zu werden. Im Rahmen der beruflichen Praxis wird eine Bildbetrachtung mit einer Gruppe von Kindern oder Jugendlichen wohl eher Ausnahme als „normaler" Alltag sein. Dennoch werden die Erzieherin und der Erzieher tagtäglich mit den Produkten (Zeichnungen, Bilder, Collagen, Drucke, plastische Arbeiten etc.) der Kinder oder Jugendlichen zu tun haben. Junge Menschen zum Zeichnen und Malen zu motivieren gehört daher ebenso zum „Rüstzeug" einer Erzieherin oder eines Erziehers, wie ein Verständnis für eben diese Produkte zu haben bzw. zu entwickeln (→ Kinderzeichnung).

Außerhalb der Einrichtungen bieten vor allem Museen einen reichen Schatz an Bildern jeglicher Art. Eine geschickte und angemessene Auswahl für eine Bildbetrachtung kann für Kinder (und ebenso für Jugendliche) zu einem spannenden Erlebnis werden. Ihnen die kulturelle Einrichtung eines Museums und deren selbstverständliche Nutzung nahezubringen ist ein wichtiger Aspekt in der Arbeit einer Erzieherin und eines Erziehers.

Dieses Kapitel verdeutlicht anhand von Beispielen, welche unterschiedlichen Wege der Annäherung an ein Bild beschritten werden können und wie diese Wege (mit ihren verschiedenen Schwerpunkten) zusammenlaufen. Dazu ist es zunächst einmal notwendig, die eigene Person in den Blick zu nehmen. Es ist sinnvoll, sich vor einer Bildbetrachtung die vier wichtigsten Fragen zu stellen:

1. Was wird betrachtet?
   Ein Bild, welches im Blickpunkt des Interesses steht und betrachtet werden soll.

2. Wer betrachtet?
   Die eigene Person als mehr oder weniger unbefangener Betrachter (mehr oder weniger deshalb, weil die innere Grundhaltung durch Kenntnisse, Vorwissen, persönliche Ab- und Zuneigung etc. vorgeprägt ist).

3. Wie wird betrachtet?
   Die Art und Weise, der Weg oder die Methode, mit denen man versucht, ein Bild zu betrachten, um es zu interpretieren bzw. seinen Sinn zu erschließen.

4. Warum wird betrachtet?
   Die Absicht, die letztlich mit der Bildbetrachtung verbunden ist.
   Man will beispielsweise:
   - selbst neue Erkenntnisse daraus gewinnen;
   - als Erzieherin oder als Erzieher Interesse und Verständnis für Kunst und Kunstschaffende wecken und bewusst machen, dass künstlerische Arbeiten als Teil der eigenen oder einer fremden Kultur zu verstehe n sind;
   - das Museum, falls eine Bildbetrachtung dort stattfindet, Kindern und Jugendlichen näherbringen (→ Lernort Museum);
   - Kindern und Jugendlichen Wege zur Bildbetrachtung eröffnen;
   - durch Betrachtung von Kunstwerken Kinder und Jugendliche zur eigenen Arbeit motivieren.

Elemente einer Bildbetrachtung

Das zu betrachtende Bild
Dieses Kapitel soll Anregungen bieten, Denkanstöße liefern und zum aktiven Mit- und Weiterdenken auffordern. Der Leser kann sich an dieser Stelle ein Bild vorstellen, das er kennt, in Form einer Abbildung besitzt oder welches nach einem Ausstellungsbesuch deutlich im Gedächtnis geblieben ist.

Überlegungen und Gedanken vorab

Über Bilder zu reden ist gar nicht so einfach. Jeder, der ein Bild betrachtet, wird einen spontanen ersten Eindruck haben. Und je nach Ge- oder Missfallen kann dieser erste Eindruck für eine weitere Betrachtung prägend sein. Sicher haben alle schon einmal – bei sich selbst oder anderen – erfahren, wie schnell ein Bild „beurteilt" wird.

Äußerungen wie: „Was soll das?" – „Damit kann ich nichts anfangen." – „Das soll Kunst sein?" – „Das kann ich auch." – und Ähnliches sind Kommentare, die jeden Versuch einer Bildbetrachtung rasch beenden können. Man spürt in solchen Äußerungen eine gewisse Hilflosigkeit. Es scheint, dass es für die Betrachtenden keinen direkten Zugang zum Bild bzw. zu einem persönlichen Verständnis gibt.

Die Folge einer solchen Erfahrung sollte sein, dass man sich auf die eigene Person besinnt, also sich selbst nach dem persönlichen Standpunkt befragt. In dieser Situation sollte allen ersten Gedanken und Fragen, die bei der Betrachtung eines Bildes auftauchen, nachgegangen werden. Sehr viele Fragen (allgemein oder konkret zu dem Bild) können einem dabei durch den Kopf gehen. (Der Leser sollte dieses einmal bei sich selbst überprüfen!) Beispielsweise:

1. Welche gefühlsmäßige Nähe oder Ferne habe ich zu dem Bild?
2. Fällt mir viel oder wenig zu dem Bild ein?
3. Wie viel Vorwissen habe ich? Kenne ich die Künstlerin oder den Künstler?
4. Wie sehe ich mir überhaupt Bilder an? Habe ich meine eigene Methode bzw. Vorgehensweise, die ich mir mit der Zeit selbst angeeignet habe?
5. Bin ich von der Umgebung abhängig? Ist in einem Museum meine Bereitschaft zur Bildbetrachtung größer als woanders?
6. Was sagt mir Moderne Kunst? Schätze ich Kunst im Allgemeinen?
7. Womit würde ich mich umgeben? Was sagen mir die Bilder, die ich habe?
8. Bringe ich sehr schnell mein Vorwissen, meine Erfahrungen, meine Urteile und Vorurteile in eine Bildbetrachtung hinein?
9. Bewundere ich vielleicht die genaue Detailarbeit, die altmeisterliche Malweise, die Farbzusammenstellung, die Pinselführung, die Bildidee oder etwas anderes?
10. Erzählt mir das Bild eine Geschichte? Oder entsteht diese Geschichte nur in meinem Kopf (und das Bild ist dabei lediglich der Auslöser)?

Wie die vorangestellte Auflistung zeigt, können die Fragen mit dem Bild direkt zu tun haben oder allgemeiner und weiterführender Art sein. In jedem Fall sollte man alle diese ungeordneten Gedanken, die ein erster Bildeindruck hervorruft, zulassen und sammeln. Eine Ordnung, einen Weg und schließlich eine Methode zu finden und diese dann anzuwenden ist der nächste Schritt bei einer Bildbetrachtung.

Die Bildbeschreibung

Will man ein Bild beschreiben (der Leser kann hier auf „sein" Bild zurückgreifen), so sollte man zunächst von dem ausgehen, was tatsächlich vorhanden und für alle gleichermaßen sichtbar bzw. nachprüfbar ist. Eine genaue und klare Trennung zwischen Beschreibung und Interpretation ist hier notwendig.

Eine Beschreibung kann mit den einfachen, abmessbaren, ablesbaren oder unmittelbaren Informationen über das Bild beginnen: Titel des Bildes, Name der Künstlerin/des Künstlers, Lebensdaten, Entstehungszeit des Bildes, Entstehungsort des Bildes, Technik (z.B. Ölfarbe auf Leinwand), Größe des Bildes (Originalgröße), Hoch- oder Querformat, Aufbewahrungsort (z.B. Museum oder Privatsammlung), sonstige Besonderheiten des Bildes etc.

Nach diesen „Rahmeninformationen" kann man sich dem Dargestellten selbst zuwenden. Hier ist es nun vorteilhaft, zuerst die großen Bildelemente zu beschreiben und dann zu den Details überzugehen. Also: Von den großen Flächen zu den kleinen Flächen; von den Hauptrichtungen zu den Nebenrichtungen; von der Hauptperspektive zu weiteren Perspektiven; von der Hauptfigur zu den Nebenfiguren; vom Vorder-, Mittel- und Hintergrund zu den Dingen, die in dieser Bildstaffelung dargestellt sind; von der Hauptfarbe zu weiteren Farben; von der hauptsächlichen Licht-/Schatten-Verteilung zu Lichtpunkten und Akzenten etc.

Dies ist eine Vorgehensweise, bei der man – mit den Augen – das Bild sinnvoll aufteilt und „zerlegt", um dann eine Beschreibung schrittweise vorzunehmen. Dabei können die Art der Sprache, die man verwendet, und der Umfang (bzw. die Detailliertheit) der Beschreibung sehr unterschiedlich sein.

> ### Beispiel
>
> - **Aussage 1:** „Auf dem Bild sind die Reste eines Frühstücks dargestellt."
>   Bei dieser Aussage wird sich jeder Ähnliches, im Einzelnen jedoch Unterschiedliches – vielleicht die Reste des eigenen Frühstücks – vorstellen.
> - **Aussage 2:** „Auf einem Tisch sind die Reste eines Frühstücks dargestellt: eine Tasse, ein Teller, eine Kaffeekanne, ein Brötchen und ein halb gefülltes Glas."
>   Mit dieser Beschreibung wird das Bild, welches vor dem geistigen Auge entsteht, bereits klarer und genauer vorstellbar. Dennoch fehlt hier jegliche Zuordnung. Es wird nicht deutlich, wo sich was befindet.
> - **Aussage 3:** „Das Bild hat ein quadratisches Format. Die untere Bildhälfte wird durch die Draufsicht auf eine Tischplatte fast völlig ausgefüllt. Mitten auf der Tischplatte steht eine bauchige Kaffeekanne mit Deckel. Vor der Kanne ist eine runde Tasse dargestellt, welche die rechte untere Ecke der Kanne verdeckt. Rechts neben der Kanne steht ein schlankes Glas, das halb mit einer weißen Flüssigkeit (Milch?) gefüllt ist. Links neben der Kanne befindet sich ein runder Teller, auf dem ein angebissenes Brötchen liegt."
>
> Mit dieser Beschreibung wird schon eine gute Vorstellbarkeit des Gesamten möglich. Es ist denkbar, nach dieser Beschreibung eine ziemlich genaue und zutreffende Skizze anzufertigen.

Erster Interpretationsversuch

Ein erster Interpretationsversuch sollte sich – mit fast detektivischem Sinn für Schlussfolgerungen – aus der bisherigen Beschreibung ableiten lassen können.

- Jemand hat in aller Eile (das halbvolle Glas und das angebissene Brötchen deuten darauf hin) gefrühstückt. Oder:
- Jemand hat ein Frühstück begonnen und wurde dabei unterbrochen. Oder:
- Die Milch war sauer und das Brötchen steinhart. Deshalb sind beide auf dem Tisch zurückgeblieben. Oder:
- Dem Maler erschienen die „Überbleibsel" des eigenen Frühstücks als interessant und malenswert.

Ob eine dieser Aussagen zutreffend ist, muss vorerst offen bleiben. Außerdem könnte es über das Bildmotiv auch noch weitere Aussagen geben, wie etwa die genauen Beschreibungen von Größenverhältnissen, einem möglichen Dekor auf dem Geschirr, der Farbgebung, dem Material der Tischplatte, einer genauen Licht-/Schatten-Verteilung, den perspektivischen Ansichten etc.
Unter Berücksichtigung aller Informationen stellt sich damit die Frage: „Wie genau muss/soll eine Beschreibung sein?"

Die Antwort darauf ist eher ein Rat als eine allein gültige Folgerung: Eine gute Beschreibung sollte immer eine präzise Vorstellbarkeit des Ganzen zum Ziel haben. Sie sollte aber in einem angemessenen Rahmen (Umfang) bleiben und mit sprachlicher Genauigkeit dargelegt werden.

Zusammenfassung: Bildbetrachtung

Die einzelnen Schritte einer Bildbetrachtung, die das konkret Sichtbare des Bildes zum Schwerpunkt hat, sind:
1. der spontane erste Eindruck,
2. eine Auflistung der Rahmeninformationen,
3. eine großzügige Beschreibung des Bildes nach Bildkomposition, Formen, Farben, Perspektive, Hauptfiguren etc.,
4. eine Detailbeschreibung der einzelnen Elemente mit der genauen Position im Bild,
5. die Beschreibung des Zusammenwirkens der Bildelemente,
6. eine Zusammenfassung des Gesamten,
7. ein erster Interpretationsversuch.

Will man sich nicht nur auf diese Informationen verlassen, um ein Bild zu interpretieren, so sollte man nach weiteren Quellen suchen. Die folgende Grafik zeigt, wie dabei vorgegangen wird.

Das Bild Corneilles im Blickpunkt der Betrachtung (Zeitachsenmodell)

BEISPIEL

Die Grafik ist als eine Art „Folie" zu verstehen, die über das jeweilige (Kunst-)Werk gelegt wird, um die verschiedenen Aspekte und Informationen zusammenzubringen.

Weitere Informationsquellen

Um mehr über ein Bild zu erfahren und um so eine Interpretation besser und sicherer vornehmen zu können, sollten zunächst die verschiedenen Zeitachsen berücksichtigt werden. Hierhin gehören beispielsweise Informationen wie:

- die genaue Zeit, wann das Bild entstanden ist,
- der genaue Ort, wo das Bild entstanden ist,
- ob es einen Anlass gab, der zur Entstehung des Bildes führte,
- ob es andere ähnliche Bilder der Malerin/des Malers gibt,
- Einbindung in das Gesamtwerk der Malerin/des Malers,
- ob die Malerin/der Maler zum Beispiel einer Künstlergruppe angeschlossen war,
- der mögliche Einfluss von anderen Malerinnen und Malern,
- die persönliche Lebenssituation der Malerin/des Malers,
- die Denkweisen und sozialen/politischen Verhältnisse der Zeit,
- ob es eine besondere oder allgemein verständliche Symbolsprache für diese Zeit gibt,
- ob die Malerin/der Maler eine eigene Symbolsprache in seinem Bild verwendet etc.

Ansätze, Informationen und Antworten zum Bild Corneilles unter Berücksichtigung der Zeitachsen

■ Vergangenheit

Der Maler Corneille wird mit seinem Werk vor allem dem Malstil des „Informel" (franz.: art informel: informelle Kunst) zugerechnet. Sich vom Gegenständlichen zu lösen und Form und Farbe, verbunden mit der deutlichen Gestik des spontanen Malakts, als solche in den Vordergrund zu setzen, sind wesentliche Merkmale des „Informel". Diese Kunst-

richtung, die sich in den 1940er-Jahren (nach dem Zweiten Welt-krieg) entwickelte, war auch als eine Reaktion auf eben diese Zeit zu sehen. Der Verlust an Orientierung und überlieferten Wertvor-stellungen finden in der Malerei des „Informel" einen direkten bildnerischen Ausdruck. Mit anderen, die zu einer ähnlichen Form des Malens gefunden hatten, wird Corneille meistens als ein Mit-glied der Gruppe „Cobra" (Abkürzung für: Copenhagen – Brüssel – Amsterdam) genannt. Nachdem sich Corneille um 1950 in Paris niedergelassen hat, beginnt er wenige Jahre danach auch ein intensives Reisen durch verschiedene Länder Afrikas. Dass ihn diese Reisen prägen, zeigt sich an den deutlichen Spuren in seiner Arbeit. In einer stetigen Weiterentwicklung findet Corneille zu einer neuen, individuellen und unverwechselbaren Sprache in For-men und Farben.

Guillaume Cornelis van Beverloo (Künstler-name: „Corneille", 04.07.1922-05.09.2010)

■ Gegenwart

Das Bild, welches wir vor uns haben, zeigt so gut wie nichts von dem, was als „informelle Kunst" bekannt ist. Als Corneille das Bild 1992 „L'Afrique n'est pas loin" (franz. = „Afrika ist nicht fern") malt, ist er 70 Jahre alt. Hinter ihm liegt nicht nur ein umfangreiches per-sönliches Werk, sondern auch eine Sammelleidenschaft. Die Liebe zur Kunst Afrikas und den Menschen dieses Kontinents spielen dabei wesentliche Rollen. Seine persönliche Sammlung afrikani-scher Kunst ist im Jahr 1992 bereits sehr umfangreich und von hoher Qualität. Dabei hat er vieles von dem, was die Kunst Afrikas ausmacht, auf eine sehr eigene Weise in seine künstlerischen Arbeiten fließen lassen. Objekte afrikanischer Stammeskunst sind vor allem Vermittler, die einen bestimmten und eindeutigen Zweck haben. Sie sollen etwas bewirken, denn nur dafür wurden sie

Ohne Titel, 1951, 20 x 12,5 cm

gemacht bzw. in Auftrag gegeben. Kraft und Magie sind dabei zwei Begriffe, die untrenn-bar mit diesen Objekten verbunden sind.

Kraft findet man auch im Bild von Corneille. Hier ist es besonders die Leuchtkraft der Far-ben, die den Betrachtenden sofort auffallen. Die Grundfarben und einige Mischtöne genü-gen dem Maler, um eine starke und intensive Gesamtstimmung zu schaffen. Dabei werden die wenigen Bildelemente mit kräftigen und deutlichen Konturen umrissen. Betrachtet man andere Bilder des Malers, wird schnell klar, dass es in seinen Bildern wiederkehrende

Motive gibt. Die Frau und der Vogel sind in seinem Werk zwei Elemente, die für ihn von symbolischer Bedeutung sind und welche er immer wieder aufgreift, um sie jeweils in eine neue Beziehung zueinander zu setzen.

Zieht man an dieser Stelle die wichtigsten Erkenntnisse zusammen, kommt man zu dem vorläufigen Schluss, dass Corneilles Bild eine verinnerlichte Liebe zu Afrika ausdrückt und vermittelt. Dabei findet gleichzeitig eine Vermischung mit Corneilles eigenen symbolhaften Motiven bzw. Bildelementen statt. Das Bild ist weiterhin auch als eine Rückbesinnung auf das Wesentliche zu verstehen. Es ist eine Rückbesinnung auf die ursprüngliche Kraft der Farben, die klaren Formen und einen entsprechenden Malstil, der vielleicht stellenweise kindhaft erscheint, aber zu keiner Zeit kindlich ist. Betrachtet man bei dem vorliegenden Bildbeispiel den Vogel etwas genauer, meint man vielleicht, dass er in einer Art gemalt ist, wie ein Kind es machen würde. Aber Corneille ist 70 Jahre, als er das Bild malt.

Will man weitere Details in Erfahrung bringen, würde es sich an dieser Stelle anbieten, weitere Arbeiten Corneilles zu betrachten, Literatur über ihn heranzuziehen, Informationen im Internet zu suchen (z. B. Sucheingabe: Corneille+Informel) oder Äußerungen von ihm selbst zu beachten.

▓ Zukunft

Jeder, der die Bilder Corneilles betrachtet, erkennt, dass hier ein Künstler seine eigene Welt auf eine starke und überzeugende Art lebendig werden lässt.

Es ist dabei diese sehr persönliche Sicht- und Darstellungsweise, die, unabhängig von irgendwelchen Moden oder „Kunstgeschmäckern", den Betrachter berührt und gefangen nimmt. Gerade als Erzieherin oder als Erzieher sollte man mit Kindern einmal Bilder von Corneille betrachten. Wie Kinder seine Werke sehen, könnte genauso verblüffend wie aufschlussreich sein.

Zusammenfassung: Bildanalyse (Zeitachsen)

Bei einer Bildanalyse sollten also drei Ansätze berücksichtigt werden:

1. die Beschreibung, was auf dem Bild deutlich sichtbar „abzulesen" ist,
2. die Bedingungen, unter denen das Bild entstanden ist,
3. mögliche Einflüsse oder Rückgriffe auf Kunstwerke der Vergangenheit.

Erst in der Kombination der drei Ansätze wird man sich einer Entschlüsselung des Bildsinns nähern. Man sollte versuchen, alle möglichen Informationen über ein Bild zu verknüpfen, um erst dann eine Schlussfolgerung zu ziehen.

Je nach persönlichem Einsatz und vorhandenen Informationsquellen kann die „Ausbeute" groß oder auch gering sein. (Manche Malerinnen und Maler waren nicht sehr produktiv oder es gibt wenig schriftliche Aufzeichnungen über sie.) Doch in den meisten Fällen bieten das Internet und entsprechende Fachliteratur wertvolle Ansätze und Hilfe. Darüber hinaus findet man bei einigen Kunstschaffenden neben dem künstlerischen Werk auch umfangreiche schriftliche Aufzeichnungen. Ein gutes Beispiel sind die Tagebücher von Vincent van Gogh. Diese sehr persönlichen Schriften geben einen genauen Einblick in die konkreten Lebenssituationen und Gemütszustände des Künstlers. Wer diese Tagebücher liest, wird vielleicht sehr wenig über ein bestimmtes Bild darin finden, aber sehr viel über den Menschen und seine Zeit.

Zugänge zur Bildanalyse

Für alle, die mit dem Thema Bildbetrachtung noch wenig Übung haben, hier drei Ansätze, die in die eigene Planung einfließen können:

1. **Machen Sie sich selbst zum Experten für ein Bild!** Dies bedeutet, vor einem Museumsbesuch möglichst viel über das Bild und den Maler in Erfahrung zu bringen und so auf Fragen gut vorbereitet zu sein. Mit diesem Wissensvorsprung kann man ein besonderes Augenmerk auf den Gesprächsprozess bei der Bildbetrachtung richten.

2. **Arbeiten Sie mit Expertinnen und Experten zusammen!** Museen haben in der Regel eine Museumspädagog in oder einen -pädagogen, die oder der wertvolle Tipps und Hilfen geben kann. Auch kann man sich darüber informieren, ob spezielle Angebote, zum Beispiel besondere Ferien- oder Sommerprogramme, gemacht werden. Es wäre also auch möglich, eine Bildbetrachtung mit einem „Profi" zu planen und durchzuführen.

3. **Die gemeinsame Erarbeitung** In diesem Fall könnte ein Bild, über das wenig bekannt ist, der Anlass bzw. Auslöser für weitere Nachforschungen sein. Eine solche Arbeitsform ist zwar weniger mit Kindern, wohl aber mit Jugendlichen denkbar. Informationen aus Büchern, Katalogen, Fachzeitschriften, dem Internet, Expertenbefragungen über die Malerin oder den Maler und das Werk etc. müssten zusammengetragen und ausgewertet werden, um so eine Dokumentation zu erstellen, bei der das Bild im Mittelpunkt steht.

Inwieweit einer dieser Ansätze der Erzieherin oder dem Erzieher als gangbarer Weg erscheint, wird sicher von der konkreten Situation abhängen. Eine Bildbetrachtung sollte dabei immer aus einem Anlass und Zusammenhang erfolgen. Meistens bewirken ein Museumsbesuch und eine damit verbundene Bildbetrachtung einen Motivationsschub für eigene praktische Arbeiten. Kinder und Jugendliche, die viel sehen, aufnehmen und speichern, haben sicherlich auch ein verstärktes Bedürfnis, ihre persönlichen Erlebnisse in Bilder umzusetzen.

Anregungen für die Bearbeitung von Lernsituationen

Praxissituation – für Kinder

Bildbetrachtung: Eine aktuelle Ausstellung ist für die Erzieherin oder den Erzieher Anlass, um mit den Kindern einen Besuch zu planen. Eine Vorbereitung, welche unumgänglich ist, um den Besuch zu einem erfolgreichen Erlebnis zu machen, findet in der Einrichtung statt. Falls es einen Katalog gibt, könnte man Bilder daraus bereits vorher betrachten und besprechen. Wenn mit einem Museumspädagogen zusammen gearbeitet wird, könnten die Kinder möglicherweise direkt nach dem Besuch ihre Erlebnisse und Eindrücke – falls es einen Arbeitsraum gibt – zu Papier bringen.

Praxissituation – für Jugendliche

Bildbetrachtung: In ähnlicher Weise wie mit Kindern kann man auch eine Bildbetrachtung mit Jugendlichen organisieren. Vor einer Bildbetrachtung, muss entschieden werden, welches Bild betrachtet wird und wo dies stattfinden soll.

Versuchen Sie es einmal mit einem Bild aus dem Expressionismus.

Eine vielleicht zuerst irritierende Farbgebung kann ein guter Anlass sein, um über Farbe als Ausdruck von Gefühlen zu sprechen. Die besondere Atmosphäre eines Museums – zumal man dort das Original vor sich hat – ist sicher anregender, als in der Einrichtung einen mehr oder weniger guten Kunstdruck zu betrachten. Außerdem werden Jugendliche so schon früh damit vertraut gemacht, dass ein Museum ein Ort mit vielfältigem Anschauungsmaterial und Lernangeboten ist (→ Lernort Museum).

Weitere Anregungen

Eine Vorstellung entwickeln

Ein Kind/Jugendlicher erhält ein Bild, z. B. eine Postkarte oder eine Abbildung aus einem Buch. Während das Bild mit Worten beschrieben wird, fertigen die anderen aus der Gruppe eine Skizze nach dieser Beschreibung an. Ein Vergleich von Bild und Nachzeichnungen könnte ein guter Ausgangspunkt sein, um über die Genauigkeit von Beschreibungen zu sprechen. Mit einfachen Bildmotiven ließe sich dieser Test auch mit jüngeren Kindern durchführen. Weitere Bildbetrachtungen und ein Museumsbesuch könnten dann folgen.

Begegnungen mit Kunst verarbeiten

- eine Künstlerin oder einen Künstler in seinem Atelier besuchen und nach den Arbeiten befragen
- Skulpturen/Plastiken in der Stadt aufsuchen, betrachten und fotografieren
- „Was halten Sie von Kunst im Stadtbild?" – eine Videobefragung durchführen
- eine aktuelle Ausstellung mit Berichten und Kommentaren in einer eigenen Kunstzeitung würdigen
- über die eigene Kunstauffassung, über Lieblingskünstlerin/-künstler oder eine besondere Kunstausstellung mit Freunden, Verwandten, Eltern, Geschwistern, Lehrerinnen oder Lehrern diskutieren

Kommentar

Wenn man sich als Erziehende dem Thema Bildbetrachtung zuwendet, so sollte man sich bewusst sein, dass eine doppelte Anforderung an die eigene Person gestellt wird. Einerseits muss sich jeder nach den vorhandenen Interessen, Kenntnissen, sprachlichen und methodischen Fähigkeiten und Möglichkeiten sowie dem persönlich erworbenen Kunstverständnis befragen. Andererseits ist man als Erzieherin oder als Erzieher auch gleichzeitig in einer vermittelnden Rolle. In dieser Rolle muss man anregen, aufmerksam machen, anleiten, Hilfestellung geben, Erfahrungsmöglichkeiten schaffen und die individuellen Fähigkeiten von Kindern fördern und entwickeln. Dazu bedarf es einer persönlichen Bereitschaft, Motivation, Offenheit, einer gesprächsfördernden Grundeinstellung und eines Geschicks bei der Auswahl von angemessenen Bildern für eine Betrachtung.

 **Literaturhinweise**

Golinski, Hans Günther u. Hiekisch-Picard, Sepp: Corneille und Afrika. Frankfurt a. Main, Die Galerie, 1998.

Gombrich, Ernst H.: Die Kunst, Bilder zum Sprechen zu bringen, Stuttgart, Klett Cotta, 1993.

Merz, Marianne: Bildbetrachtung 1 und 2, FRANKFURT, ALS-Studio-Reihe, 1987.

Panofsky, Erwin: Sinn und Deutung in der der bildenden Kunst, Köln, DuMont, 1975.

Thomas, Karin u. a.: Kunst. Bildatlas. Stuttgart, Klett, 2011.

www.kunstunterricht.de [Aufruf 12.02.2014].

2.3   Bilder von Kindern und Jugendlichen betrachten

Einführung

Seit über 100 Jahren beschäftigt sich die Psychologie, Kunstwissenschaft und Pädagogik mit der Entwicklung der kindlichen Bildsprache. Hauptsächlich ging es dabei um die Frage nach dem visuellen Ausdruck der Kinderzeichnungen. Wie gestalten Kinder verschiedener Altersstufen ihre Bilder? Auf welcher Bedingungsgrundlage entstehen die Zeichnungen? Was erzählen die Kinderzeichnungen und wie lassen sich die Bilder deuten? Ist für das Vor- und Grundschulkind das bildnerische Schaffen das wichtigste Ausdrucksmittel, um Erfahrungen mit der Wirklichkeit zu verarbeiten und sich mit der sichtbaren Welt auseinanderzusetzen, so erhält bildnerisches Arbeiten zu Beginn des Jugendalters mehr die Funktion, sich selbst zum Ausdruck zu bringen. Insofern sind Zeichnungen von Kindern und Jugendlichen immer auch als Spiegel zu sehen, in dem die Entwicklung des kindlichen Denkens und Wahrnehmens abgelesen werden kann. Im Folgenden werden Aspekte der kindlich-ästhetischen Entwicklungsschritte (Kritzelphase, Schemaphase und Phase der quasi-künstlerischen Gestaltung) und der Jugendzeichnung vorgestellt.

„Jede Arbeit mit ästhetischem Material baut auf der Fähigkeit des Heranwachsenden auf, bildhafte Nachrichten zu verstehen und selbst solche Nachrichten ‚auszusenden‘."[1]

Die Kritzelphase

Die erste bildhafte Äußerung des Kindes, die zum Ende des ersten Lebensjahres zu beobachten ist, wird Spurschmieren genannt. Durch Verreiben auf einer Fläche erkundet das Kind das Material. Kurze Zeit später (zu Beginn des zweiten Lebensjahres etwa) lassen sich die ersten Kritzelereignisse beobachten. Das Kind arbeitet bei den ersten Zeichenübungen sehr schwungvoll. Es setzt dabei das Zeichenmittel oft ruckartig auf das Papier, das durch diese heftige Malweise häufig zerstört

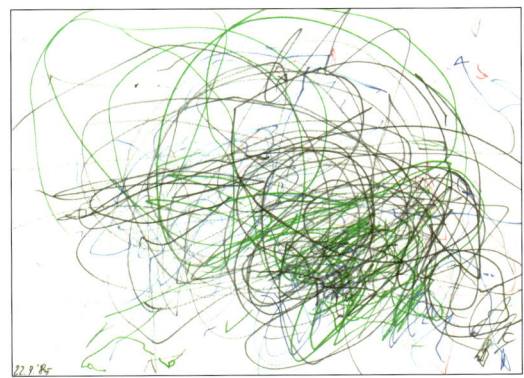

Kritzelereignisse

oder durchstoßen wird. Die Ergebnisse sind Kreise, Zickzackspuren oder Kreuzgebilde. Man spricht von Hiebkritzeln, Schwingkritzeln oder Kreiskritzeln. Ab der Mitte des zweiten Lebensjahres beginnt das Kind, isolierte Kreise zu zeichnen und benennt auch das

---

1   Richter, H.-G.: Entwicklung und Struktur, S. 20

Dargestellte, wechselt allerdings häufig die Bedeutung. Man spricht deshalb in dieser Phase von sinnunterlegtem Kritzeln.

Die Kinderzeichnungen des vierten Lebensjahres enthalten zum ersten Mal deutliche Elemente eines Bildes: richtungsbestimmte Linienführung, einfache Kastenformen, umschließende Linien (Kreis). Das Kind ist in dieser Übergangsphase vom Kritzeln zur schematischen Darstellung in der Lage, ein Gesicht durch eine Kreisbewegung mit eingefügten Linien zu zeichnen. Zwei senkrecht nach unten geführte Linien werden an diese Kopfdarstellung angeschlossen. Es entsteht so ein Gebilde, das Kopffüßler genannt wird. Einige Forscher nehmen an, dass das Kind das Bildschema des Kopffüßlers aus der Kreisform und der Geraden („Leiterschema") bildet.

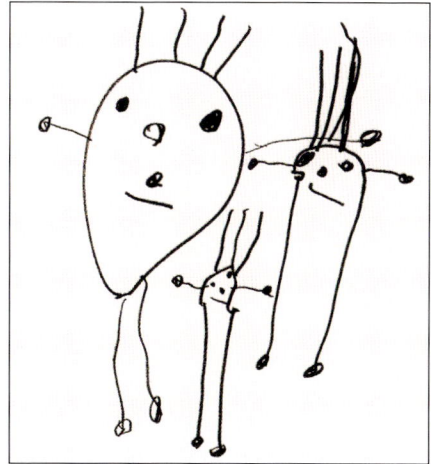

Kopffüßler/Leiterschema

Die Schemaphase

Im Alter von vier Jahren verteilt das Kind zudem erstmals seine Bildzeichen auf der Fläche. Charakteristisch für diesen Entwicklungsschritt sind

- **die Flächenkoordination und Streubilder:** Das Kind erkennt, dass es ein Oben und ein Unten gibt. Die einzelnen Bildelemente werden in die freien Stellen der Fläche hineingezeichnet; es vermeidet dabei Überschneidungen.

- **die Binnendifferenzierungen:** Das Kind zeichnet nun in den Kopffüßler immer mehr Details hinein. An die Striche, die Beine darstellen sollen, werden kleine Häkchen angesetzt für die Füße. Zwischen die Striche wird eine Fläche gesetzt, die den Bauch darstellen soll. Attribute wie Finger, Handflächen etc. treten hinzu und lassen die Abbildung immer deutlicher werden.

Streubild

- **die Handlungs- und Erzählstruktur:** Die dargestellten Bildmotive werden vom Kind zunehmend in Beziehung gesetzt und folgen immer mehr einem Erzähl- oder Handlungsmuster. Es beschäftigt sich mehr und mehr mit der Darstellungsabsicht und dem bildnerischen Lösungsweg dorthin.

Bis zum Ende der Vorschemaphase weitet sich die Anzahl der dargestellten Bildmotive noch erheblich aus. Zu Menschendarstellungen kommen Bildmotive wie Häuser, Bäume,

Tiere, Wolken, Wege, Autos, Fahrräder, Schiffe etc. hinzu. Die wichtigen Motive seiner Umgebung macht das Kind zum Gegenstand seiner Bildsprache und zeichnet sie möglichst detailliert.

Das Schemabild in der mittleren Kindheit

Im sechsten Lebensjahr (Schuleintritt) hat das Kind die wichtigsten, grundlegenden Zeichenmerkmale für Personen und Gegenstände entwickelt. Es schmückt seine Zeichnungen zwar immer reichhaltiger mit Details und Zugaben aus, aber grundsätzlich zeigt sich in dieser Phase keine neue Entwicklungsstufe der Bildsprache. Vielmehr gewinnen die Bilder an Ausdrucksstärke und Individualität. Die Zeichnungen lassen sich leichter einem bestimmten Kind zuordnen, da es unverwechselbare Bildzeichen für sich gefunden oder entwickelt hat, die es im Sinne seiner Bildabsicht möglichst ausdruckssteigernd einsetzen möchte. Dieses Stadium wird als Werkreife bezeichnet.

„Wir können noch ein weiteres Charakteristikum hinzufügen, das der Verdeutlichung des Mitteilungsgehaltes: Das Kind reagiert nach der Werkreife zunehmend auf die Verständigungsbereitschaft und die Verstehensabsicht des Betrachters mit einer Wiederholung/ Verdeutlichung der Darstellungsformen. Es gibt damit eine Mitteilungsabsicht kund, die sogar zu einer Umorganisation der Motive führen kann, wenn es sich nicht verstanden fühlt (‚analyzing feedback‘). Es weiß sich (zeichnend) in der Rolle eines Kommunikationspartners, der einem Betrachter etwas mitteilen möchte.“[2]

Merkmale des Bildschemas

- **Raumordnung:** Die Entwicklung der Vorschemaphase, die einzelnen Bildelemente unter Vermeidung von Überschneidungen auf der Bildfläche anzuordnen, wird fortgesetzt. Um dem Bild auch ein Oben und Unten zu geben, teilt das Kind die Bildfläche in drei Segmente ein: Am unteren Bildrand zeichnet es eine dünne Standlinie, auf der die Dinge senkrecht stehen, ein ebenfalls dünner blauer Himmelsstreifen bildet nach oben hin den Abschluss. Häuser, Bäume, Blumen oder Tiere stehen

Standlinienbild

aufgereiht auf der grünen Linie am unteren Bildrand und füllen zusammen mit dünnen Wolken und einer gelb strahlenden Sonne, die unterhalb der Himmelslinie vor dem weiß belassenen Hintergrund schweben, den mittleren Teil des Bildes aus. Aufgrund dieser klaren Aufteilung wird diese Form der Kinderzeichnung Standlinienbild genannt.

Ein anderes Darstellungsprinzip der Kinderzeichnung dieser Altersstufe erscheint in Bildern, die als **Simultanbilder** oder auch **Klappbilder** bezeichnet werden. Hier versucht das Kind, mehrere Perspektiven gleichzeitig in eine Zeichnung hineinzubringen: Bei der Darstellung eines Straßenzuges beispielsweise werden die Häuser der kindlichen Logik folgend von der

---

2 Richter, H.-G. Die Kinderzeichnung, S. 48

Straßenkante weg in die Bildfläche hineingeklappt. Kinder zeichnen nicht nach der Anschauung, sondern nach ihrem Wissen. Wenn Kinder zum ersten Mal das Profil eines Menschen zeichnen, zeichnen sie entsprechend ihrem Wissen auch zwei Augen in die Seitenansicht ein.

- **Transparenz:** Um zu zeigen, was im Innern eines Hauses passiert, zeichnet das Kind die äußerlich nicht sichtbaren Handlungen in das Hausschema hinein. Diese als **Röntgenbilder** bezeichneten Zeichnungen sind für das Kind ein bildnerisches Mittel, sein Wissen (beispielsweise über das Innenleben des Hauses) auch zeichnerisch sichtbar werden zu lassen.
- **Bedeutungsgröße:** Alles, was dem Kind im Bild als wichtig und bedeutungsvoll erscheint, wird in seinen Dimensionen größer gezeichnet. Das Kind stellt die Dinge nicht einfach nur dar, sondern wertet durch die Größenproportionierung.

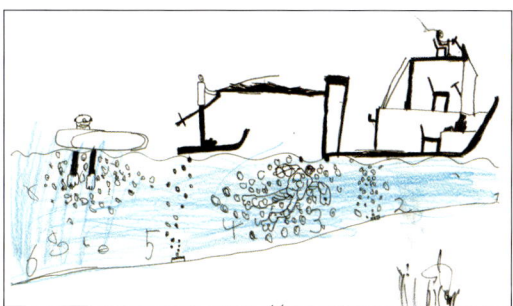

Röntgenbilder, Klappbild (rechts)

Die Phase der quasi-künstlerischen Gestaltung

Die Entwicklung der Bildsprache in der Übergangsphase von der mittleren zur späten Kindheit (9.–12. Lebensjahr) ist wesentlich gekennzeichnet durch

- **die Zunahme an gegenstandsbezogenen Details:** Die bis hierher entwickelten Bildschemata werden weiter ausdifferenziert. Das Kind arbeitet die Abbildungen weiter aus, um möglichst präzise das Gemeinte wiederzugeben.
- **Veränderungen der Motivstruktur:** Die Umgebung der Kinder und damit auch ihr Wahrnehmungshorizont haben sich verändert. Einflüsse der Literatur und auch der medialen Realität werden für die Kinder zunehmend wichtig und bestimmen die Auswahl ihrer Motive.

- **Momente von Karikatur und Ironisierung:** In dieser Altersstufe sind auch schon Momente der Übertreibung (beispielsweise Vergrößerung von Einzelheiten) zu beobachten. Dies deutet auf einen sicheren Umgang mit den Darstellungsmitteln und auf den Übergang zur Jugendzeichnung hin.

Ab dem 12./13. Lebensjahr endet die Phase des Schemabildes. Die bis dahin typischen Merkmale der Kinderzeichnung beginnen sich nun aufzulösen zugunsten einer Hereinnahme von mehr künstlerischen Gestaltungsmerkmalen.

- **Raum:** Für die Bildsprache charakteristisch ist nun die Verlagerung der Horizontlinie auf eine Ebene. Dadurch gewinnt das Bild an Räumlichkeit.
- **Personen:** Die dargestellten Personen treten noch deutlicher in Beziehung zueinander und werden in ihrer visuellen Gestalt ausdifferenzierter.

Auch die Einflüsse der Medienrealität und ihrer spezifischen Bildsprache, z. B. Comics, werden in dieser Phase stärker. Einfluss nehmen aber auch Elemente der bildenden

Schemabild (Phase: Kind – Jugendlicher)

Kunst. Insbesondere durch die Einführung von bildnerischen Verfahren, z. B. Collage, Frottage und Mischverfahren, wird der Übergang von der Kinderzeichnung zum künstlerischen Darstellungskonzept bestimmt.

Die Jugendzeichnung

„Während die bildnerische Intention des Jugendlichen in der Vorpubertät noch ganz auf das Abbilden im Sinne einer erscheinungsgetreuen Wiedergabe des ‚Gegenstandes' zielt, tritt mit fortschreitender Pubertät immer deutlicher eine neue Form des Bezugs zum bildnerischen Schaffen in den Vordergrund: der (bewusste oder noch öfter unbewusste) Versuch, in dem nachgestalteten Gegenstand sich selbst zum Ausdruck zu bringen."[3]

Oben: Graffitibild an der Hauswand eines Jugendzentrums

Kinderzeichnungen besitzen spätestens nach der Werkreife auch einen kommunikativen Aspekt, d. h., die Kinder wollen im Bild auch etwas mitteilen. In der Jugendzeichnung kommt der Wunsch hinzu, die angeeigneten Darstellungs- und Ausdrucksmöglichkeiten zur Nachahmung von künstlerischen Vorbildern der Erwachsenenkultur einzusetzen. Dabei kommen die Vorbilder häufig aus dem trivialästhetischen Bereich der massenmedialen Reproduktionskultur: Idole und Popstars, Filmhelden und Musiker sind oft verwendete

---

3 Mühle, G.: Entwicklungspsychologie des zeichnerischen Gestaltens, S. 18

Sujets, die mitsamt der Bildsprache der Vermarktungsindustrie übernommen werden – mit grellen und aufwendigen Effekten.

Was sich in der Jugendzeichnung oberflächlich als Nachahmung vorgegebener Bildmotive ausgibt, enthüllt sich inhaltlich aber auch als ein Moment der Abgrenzung gegenüber den kulturellen Vorstellungen der Erwachsenen und ihrer Präsentationsformen. Die Ästhetik der Jugendlichen erscheint (gerade auch in den Darstellungsweisen der Graffitikunst, die Reste von Spontanität verkörpert) als Protest gegen die Welt der Erwachsenen und als Suche nach eigener Orientierung und Identität.

Zur Interpretation von Kinderzeichnungen

Nach der Darstellung der einzelnen Entwicklungsphasen der Zeichnungen von Kindern und Jugendlichen stellt sich die Frage nach der Betrachtung, Deutung und Beurteilung dieser Arbeiten. Was lässt sich also aus den Bildnissen von Kindern und Jugendlichen herauslesen? Bevor man sich überhaupt in die Gefahr einer vorschnellen Deutung eines Bildes begibt, sollten Kinderzeichnungen genau „gelesen" werden.

Dabei sind zunächst die vom Kind eingesetzten Elemente der Bildsprache, die grafische Ausführung (Differenzierung) der Details, die

Bleistiftzeichnung, farblich mehrfach am PC verändert

Integration der Einzelelemente, z.B. die Beziehung der dargestellten Personen und die Strukturierung des Gesamtkonzeptes des Bildes (Darstellung des Motivs) zu untersuchen. Die Zeichnung ist ein Mittel, mit dem das Kind sich ausdrückt.

„Die Zeichnung kann uns helfen, das Verhalten des Kindes mit zu interpretieren. Wir können ihr entnehmen, worüber das Kind nachdenkt und wie es das tut, was es interessiert und liebt, wovor es Angst hat, was es will usf."[4]

Die **kunstpädagogische Interpretation** von Kinderzeichnungen geht in ihrer Aufgabenstellung von praktisch-gestalterischen oder theoretisch-verstehenden Aspekten aus. Die Kinderzeichnung selbst steht im Zentrum der Betrachtung und dient in erster Linie als Indikator für die Beschaffenheit der bildnerischen Darstellungs- und Verstehensmöglichkeiten des Kindes; es geht also um die Frage, inwieweit das begrifflich-räumliche Verstehen ausgebildet ist. Nicht alle Kunstpädagoginnen und -pädagogen wollen sich allein auf die Beurteilung von Formqualitäten beschränken. Sie gehen einen Schritt weiter, sehen die Zeichnung als Mitteilung des Kindes über konkrete Erlebnisse und nehmen von daher die dargestellten Motive der Kinderzeichnungen in den Blick, weil sie darin den Schlüssel zum Verständnis kindlicher Belange und kindlicher Entwicklung sehen. Nach diesem Ansatz sagen die Zeichnungen etwas über die Spiel- und Lebensumwelt und über die Reflexionsmöglichkeiten des Kindes über seine Erfahrungen aus. Kreatives Handeln der Kinder und Jugendlichen bedeutet demnach zu lernen, persönliche Betroffenheit und kritische Distanz in der zeichnerischen Darstellung der eigenen Erfahrungen auszudrücken.

Dagegen orientiert sich die **psychologische Interpretation** von Kinderzeichnungen zunächst nicht an der Gestaltungsebene. Sie sucht vielmehr nach Deutungsmöglichkeiten und stellt die Frage, welche psychischen Gehalte in den Bildelementen symbolisch zum Ausdruck kommen und herausgelesen werden können. Dieser Ansatz sieht Kinderzeichnungen als Ausdruck der individuellen kindlichen Persönlichkeit und betrachtet in den zeichnerischen Mitteln (Analyse der Werkstruktur) besonders die individuelle Geschichte und Entwicklung (Persönlichkeitsgeschichte).
Für die Arbeit der Psychologen wurde eine Reihe von Testmethoden entwickelt. Exemplarisch soll hier der Test *„Zeichne Deine Familie in Tieren"* genannt werden. Bei diesem Test, den LUITGARD BREM-GRÄSER (1919–2013) 1957 entwickelt hat, malen Kinder ihre Familienangehörigen oder Bekannten als Tiere. Die zeichnerische Anweisung geht von der Erwartung aus, dass sich das „Familiendrama" besser in der Welt der Tiere zeichnen und ausdrücken lässt. Das Ergebnis des Testes soll den Therapeuten Informationen bieten über die Situation der Familie, über die vom Kind erlebte Beziehung zu seinen Eltern und seinen Geschwistern. Durch die Übersetzung in die Tierwelt wird dem Kind die Möglichkeit angeboten, die Charakteristika einzelner Familienmitglieder deutlicher hervorzuheben.
In das Deutungsverfahren werden Fragen aufgenommen wie: Warum werden die Tiere in dieser Reihenfolge gezeichnet? Warum werden die jeweiligen Familienmitglieder diesen Tieren zugeordnet und in dieser Anordnung gezeichnet? Warum werden die Tiere mit diesem Ausdrucksgebaren und in dieser Größe gezeichnet?

---

4 Seitz, R.: Kunst in der Kniebeuge, S. 36

Anregungen für die Bearbeitung von Lernsituationen

Praxissituation – für Kinder

Sammeln Sie während des sozialpädagogischen Praktikums in einer Kindergarteneinrichtung Kinderzeichnungen und betrachten Sie die Bilder später im Unterricht. Ordnen Sie die Zeichnungen den oben dargestellten Kategorien zu und diskutieren Sie die Inhalte der Zeichnungen. Was sagen die gesammelten Zeichnungen über die Lebens- und Spielumwelt der Kinder aus? Welche Schlussfolgerungen für die pädagogische Arbeit sind möglich?

Gesprächsanregungen

1. Diskutieren Sie darüber, wie Sie in der Einrichtung eine Situation schaffen könnten, damit die Kinder oder Jugendlichen in der Lage sind, sich möglichst frei und motiviert bildnerisch zu betätigen und auszudrücken. Wie muss Ihrer Meinung nach ein Raum für die kreative Betätigung aussehen?
2. Formulieren Sie bildnerische Themenangebote oder Bildanlässe für Kinder oder Jugendliche. Wie könnten Sie die Zeichen- und Malprozesse begleiten? Wie wollen Sie sich verhalten?
3. Diskutieren Sie die Testverfahren und deren Beurteilungskriterien. Wie beurteilen Sie die unterschiedlichen Interpretationsansätze?
4. Informieren Sie sich über die unterschiedlichen Formen und Stilrichtungen der Jugendkultur und untersuchen Sie anhand eines Graffitibildes die Bildsprache der Jugendzeichnung.
5. Diskutieren Sie, wie die ästhetische Praxis von Jugendlichen heute aussieht. Welche Auswirkungen der Medienkultur auf die Entwicklung der Ausdrucksfähigkeiten der Kinder und Jugendlichen erkennen Sie?
6. Untersuchen Sie, inwieweit die klassischen Bildverfahren – Zeichnung, Malerei oder Grafik – von Jugendlichen heute noch praktiziert werden.

Kommentar

Themen und Anlässe für künstlerische Gestaltungen orientieren sich unmittelbar am Erfahrungshorizont und an den ausgebildeten Darstellungsmustern der Kinder. Dinge, Situationen oder Erlebnisse, die Kinder kennen, dienen dabei als Orientierung: Eine gemeinsame Unternehmung – eine Wanderung, ein Besuch des Museums oder die Begegnung mit Künstlerinnen und Künstlern beispielsweise – könnte am Anfang einer künstlerischen Beschäftigung stehen. Die Aktivität wird dabei zunächst in Aspekten erinnert und anschaulich erzählt. Spontan könnten die Kinder bildnerisch darauf reagieren und sofort mit der Arbeit beginnen. Ein mit Malmaterialien vorbereiteter Raum ist dabei die Voraussetzung. Hinweise zur Gestaltung der Bilder sollten möglichst nicht gegeben werden. Hilfestellungen können während der Arbeit erfolgen.

Zeichnen als Aneignung von Wirklichkeit

Die Kinderzeichnung ist ein Mitteilungsprozess zwischen dem produzierenden Kind und der Betrachterin bwz. dem Betrachter. Bei der Betrachtung der Kinderzeichnung steht das Kind selbst im Vordergrund; Schlussfolgerung für die Praxis: An einen längeren Malprozess sollte sich immer ein Gespräch anschließen, in dem die Erziehenden die Mitteilungen zu entdecken versuchen. Hilfreich können auch Notizen über begleitende Äußerungen der Kinder beim Malen sein, die parallel zur Entstehung der Zeichnungen von der Erzieherin oder dem Erzieher angefertigt werden. So lässt sich später der Entstehungsprozess der Bilder besser nachvollziehen. Kinderzeichnungen sollten immer mit Datum und Titel versehen und in einer Mappe gesammelt werden. Diese Sammlung dokumentiert die Entwicklung der Bildsprache und die für das Kind wichtigen Themen. Zur Dokumentation gehört auch die Präsentation von Kinderarbeiten – beispielsweise in Ausstellungen im Eingangsbereich der Einrichtung oder im Gruppenraum.

Literaturhinweise

Braun, Daniela: Kreativität in Theorie und Praxis, Freiburg i. Br., Herder, 2011.

Kirchner, Constanze (Hrsg.): Kinderzeichnung und jugendkultureller Ausdruck. Forschungsstand – Forschungsperspektiven, München, kopaed, 2010.

Krenz, Armin: Was Kinderzeichnungen erzählen, Freiburg i. Br., Herder, 1996.

KUNST+UNTERRICHT: Kinder- und Jugendzeichnung, Sammelband, Seelze 2003.

Richter, Hans-Günther: Die Kinderzeichnung. Entwicklung – Interpretation – Ästhetik, 1. Auflage, 5. Druck, Berlin, Cornelsen, 1997.

Studer, Christina: Kinderwerkstatt Malen. Mit Kindern auf dem Weg der eigenen Bilder, Aarau, München, AT-Verlag, 2003.

1. Nennen und erläutern Sie die einzelnen Schritte einer Bildanalyse.

2. Führen Sie an einem ausgesuchten Beispiel eine Bildbetrachtung durch oder nehmen Sie - als Vorschlag - die Materialcollage von KURT SCHWITTERS als Bildbeispiel.

3. Führen Sie an dem ausgewählten Bei-spiel die ersten Schritte einer Bildana-lyse durch und formulieren Sie einen Interpretationsversuch.

4. Wenden Sie das Zeitachsenmodell (S. 28) auf Ihr Bildbeispiel an. Welche weiteren Informationsquellen benöti-gen Sie? Zu welchen Aussagen und Erkenntnissen kommen Sie durch die zusätzlichen Recherchen?

5. Beschreiben Sie die Entwicklungspha-sen bei Kinderzeichnungen und erläu-tern Sie die jeweiligen bildnerischen Ausdrucksformen.

KURT SCHWITTERS: Das Bäumerbild, 1920, Collage, bemalt 17,4 x 21,1 cm

6. Erläutern Sie, welche Bedeutung die bildnerischen Ausdruckmöglichkeiten für Kinder in den jeweiligen Entwicklungsstufen haben.

7. Beschreiben Sie eine Umgebung, die kreatives Gestalten für Kinder ermöglicht und es besonders fördert.

8. Reflektieren Sie dazu Ihre Praktikumserfahrungen: Welche Einrichtungen, die Sie bereits kennengelernt haben, berücksichtigen in ihrem pädagogischen Konzept und ihrer räumlichen Gestaltung in besonderer Weise den Bereich der ästhetischen Bil-dung?

9. Erläutern Sie: Welche Bedeutung hat für Jugendliche der kreative Umgang mit künst-lerischen Techniken und Materialien? Welche Formen des ästhetischen Gestaltens sind in dieser Altersstufe wichtig?

10. Erläutern Sie: Was versteht man in diesem Zusammenhang unter „ästhetischer Kom-petenz"? Zeigen Sie Gemeinsamkeiten und Unterschiede zum Begriff „Medienkompe-tenz" auf.

3 Kreatives Handeln in Lernsituationen vorbereiten und erproben

Einführung

Planen und ausführen: Vorbereitung einer Präsentation

Um eine berufliche Handlungskompetenz zu erwerben, ist es wichtig, die fachlichen Kenntnisse in die Erarbeitung ausgewählter beruflicher Problemstellungen der sozialpädagogischen Praxis einzubringen. Die beruflichen Handlungsfelder werden in der Ausbildung in Lernfeldern aufbereitet und strukturiert. Die jeweiligen Lernfelder wiederum werden durch Lernsituationen gegliedert. Diese bestehen aus szenischen Beschreibungen, die sich an den konkreten Rahmenbedingungen einer Einrichtung orientierten. In der Bearbeitung einer Lernsituation werden in Handlungsschritten Lösungswege formuliert – Aspekte des pädagogischen Handelns in der Ausbildung erprobt. Welche Bedeutung dabei die Dimension kreativen Handelns bekommt, ist von den Erarbeitungsschritten und dem fortschreitenden Prozess der Entwicklung der Handlungskompetenz abhängig. Im Folgenden beziehen wir uns in der Darstellung der Handlungsphasen ausdrücklich auf die Dimension des kreativen Handelns – den Bildungsbereich „Musisch-ästhetische Bildung", wie er ausdrücklich im Lernfeld 4 des Lehrplans für die Fachschulen des Sozialwesens – Fachrichtung Sozialpädagogik thematisiert wird."

Im Mittelpunkt des kreativen Handelns in der sozialpädagogischen Praxis steht das Kind bzw. der Jugendliche in den verschiedensten Lebenssituationen. Die Problemanalyse, Planung, Vorbereitung und Durchführung kreativen Handelns orientiert sich an der jeweiligen Lebenswelt der Kinder und Jugendlichen. Die spezifischen Interessen und Probleme der Jugendlichen beeinflussen nicht nur ihr eigenes Handeln, sondern auch das der Gruppe. Vor diesem Hintergrund bedeutet kreatives Handeln, dass die Arbeit mit künstlerischen Inhalten und Techniken direkt in das sozialpädagogische Handeln der Erziehenden einbezogen wird. Die künstlerische Dimension spielt bei der Erarbeitung von Problemlösungen in Lernsituationen und der Entwicklung ästhetischer Kompetenz eine wichtige Rolle. Damit ist keineswegs das bloße Vermitteln künstlerischer Inhalte und Fähigkeiten losgelöst von bestimmten Situationen gemeint. Anders als bei der Planung einer Unterrichtsstunde in der Schule, in der die Fachinhalte der Kunst, die den Schülerinnen und Schülern vermittelt werden sollen, im Vordergrund stehen, rückt gerade kreatives Handeln die Lebenssituation der Kinder und Jugendlichen mit all ihren Problemen und Konflikten ins Zentrum der erzieherischen Tätigkeit und integriert so die Auseinandersetzung mit Kunst.

Es geht für die Erzieherin und den Erzieher immer darum herauszufinden, welche Erfahrungen für die Kinder und Jugendlichen in ihrer gegenwärtigen Situation wichtig sind. Der Didaktiker ERNST MARTIN sagt dazu:

„Die didaktischen Überlegungen haben *strategischen* Charakter. Es werden Möglichkeiten und Hypothesen formuliert: [...] Mit welchem Bilderbuch z. B. oder welcher Geschichte und welcher Form der Vermittlung kann ich einem Kind helfen, sich in der Familiensituation nach der Scheidung der Eltern etwas besser zurechtzufinden?"[1]

Die Problemanalyse wirft also immer die Frage auf, welchen Sinn eigentlich die Bearbeitung und Auseinandersetzung mit dem jeweiligen künstlerischen Thema hat, in welchem Sinnzusammenhang die fördernde Maßnahme steht und welcher Erfahrungsgewinn mit dieser pädagogischen Aktion verbunden werden kann.

▨ Verfahren

Im Folgenden werden die sechs Erarbeitungsphasen des kreativen Handelns in einer Lernsituation beschrieben. Die aufgeführten Fragestellungen sollen mögliche Überlegungen und Perspektiven andeuten, um für die Bearbeitung einer Lernsituation entsprechende Entscheidungen für die Auswahl der künstlerischen Tätigkeiten des kreativen Handelns treffen zu können. Diese Sammlung kann und soll also erweitert und ergänzt werden. Die Entwicklung von Inhalten, Methoden und Mitteln des kreativen Handelns orientiert sich an Vorüberlegungen zur gesamten Lernsituation.

---

1   Martin, E.: Didaktik der sozialpädagogischen Arbeit, S. 61 f.

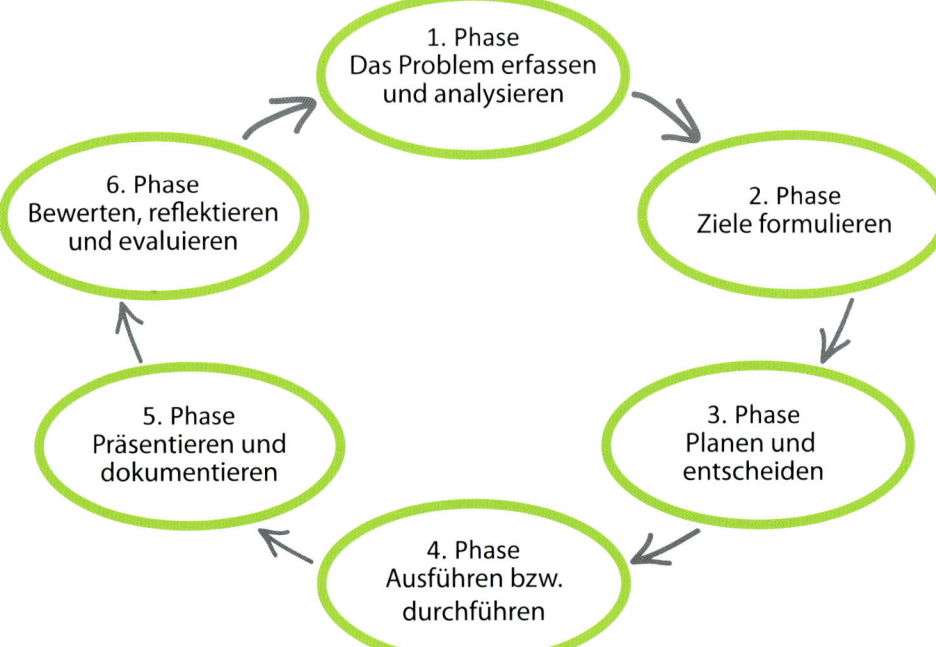

Die Handlungsphasen[2]

Kreatives Handeln in Lernsituationen lässt sich demnach in folgende Handlungsphasen gliedern:

1. Phase: Das Problem erfassen und analysieren

Zur Analyse der vorgestellten Lernsituation, der Voraussetzungen und des Verhaltens der Kinder und Jugendlichen in der Gruppe können folgende Fragestellungen entwickelt werden:

- Wo steht das einzelne Kind, der einzelne Jugendliche, die Gruppe?
- Welche Fragen beschäftigen die Kinder/Jugendlichen?
- Welcher Lebensbereich beschäftigt sie am meisten?
- Welche Voraussetzungen, Kenntnisse, Interessen, Bedürfnisse und Fähigkeiten haben sie?
- Wo besteht Förderbedarf?
- Welche Voraussetzungen bringe ich als Erzieherin oder als Erzieher mit? Welches Wissen muss ich mir eventuell noch aneignen?
- Was wird aktuell im pädagogischen Prozess in Bezug auf die Gruppe, auf das Kind oder den Jugendlichen angestrebt?
- Welche pädagogischen Handlungsmöglichkeiten für meine Arbeit mit der Gruppe habe ich in der Einrichtung?

---

2 Grafik nach Küls, H. u. a.: Lernfelder Sozialpädagogik, S. 21

2. Phase: Ziele formulieren

Die grundsätzlichen Fragestellungen zur Gruppe, zur Einrichtung und zu den Personen fließen in die Zielformulierung mit ein:

- Welche Kompetenzbereiche werden besonders mit dem ausgewählten Thema der ästhetischen Bildung angesprochen und gestärkt?
- Welche Fähigkeiten und Kenntnisse sollen mit der künstlerischen Tätigkeit vermittelt werden?
- Welche Erfahrungsmöglichkeiten bieten sich für die Kinder durch diese Inhalte an und welche Bedeutung können sie für sie erlangen?
- Gibt es unterschiedliche Entwicklungsstufen zu berücksichtigen?
- Nehme ich einzelne Kinder/Jugendliche besonders in den Blick?

3. Phase: Planen und entscheiden

Aus den Ergebnissen der ersten und zweiten Phase werden Lösungswege, Teilschritte des Vorgehens mit den Komponenten Inhalt (Thema), methodische Vorgehensweise, Medien und Materialien überlegt.

Überlegungen zum Thema und Inhalt des kreativen Handelns:

- Welches Thema, welcher Inhalt wäre in dieser Lernsituation für die Kinder und Jugendlichen geeignet, den pädagogischen Prozess zu unterstützen?
- Welche Erfahrungsmöglichkeiten und Lerninhalte sind mit dieser Arbeit verbunden?
- Geht es in der Lernsituation um die Herstellung von Gebrauchsgegenständen aus einem bestimmten Material oder die Erarbeitung von künstlerischen Ausdrucksformen?
- Welche Materialerfahrungen sollen ermöglicht werden?
- Welche Voraussetzungen bringen die Kinder und Jugendlichen zur Bearbeitung dieses Themas mit?
- Wie ist die Motivationslage der Teilnehmerinnen und Teilnehmer?
- Sind mir die Materialien, Medien und künstlerischen Techniken hinreichend bekannt?
- Welcher Beitrag zur Lösung von Lebensproblemen ist mit der geplanten Arbeit und den damit verbundenen künstlerischen Techniken verbunden?

Überlegungen zum methodischen Vorgehen:

- Welche Vorgehensweise entspricht dem Handeln der Kinder und Jugendlichen?
- Sind die Voraussetzungen entsprechend berücksichtigt worden?
- Welche technischen Arbeitsschritte sind zur Bearbeitung des Themas erforderlich?
- Welche Schwierigkeiten sind mit der Bearbeitung des Themas verbunden?
- Wie lassen sich die Arbeitsschritte anschaulich und einfach darstellen? Z. B. Malerei: Wie lässt sich eine dem Thema entsprechende Bildwirkung erzielen?
- Welche gestalterischen Hilfestellungen können bei der Umsetzung, z. B. bei auftretenden Schwierigkeiten durch spezifische Materialeigenschaften, gegeben werden?
- Welche Sicherheitsvorkehrungen müssen getroffen werden?
- Welche Anforderungen stellt die thematische Bearbeitung des Materials an die Gruppe oder den Einzelnen? Kooperation, Ausdauer, Hilfestellungen, Frustrationstoleranz etc.?

Überlegungen zum Einsatz der Materialien, Medien und Mittel:

- Entspricht die mögliche Verwendung der Materialien der Altersstufe der Gruppenmitglieder?
- Welche Bedeutung haben die verwendeten Medien, Materialien oder Arbeitsmittel für die Lebenssituation der Kinder und Jugendlichen?
- Sind die ausgewählten Techniken attraktiv und motivierend?
- Welche Schwierigkeiten können beim Einsatz der Medien und Materialien unverhofft auftreten?
- Wie viel Material wird benötigt?
- Welche Entwurfsskizzen, Zeichnungen, Anleitungen, Beschreibungen etc. müssen hinzugezogen werden?
- Welche räumlichen Voraussetzungen müssen geschaffen werden?

Nun müssen die Entscheidungen getroffen werden: Welche Inhalte kreativen Handelns sollen in dieser Lernsituation bearbeitet werden? Welche Absprachen mit Mitarbeitern sind notwendig?

Die Planung ist kein geschlossenes System, in dem nach einer bestimmten Zielformulierung die Inhalte, die Methode, die Medien und Materialien erarbeitet werden. Diese vier Komponenten der Planung stellen vielmehr miteinander korrespondierende Säulen des kreativen Handelns dar. Dadurch ist es auch leichter, Handlungsalternativen zu entwickeln.

Bei der Planung ist darauf zu achten, dass die Perspektive der Kinder und Jugendlichen und deren Kompetenzen die entscheidende Blickrichtung darstellt. Um ihre Auseinandersetzung und Interpretation der Welt geht es. Lernen ist schließlich ein selbstgesteuerter und konstruktiver Prozess, der auf eigene Verantwortung und auf vorhandene Kenntnisse und Fähigkeiten setzt.

Ebenso müssen aber auch Entscheidungen in folgenden Punkten getroffen werden:

- Organisation der Materialien
- Ausprobieren der Arbeitsgeräte und Hilfsmittel (Sicherheitsvorkehrungen)
- Absprachen mit den Mitarbeiterinnen über Termine und Räume
- Vorbereitung des Raumes

4. Phase: Ausführen bzw. durchführen

In Lernsituationen kann ein wirkliches Handeln so nicht stattfinden – eine Lernsituation antizipiert eine Handlungssituation im schulischen Rahmen, man kann sich nur in die dargestellte Situation hineindenken und die Arbeitsergebnisse mitteilen.

Dennoch möchten wir die folgenden Punkte als Hinweise für kreatives Handeln in einer Handlungssituation nennen:

- Planungen sind nicht als unumstößliche Muster des Handelns aufzufassen. Es sind keine „Drehbücher". Es kann immer zu unvorhersehbaren Ereignissen kommen, auf die flexibel reagiert werden sollte.

- Besonders experimentelle Arbeitsphasen (Malexperimente beispielsweise) sind Situationen, in denen bildnerische Lösungen gefunden werden, die zu spontanen Diskussionen und Reaktionen führen können, die möglicherweise über das gesetzte Ziel hinausgehen können. Auf diese spontanen Ereignisse sinnvoll und angemessen zu reagieren zeichnet eine Planung aus, die eintretende Überraschungen nicht als Störung, sondern vielmehr als Ergänzung einzubeziehen vermag.

5. Phase: Präsentieren und dokumentieren

Die Ergebnisse und erarbeiteten Überlegungen zum kreativen Handeln werden präsentiert. Verschiedene Methoden können dazu gewählt werden, z. B. Referat oder Vortrag.

Bei dieser Form der Darstellung sind einige Grundregeln zu beachten. Es sollte – um nur einige Aspekte zu nennen[3] – darauf geachtet werden, dass
- die Inhalte gründlich durchdacht und gut vorbereitet werden,
- die Informationen überzeugend und möglichst frei sprechend vorgetragen werden können,
- alle Quellen der Informationen, die weitergegeben werden – in Form von Schaubildern oder Zitaten – entsprechend kenntlich gemacht werden,
- durch Beispiele und eigene Erfahrungen die Anschaulichkeit des Vortrags verstärkt wird,
- neben der mündlichen Form des Vortrags auch Medien eingesetzt werden.

Um wichtige Aspekte des Vortrags anschaulicher und interessanter zu gestalten, können folgende Materialien oder Medien eingesetzt werden:
- Tafel
- Präsentationssoftware (**Microsoft® PowerPoint® 2013**), Beamer mit Notebook.[4]
- Flipchart (Flipchartmarker, -block)
- Stellwand (mit Wandzeitung oder Plakaten)
- Overheadprojektor (Folien, Folienschreiber)

Für alle analogen oder digitalen Medien – Wandzeitung oder Präsentationssoftware –, die das Gesagte visualisieren sollen, gilt:
- präzise und einfache Aussagen formulieren,
- lesbare Schriften verwenden,
- auf Kontraste achten (Farbe, Formen),
- Symbole oder Piktogramme verwenden.

Manchmal kann jedoch ein Weniger an Design die Struktur des Vortrags besser hervorheben als beispielsweise jeden verwendbaren Folienübergang bei PowerPoint® auch tatsächlich einzusetzen.[5]

---

3 Weitere Anregungen und Hinweise zu Dokumentations- und Präsentationsmethoden finden Sie in: Cieslik-Eichert, A.: Kreative Methoden für die Praxis, S. 117 ff.
4 Weitere Hinweise dazu in: Kreative Methoden für die Praxis, S. 117 ff
5 Hinweise zum Thema „Präsentationen durchführen" finden auch in: Schellmann, B. u. a.: Medien verstehen – gestalten – produzieren, S. 321 f.

6. Phase: Bewerten, reflektieren und evaluieren

In der Diskussion der Lerngruppe werden die Ergebnisse reflektiert und bewertet: Im Hinblick auf die Fach-, Sozial-, Personal- und Methodenkompetenz könnten dabei beispielsweise folgende Fragen diskutiert werden:

- Welche Techniken des kreativen Handelns habe ich erworben?
- Was drücken die Arbeiten aus? Wird durch die gewählten Ausdrucksmittel der Inhalt auch sichtbar?
- Wie habe ich den Arbeitsprozess der Gruppe durch meine Beiträge unterstützt?
- Wie gehe ich mit der geäußerten Kritik um?
- Ist die Gestaltung der Präsentation optimal gelungen. Wie sind die Folien der Power-Point-Präsentation aufgenommen worden? Konnten die Zuhörer dadurch gut der Struktur des Vortrags folgen? Habe ich im Vortrag deutlich und verständlich gesprochen?
- Wo und wie können die entstandenen Arbeiten dokumentiert bzw. ausgestellt werden?

Anregungen für die Bearbeitung von Lernsituationen

Praxissituation – für Jugendliche

Diskutieren Sie folgendes Szenario: Sie arbeiten als Berufspraktikantin oder als Berufspraktikant in einer Außenwohngruppe mit Jugendlichen im Alter von 12 bis 17 Jahren. Beim Abendbrot erzählt Mareike von einem Ausstellungsbesuch, den ihre Klasse mit der Kunstlehrerin ihrer Schule ins nahe gelegene Museum unternommen hat. Die Form des Gebäudes fand sie sehr ungewöhnlich. Obwohl sie noch nie etwas von diesem Museum gehört hatte, fand sie aber die Ausstellung mit Bildern und Skulpturen zeitgenössischer junger Künstlerinnen und Künstler sehr interessant. „Das sah irgendwie total irre aus", fasst Mareike ihre Eindrücke zusammen. „Museum! Das ist doch total langweilig; damit kann man nichts anfangen; das versteht man ja gar nicht", wirft Sabrina etwas mürrisch ein. „Stimmt", ergänzt Dennis. „Moderne Kunst? – Das sieht eigentlich immer so aus, dass das jeder machen kann!" Die Meinungen und Ansichten über das Thema Kunst sind bei diesem Tischgespräch recht verschieden.

Klären Sie in einem ersten Schritt, welche Position Sie zum Thema Kunst einnehmen würden. Überlegen Sie dann, wie Sie als Berufspraktikantin in dieser Situation reagieren und dieses Thema mit den Jugendlichen theoretisch und praktisch bearbeiten könnten.

Gesprächsanregungen

1. Diskutieren Sie weitere Praxissituationen für die Entwicklung von Lernsituationen.
2. Überlegen Sie, wie Sie im Bereich musisch-ästhetische Bildung durch möglichst freie und offene Anregungen Kinder und Jugendliche motivieren können, sich mit künstlerischen Themen theoretisch und praktisch zu beschäftigen.

Kommentar

Kreatives Handeln in der erzieherischen Praxis umzusetzen ist von sehr vielen Faktoren abhängig. Für jede Lernsituation sind spezifische Fragestellungen im Hinblick auf kreative Handlungsperspektiven zu entwickeln. Grundsätzlich bezieht sich kreatives Handeln auf die Lebenssituationen von Kindern und Jugendlichen – auf alle Bereiche des alltäglichen Lebens. In der Bearbeitung von Lernsituationen können Strategien und Vorgehensweisen, die in der Praxis – in Handlungssituationen – real werden könnten, diskutiert und erprobt werden. Priorität hat dabei stets auch die Entwicklung und Entfaltung der Fachkompetenz in diesem Bildungsbereich: Wie sieht beispielsweise die ästhetische Praxis der Jugendlichen aus? Welche Bedeutung hat für sie das Thema Kunst? Wie gut kenne ich mich als Erzieherin oder als Erzieher damit aus? Kenne ich mich gut mit dem Thema, der künstlerischen Technik oder dem Material aus? Wie kann ich unvorhersehbare Komplikationen in der Durchführung bewältigen und den Kindern und Jugendlichen Anregungen für kreative Lösungsmöglichkeiten geben? Überraschungen, die die vorbereitete Planung möglicherweise auf den Kopf stellen, wird es immer geben und sollten auch schon in der Bearbeitung von Lernsituationen berücksichtigt werden. Ergebnisse kreativer Prozesse, die unvorhersehbar oder spontan entstanden sind, können sehr interessant sein und eine hohe Ausdruckskraft besitzen.

Literaturhinweise

Böcher, Hartmut (Hrsg.): Erziehen, bilden und begleiten. Das Lehrbuch für Erzieherinnen und Erzieher. 2. Aufl., Köln, Bildungsverlag EINS, 2013.

Kühne, Norbert/Hoffmann, Peter: Wirklichkeit begreifen und neu erfinden – Förderung ästhetischen Empfindens und Gestaltens, in: Zimmermann-Kogel, Katrin u. a.: Praxisbuch Sozialpädagogik. Arbeitsmaterialien und Methoden, Band 3, Troisdorf, Bildungsverlag EINS, 2007, S. 93 f.

Küls, Holger u.a.: Lernfelder Sozialpädagogik, Troisdorf, Bildungsverlag EINS, 2004.

Martin, Ernst: Didaktik der sozialpädagogischen Arbeit. Probleme, Möglichkeiten und Qualität sozialpädagogischen Handelns, 6. Aufl., Weinheim, München Juventa, 2005.

Pausewang, Freya: Ziele suchen – Wege finden. Arbeits- und Lehrbuch für die didaktisch-methodische Auseinandersetzung in sozialpädagogischen Berufen, 10. Auflage, Berlin, Cornelsen, 2003.

Schäfer, Gerd E. (Hrsg.): Bildung beginnt mit der Geburt. Ein offener Bildungsplan für Kindergarteneinrichtungen in Nordrhein-Westfalen, 2. Auflage, Weinheim, Beltz, 2005.

4 Künstlerische Ausdrucksformen kennenlernen

4.1 Techniken bildnerischen Arbeitens

Zeichnung

*Kreidezeichnung:
Naturstudie/
Fantasiebild*

Einführung

Wer viel zeichnet, sollte zuerst mit allen zur Verfügung stehenden Materialien experimentieren, um die Eigenschaften und Besonderheiten der verschiedenen Zeichentechniken kennenzulernen. Für das Ausprobieren der Techniken und Materialien sollte man sich genügend Zeit nehmen. Wer hier umfangreiche Erfahrungen gesammelt hat, wird die verschiedenen Zeichenmittel später bewusster und gezielter verwenden können.

Kenntnisse und Fähigkeiten im Zeichnen sind Erfahrungen, die im Laufe der Zeit durch die eigene Übung erworben wurden. Anlässe und Lernsituationen, die Auslöser für zeichnerische Darstellungen sein können, sind ebenso unterschiedlich wie vielfältig. Sich und andere darstellen, die erlebte Umwelt zeichnerisch wiederzugeben oder Wünsche oder Träume ins Bild zu setzen, sind nur vier Beispiele aus einer Vielzahl an denkbaren Situationen.

In allen Altersstufen ist die Zeichnung eine schnelle und spontane Möglichkeit des persönlichen Ausdrucks. Dabei muss man unterscheiden, ob zeichnerische Erfahrungen ohne jede äußere Hilfe oder mit konkreter Anleitung zustande gekommen sind. Eine kleine Kritzelei, die beim Telefonieren eher beiläufig entsteht, ist sicher eine Zeichnung von anderer Qualität (und auch mit einem anderen Anspruch) als beispielsweise eine Porträtzeichnung, die mit den Kenntnissen der Proportionslehre angefertigt wird und bei der ein Bemühen um die Ähnlichkeit der zu zeichnenden Person im Vordergrund steht.

Mittel und Materialien

Aquarellstift: Mit diesen Stiften wird zunächst wie mit normalen Farbstiften gezeichnet. Zwischendurch oder nach Beendigung der Zeichnung lässt sich der farbige Strich mit einem Pinsel und klarem Wasser auflösen. (Dies sollte allerdings schnell und gezielt geschehen.) Für Versuche mit Aquarellstiften sollte man saugende Papiere oder spezielles Aquarellpapier verwenden. Die Wirkung eines so entstandenen Bildes liegt zwischen Zeichnung und Malerei.

Bleistift: Bleistifte sind in Härtegrade eingeteilt. HB ist dabei die mittlere und wohl am meisten benutzte Stärke. Die Zahl vor dem H verdeutlicht den jeweiligen Härtegrad, z. B. 3H, 4H etc. Die vorgesetzte Zahl in der B-Reihe zeigt an, wie weich der Stift ist, z. B. 7B = sehr weich und sehr dunkel. Oft werden in Zeichnungen mehrere Bleistifthärten kombiniert, z. B. 2H + HB + 5B. Ähnlich dem Bleistift sind dicke Grafitstifte ohne Holzummantelung, mit denen man großzügig skizzieren und zeichnen kann.

Farbstifte: Bei Farbstiften ist wichtig, darauf zu achten, dass sie einen satten, deckenden und leuchtenden Farbauftrag bilden. Meistens sind Farbstifte in Sets zu 12, 24 oder 36 Stiften erhältlich. Oft ist es aber günstiger, sich gezielt die Stifte, welche man wirklich benötigt, einzeln zu kaufen.

Federn: Die bekanntesten Federarten sind: spitze Stahlfedern (dazu braucht man einen Federhalter aus Holz), Kielfedern, z. B. Gänse- oder Putenfedern, und Rohrfedern (aus einem Stück Schilfrohr). Kiel- und Rohrfedern müssen mit einem scharfen Messer entsprechend angespitzt werden. Interessant ist es, diese Schreibgeräte selbst herzustellen, obwohl sie heute nicht mehr sehr gebräuchlich sind.
Zum Zeichnen mit Stahlfedern gehört etwas Übung. Auch kann es leicht, wenn zu viel Flüssigkeit in der Feder ist, zu ungewollten Klecksen kommen. Tinten, Tuschen oder wässrig verdünnte Farbe, z. B. Temperafarbe, sind zum Zeichnen bestens geeignet. Mit Redis- und Bandzugfedern kann man Schriften schreiben.

Filzstifte/Faserstifte/Marker: Diese Stifte haben den Vorteil, dass sie sofort gebrauchsfertig sind, immer den gleichen Farbton wiedergeben und die Strichbreite stets gleich bleibend ist.
Sie können aber auch schnell austrocknen, wenn man einmal vergisst, die Verschlusskappe aufzustecken. Beim flächigen Arbeiten mit Filz- oder Faserstiften erzielt man meistens eine „streifige" Wirkung. Für solche Zwecke sind breite Marker besser geeignet. Zeichnungen

mit wasserlöslichen Filzstiften lassen sich, ähnlich wie bei Aquarellstiften, mit einem Pinsel und klarem Wasser zum Zerlaufen bringen. Beim Kauf sollte darauf geachtet werden, ob die Stifte auswaschbar und ungiftig sind.

Füllfederhalter: Skizzen lassen sich gut – mal zwischendurch oder unterwegs – mit einem Füllfederhalter machen. Die blauen, schwarzen, grünen oder roten Tinten ergeben, je nach Qualität der Feder, einen an- und abschwellenden, etwas porösen Strich.

Kohle: Kohle ist in Stift- oder Stangenform in verschiedenen Stärken erhältlich.
Mit diesem Zeichenmittel erreicht man, je nach dem Druck der Hand, tiefschwarze oder zartgraue Tonwerte. Der Reiz bei einer Kohlezeichnung liegt oft in der Kombination von Linien und großzügig angelegten Flächen. Wenn man Kohle auf einem Stück Schleifpapier zerreibt, lässt sich mit diesem Staub, Wasser und einem Pinsel auch gut malen.

Kreide: Kreide erhält man in eckiger oder runder Stangenform. Schwarz, Weiß und verschiedene Grau- und Brauntöne sind die häufigsten Kreidefarben.
Schwarze Kreiden, die mit Lampenruß hergestellt werden, gibt es in verschiedenen Härtegraden. Kreidestriche sind, auch mit einem guten Radiergummi, nur schlecht zu entfernen. Eine „klassische" Verbindung ist Rötel (siehe Rötel) mit schwarzer und weißer Kreide. Mit Rötel wird die Vorzeichnung gemacht, mit Schwarz werden die Schatten angelegt und mit Weiß wird die Zeichnung „gehöht" (= erhellen, Lichter aufsetzen).

Pastellkreide/Pastell-Ölkreide: Pastellkreiden werden meistens als Set zu 12, 24, 36 oder mehr Stiften in allen Regenbogenfarben angeboten. Sie haben eine starke Leuchtkraft und ergeben einen samtig zarten Farbauftrag. Man kann mit ihnen sehr sanfte Übergänge herstellen, da sie sich vorzüglich wischen lassen. (Achten Sie einmal in der Stadt auf die schnellen Porträtzeichner oder Pflastermaler. Diese „Profis des Alltags" benutzen fast immer Pastellkreiden.)
Pastell-Ölkreiden sind farbstark und gut deckend. Im Gegensatz zu Pastellkreiden sind sie wischfester und fettig glänzend. (Bei den Ölkreiden sollte auf die Ungiftigkeit der Farben geachtet werden.)

Rötel: Rötel, bestehend aus Eisenocker und Tonerde, gibt es in Vierkantform oder als Rundstifte. Damit lassen sich besonders gut Stillleben, Porträts oder Figuren zeichnen.

Wachsfarbstifte: Bienenwachshaltige Wachsfarben gibt es in Blockform oder als Stifte zu kaufen. Sie sind wasserfest, besitzen eine gute Leuchtkraft und brechen nicht so leicht. Einige Hersteller verwenden – erfreulicherweise – Lebensmittelfarbstoffe für ihre Wachsfarben. Die Stifte sind, verglichen mit anderen Zeichenmitteln, preiswert und sehr ergiebig. Besonders für Kinder sind sie gut geeignet.

Zeichenpapiere: Allgemein kann man sagen, dass alle matten, rauen und fein gekörnten Papiere für Zeichnungen benutzt werden können. Holzhaltige Papiere können, im Gegensatz zu holzfreien Papieren, mit der Zeit vergilben. Papierangaben sind Größe und Gewicht. Das Gewicht bezieht sich auf einen Quadratmeter des jeweiligen Papiers, z. B. 110 Gramm/qm.

Oft findet man in den Geschäften Bezeichnungen wie: Skizzenblock, Studienblock, Feder-zeichenblock, Zeichen- und Druckpapier, Zeichenkarton, Standardpapier, Recyclingpapier, Rollenpapier, Büttenpapier und vieles mehr.

Die Wahl richtet sich dabei nach dem Verwendungszweck. Für Kohle, Rötel oder weiche Bleistifte sind zum Beispiel Ingres-Bütten-Papiere oder Packpapiere gut geeignet. Lassen Sie sich im Zweifelsfall vom Fachpersonal beraten. Im Übrigen gilt auch hier: Legen Sie eine Kiste (Mappe) für Altpapiere (Briefumschläge, Papierreste, auseinander geschnittene Ver-packungen etc.) an. Fragen Sie auch einmal bei Papierherstellern oder Druckereien nach, ob Restposten vorhanden sind.

Zubehör: Zum Zeichnen braucht man außerdem:

- einen Anspitzer,
- einen weißen Radiergummi (farbige Radiergummis hinterlassen meist ebensolche Streifen),
- ein Knetgummi zum Radieren, z. B. für Kohlezeichnungen,
- Lineale und Zeichendreiecke,
- Fixativ (billiges Haarspray tut es auch!) zum Besprühen von empfindlichen Zeichnun-gen, z. B. Rötel-, Kohle-, Bleistiftzeichnungen,
- einen Stofflappen und Papiertaschentücher, um zu wischen, zu tupfen oder um Tusche-federn zu reinigen,
- ein Stück Schleifpapier, um Stangenkohle spitz zu schleifen,
- ein Zeichenbrett, um einzelne Blätter mit Reißzwecken zu befestigen,
- eine Staffelei, um im Stehen zu zeichnen. Wer im Stehen zeichnet, hat eine wesentlich größere Bewegungsfreiheit.

▦ Verfahren/Beispiele – Zeichenexperimente

Bleistift 1: Die mit einem sehr weichen Bleistift (7B) gezogenen Linien werden mit den Fingern verwischt. Dann wird mit einem weichen Bleistift (3B) weitergezeichnet.

Bleistift 2: In einer Zeichnung mit einem weichen Bleistift (5B) werden durch Hineinkratzen, z. B. mit Messern, Nadeln, Nägel etc. oder Radieren, helle Spuren hinterlassen.

Bleistift 3: *Ein Stückchen Bleistiftmine wird zerrieben. Mit diesem Grafitstaub und den Fingern lässt sich sehr gut stempeln. (Anregung zum Weiterzeichnen)*

Bleistift 4: *Zuerst wird mit einem weichen Bleistift (7B) gezeichnet. Dann werden die Bleistiftlinien mit einem Pinsel und Wasser verwaschen.*

Filzstift 1: *Mit einem etwas angetrockneten Stift und einem neuen Stift zeichnen.*

Filzstift 2: *Die Filzstiftzeichnung wird mit Pinsel und Wasser verwaschen.*

Weitere Anregungen

Bleistiftexperimente

- durch Punktieren Schatten, fließende Übergänge oder Flächen erzeugen
- durch wechselnden Druck der Hand an- und abschwellende Linien ziehen und den Stift auch einmal so stark belasten, dass die Spitze abbricht (= testen, wo die Grenzen des Zeichenmittels liegen)
- Striche der Körperform eines Objekts anpassen und einen Schatten setzen (= Formstrich). Beispielsweise können beim Schattieren einer Kugel auf einer Seite eng aneinanderliegende gebogene Striche gesetzt werden, welche die kugelige Form betonen und gleichzeitig eine Dunkelheit erzeugen. Bei einem Würfel wären es eng aneinanderliegende gerade Striche.
- mit Strichen eine Stofflichkeit nachempfinden (= Materialstrich). Beispielsweise könnte durch kurze, dicht an dicht gesetzte Bleistiftstriche eine Stofflichkeit wie Pelz zeichnerisch nachempfunden werden.
- mehr oder weniger dichte Schraffuren setzen, z. B. Kreuzschraffuren. Hiermit sind parallele Strichlagen gemeint, die übereinander liegen und sich überkreuzen.

Betonung der Rundung

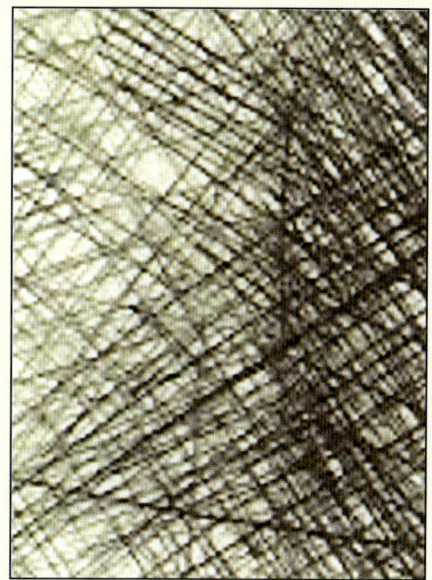

Schraffur

Buntstift 1: Ein kleines Bündel Buntstifte hinterlässt parallele Zeichenspuren.

Buntstift 2: Die Linien wasserlöslicher Buntstifte werden mit dem Pinsel verwaschen.

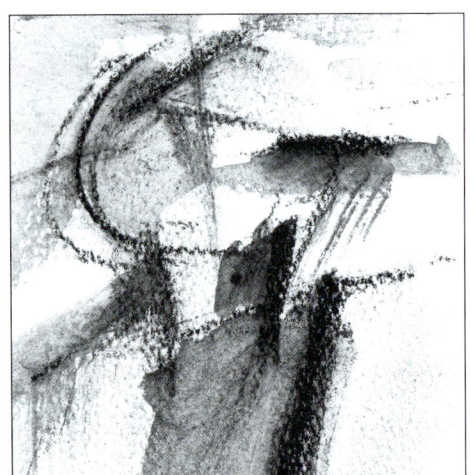

Kohlestift: Die schwarzen Linien des Kohlestifts werden mit den Fingern verwischt und mit Pinsel und klarem Wasser verwaschen.

Kreidestift: In eine Zeichnung mit schwarzer und brauner Kreide auf grauem Papier werden mit weißer Kreide „Lichter" gesetzt („Lichter aufsetzen" = „höhen" = Lichtreflexe erzeugen).

Bleistiftzeichnung: *Mit etwas Übung und gefühlvoller Handhabung können zarte Tonabstufungen erreicht werden. Durch die unterschiedlichen Tonwerte wird eine räumliche Wirkung erzeugt.*

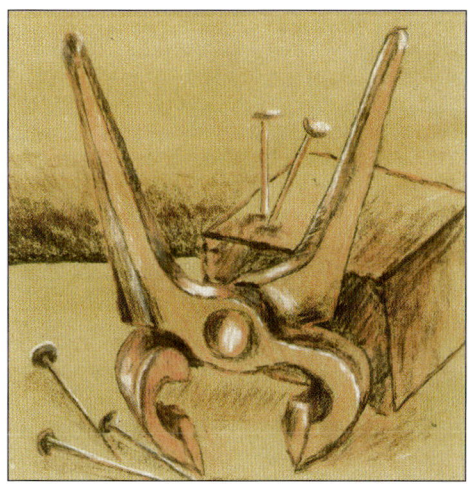

Kreidezeichnung *mit verschiedenen Kreiden auf Packpapier.*

Filzstiftzeichnung: *Die Abbildung zeigt, wie sich eine Fotografie in eine Zeichnung übersetzen lässt. Filzstifte sind für eine solche Arbeitsweise besonders gut geeignet, da die Strichstärke und die Farbe immer gleich bleiben.*

Wachsstiftzeichnung:
Die Wachsstiftzeichnung zeigt die breiten und porösen Linien, welche für diese Zeichenmittel typisch sind. Stellenweise wurde hier auch die Kratztechnik eingesetzt, die sich besonders gut mit den Wachsstiften verbinden lässt.

Kohlezeichnung: Kohle eignet sich besonders gut, um Abstufungen vom hellen Grau bis zum tiefen Schwarz zu erzeugen.

Farbstiftzeichnung: Ein Beispiel für den sensiblen Umgang mit Farbstiften.

Arbeiten von bekannten Künstlern zum Thema „Hände"

links:
Eine Zeichnung von Robert Combas, die im Stil eines Comics angefertigt wurde.

unten links:
Ein aus der Zeitung ausge-schnittener Handumriss mit farbiger Umrahmung in Rot. Eine Arbeit von Klaus Staeck.

unten Mitte:
Ähnlich einem Mosaik füllen farbige kurze Striche den Handumriss von Robert Wilson.

unten rechts:
Marlene Dumas umrahmt den Abdruck ihrer Hand und er-gänzt dann mit Schwarz und Blau.

Alle 4 Bildbeispiele aus:
„Die Hände der Kunst", Aus-stellung im Museum MARTa, Herford, 2008

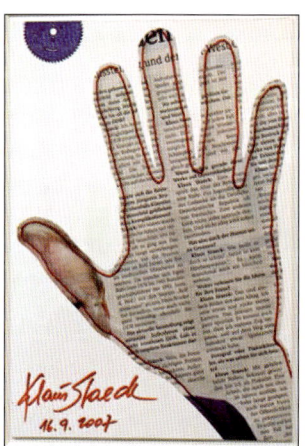
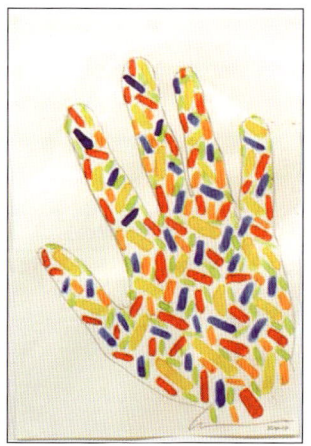

Anregungen für die Bearbeitung von Lernsituationen

Praxissituation – für Kinder
Naturerlebnistag: Mit den Kindern einer Einrichtung wird ein Naturerlebnistag geplant. Dazu wird ein passendes Gelände ausgesucht, wo die Kinder verschiedenste Erfahrungen in und mit der Natur machen können. Manche Schulen, wie z. B. das Berufskolleg Vera Beckers in Krefeld, haben dazu einen speziellen Außenbereich angelegt. Verschiedene Stationen, wie z. B. der Teich, die Feuerstelle oder der Sinnespfad, ermöglichen unterschiedliche Erfahrungen von Natur. Nach dem Tag zeichnen die Kinder das, was sie besonders beeindruckt hat. So können sie ihre individuellen Erlebnisse festhalten und den anderen zeigen.

Praxissituation – für Jugendliche
Ein besonderes T-Shirt: Ein Urlaubsfoto dient als Vorlage, um in eine Filzstiftzeichnung umgesetzt zu werden. Mit dem Filzstift kann man gut punktieren, tiefschwarze Linien ziehen und Flächen anlegen. Somit ist eine solche Zeichnung auch eine ideale Druckvorlage. In Fachgeschäften, die auf das Bedrucken von T-Shirts spezialisiert sind, kann die Zeichnung aufgedruckt werden und man erhält ein „einmaliges" Stück.

Weitere Anregungen

Riesenfrüchte zeichnen: Auf ein Blatt Papier wird eine kleine Abbildung einer Schale, z. B. eine Fotokopie, geklebt. Auf diese Abbildung malen die Kinder mit wasserlöslichen Farbstiften Riesenfrüchte. Anschließend wird die Zeichnung mit einem Pinsel und klarem Wasser teilweise verwaschen.

Buntes Feuerwerk: Ein Papier wird mit farbigen, leuchtenden Wachsstiften bemalt. Danach wird das ganze Blatt mit einer Schicht schwarzen Wachsstifts überzogen. In diese schwarze Schicht kann man nun mit einem Zahnstocher hineinarbeiten und sprühendes Feuerwerk, Leuchtraketen und farbige Sterne darstellen.

Ein persönliches Namensschild: Aus bedrucktem Zeitungspapier werden die Buchstaben des eigenen Namens (Fantasieschrift) ausgeschnitten. Die Buchstaben werden auf ein Papier geklebt und mit einem weichen Bleistift überzeichnet (= nur noch Teile des Gedruckten bleiben sichtbar), anschattiert (= Schatten oder Dunkelheiten werden verstärkt) oder umrahmt (= Bildteile werden durch dicke Umrahmungen hervorgehoben). So entstehen individuelle Buchstaben mit lebendiger Oberfläche.

Zeichnen mit Bleistiften
- Zeichnen nach der Natur: Blätter, Blüten, Äste, Stillleben
- Erzeugung von räumlicher Wirkung durch Tonwerte (Flächen in verschiedenen Größen und Helligkeitsstufen)
- Ergänzungszeichnung: ein halbiertes Foto aufkleben und weiterzeichnen
- Einen kleinen interessanten Ausschnitt eines Bildes, z. B. einer Postkarte, vergrößern, z. B. mit Fotokopierer, und in eine Bleistiftzeichnung umsetzen

Zeichnen mit Kohle

- Zeichnungen von: Figuren – Porträts – Tieren auf großen Papieren
- Größere Arbeiten experimenteller Art: beispielsweise Stangenkohle quer über das Papier ziehen und mit einem spitz geformten Knetgummi in der schwarzen Kohleschicht „zeichnen". Auf diese Weise entsteht ein Nachtbild, z. B. ein Sternenhimmel.
- Mit Kohlestiften eine Musik zeichnerisch nachempfinden

Zeichnen mit Filzstiften

- Zeichnungen/Skizzen nach der Natur: Stillleben, Fensterausblicke
- Zeichnen nach Vorlagen: beispielsweise Zeitschriftenbilder, Postkarten
- Weiterzeichnen eines kleinen farbigen Fotodetails, z.B. aus einer Zeitschrift, nach der eigenen Fantasie

Zeichnen mit Wachsstiften

- Zeichnen und Umzeichnen von großen Buchstaben
- Zeichnen einer Blumenwiese mit Fantasieblumen

Gesprächsanregungen

1. Diskutieren Sie: Bilder macht man heute mit einer Digitalkamera oder einem Smartphone und nicht mit Pinsel und Bleistift – ist Zeichnen heute also noch zeitgemäß?
2. Wie würde ich ein Tagebuch nur mit Zeichnungen führen?
3. Welche ästhetischen und technischen Verbindungen gibt es zwischen selbst hergestellten Handzeichnungen und digitalen Reproduktionsmöglichkeiten?
4. Wann habe ich zuletzt gezeichnet? Oder aufgehört zu zeichnen? Warum?

Kommentar

Experimentieren heißt nicht nur, die Eigenschaften und Besonderheiten der Zeichenmittel kennenzulernen, sondern auch unübliche Verarbeitungsweisen zu testen. Ebenso kann man verschiedene Zeichenmittel miteinander kombinieren. Solche Versuche führen möglicherweise zu interessanten und überraschenden Bildwirkungen. Auch wenn nicht alle Versuche ein brauchbares Ergebnis liefern, kann sehr viel über die Eigenschaften der Zeichenmittel herausgefunden werden.

Hauptaufgaben der Erzieherin bzw. des Erziehers in einer Experimentierphase sind: Zeichenmittel verschiedenster Art zur Verfügung zu stellen, Anregungen zu geben, Experimentierfreude zu verstärken, bei der Dokumentation der Zeichenproben zu helfen und einen Erfahrungsaustausch im Gespräch zu ermöglichen.

Wie die Beispiele der Zeichentechniken und die Aufgabenvielfalt in diesem Kapitel zeigen, müssen die Erziehenden, wenn das Kind oder der Jugendliche im Blickpunkt der beruflichen Praxis steht, eine sinnvolle und angemessene Auswahl aus der Fülle der Zeichenmöglichkeiten treffen. Gleichzeitig ergeben sich damit Fragen, die das persönliche Selbstverständnis in der Berufsrolle betreffen. Beispielsweise: „Welche theoretischen Grundkenntnisse und praktischen Fähigkeiten des Zeichnens sollten die Erziehenden besitzen?" Oder: „Wie können die individuellen zeichnerischen Fähigkeiten von Kindern und/oder Jugendlichen angemessen gefördert werden?" Oder: „Inwieweit sollte die Vermittlung von theoretischen Kenntnissen als eine Aufgabe der Erzieherinnen und Erzieher angesehen werden?"

Als Erzieherin/Erzieher wird man in der beruflichen Praxis die Erfahrung machen, dass Kinder sehr individuell mit Angeboten umgehen. Ebenso unterschiedlich werden die zeichnerischen Produkte sein. Manche Kinder zeichnen konzentriert, detailliert und langsam. Andere zeichnen großzügig und schnell. Einige suchen während des Zeichnens das Gespräch und den Austausch mit anderen Kindern und einige tun dies gar nicht oder nur selten.

In der erzieherischen Arbeit steht die Beobachtung der Aktivität im Zentrum, so zeigt sich im Zeichnen die Individualität der Kinder. Es können gezielt Anregungen bzw. Anleitungen gegeben werden. Gerade hierin sollte eine der Hauptaufgaben gesehen werden. Beim Erproben einer Zeichentechnik etwa geht es darum, die Freude am Zeichnen zu fördern und langfristig zu verankern.

Wer viel zeichnet, wird durch diese Übungen auch eine präzisere Wahrnehmung entwickeln und die eigenen Ausdrucks- und Umsetzungsfähigkeiten stärken. Übung ist hier ein wichtiges Stichwort, das auch für die Erzieherin und den Erzieher selbst gilt. So sollten sie sich nicht mit erworbenen praktischen Fähigkeiten zufrieden geben, sondern durch regelmäßiges Zeichnen in Übung bleiben.

Die Vermittlung von theoretischen Grundkenntnissen (beispielsweise Proportionslehren, Lehren des perspektivischen Zeichnens, das Setzen von Fluchtpunkten, Vogel- und Froschperspektive, Erzeugung von räumlicher Wirkung durch hell/dunkel, groß/klein etc.) kann, mit den entsprechenden Anleitungshilfen, als Erweiterung des Bereichs „Zeichnung" angesehen werden, die Zeichenkompetenz stärken und vielfältige bildnerische Lösungen ermöglichen.

 **Literaturhinweise:**

Barber, Barrington: Das große Buch vom Zeichnen: Das Standardwerk: Grundlagen, Techniken, Motive, Münster, Premio Verlag, 2010.

Boerboom, Peter/Proetel, Tim: Raum: Illusion mit Methode. Ideen zum räumlichen Zeichnen, Bern, Haupt Verlag, 2013.

Landa, Norbert/ Boehler, Thomas/Bernfels, Alex: Zeichnen: Der große Grundkurs, Freiburg, Christophorus-Verlag, 2010.

Rissler, Albrecht: Zeichnen in der Natur, München, Edition Fischer, 2012.

Szunyoghy, András: Zeichnen: Die große Schule, Potsdam, h.f.ullmann publishing, 2011.

Malerei

Aquarellmalerei: Stillleben

Einführung

Wie das Zeichnen, so ist auch das Malen eine der wesentlichen Möglichkeiten, um sich bildhaft auszudrücken und mitzuteilen. Wie die erlebte Welt gesehen, empfunden, geistig verarbeitet und „ins Bild gesetzt" wird, ist für jede Person unterschiedlich und führt zu verschiedenen, sehr persönlichen Ergebnissen. Dies zu erkennen, zu unterstützen und zu fördern ist eine der Aufgaben von Erziehenden in der Arbeit mit Kindern und Jugendlichen. Dabei bieten sich unterschiedliche Situationen und Anlässe an. Beispielsweise kann der gemeinsame Besuch einer Ausstellung Anlass sein, um malerisch aktiv zu werden und Erlebtes auf eine persönliche Weise darzustellen.

Ein großer Vorteil liegt darin, dass die Materialien selbst (Pinsel, Papiere, Farben) einen hohen Aufforderungscharakter haben und zum praktischen Tun anregen. Falls es möglich ist, sollte auch ausgiebig mit allen Materialien experimentiert werden. Allen Experimenten liegt ein freies und unbefangenes Arbeiten zugrunde. Statt bereits eine komplexe Bildidee im Hinterkopf zu haben, sollte man offen für Überraschungen und Ungeplantes sein. Durch ein Malexperiment werden neue Möglichkeiten entdeckt und erprobt, die dann in späteren Werken bewusst eingesetzt werden können.

 **Mittel und Materialien**

Aquarellfarbe: Speziell für eine Malerei in lasierenden (= durchscheinenden) Farbschichten oder ein Nass-in-Nass-Malen sind diese Farben gedacht. Sie werden mit Wasser verdünnt und bleiben auch nach dem Trocknen wasserlöslich.
Hohe Farbdichte und Lichtbeständigkeit sind besondere Eigenschaften dieser Farben.

Chinatusche: Schwarze oder farbige Tuschen dienen zum Schriftschreiben und Malen. Mit ihnen lassen sich besonders zarte Tonabstufungen erzielen. Auch sehr schöne lasierende Farbschichten lassen sich damit herstellen. Doch gerade in der Tuschmalerei bedarf es einiger Übung, da spätere Korrekturen nicht möglich sind, beziehungsweise unterlassen werden sollten. Der spontan „hingeworfene" Pinselstrich wirkt hier am besten.

Deckfarbe: Mit diesem Begriff meint man zum Beispiel den bekannten, und nach wie vor gut geeigneten, 12-teiligen Deckfarbenkasten. Die Farben werden mit Wasser verdünnt, sind ergiebig und können auch einzeln angeschafft bzw. nachgekauft werden. Deckfarben gehören meistens zu den „Einstiegsfarben", wenn man mit der Malerei beginnt. Sie sind preiswert und problemlos in den Fachgeschäften erhältlich.

Dispersionsfarbe: Diese Volltonfarben/Abtönfarben werden in größeren Eimern und Tuben angeboten. Sie sind bei umfangreicheren Malarbeiten, z.B. bei der Kulissenherstellung, gut zu verwenden. Dispersionsfarben bestehen aus feinsten Kunststoffkügelchen in einem wässrigen Medium. In der Trocknungsphase verkleben die Kügelchen zu einem festen Film. Die Farben lassen sich mit Wasser verdünnen, sind jedoch nach dem Trocknen wasserfest. Noch feuchte Farbspritzer können mit Wasser weitgehend entfernt werden. (Bei Arbeiten mit Volltonfarben sollten immer Arbeitskittel getragen werden.)

Fingerfarbe: Meist ist damit eine gebrauchsfertige pastose (= dickflüssige) Farbe gemeint. Bei den Fingerfarben muss in jedem Fall auf Ungiftigkeit geachtet werden, da kleinere Kinder schnell einmal die farbbeschmierten Finger in den Mund stecken.

Gouache: Unter diesem Begriff versteht man deckende Wasserfarbe, der weiße Leimfarbe zugemischt ist.

Lackfarbe: Hier sollten Lacke auf Wasserbasis vorgezogen werden. Nach dem Trocknen erhält man eine wasserfeste und unempfindliche Oberfläche. Es gibt Klar-, Bunt- und Metalliclacke zum Streichen oder Sprühen. Auf Lackfarben, die mit Nitroverdünnung verarbeitet werden, sollte man gänzlich verzichten.

Plakatfarbe: Diese Farben werden mit Wasser verdünnt und sind nach dem Trocknen nicht mehr wasserlöslich. Für das Malen größerer Flächen oder zum Bemalen von Plastiken sind sie gut geeignet.

Pulverfarbe: Eine gute Alternative zu Farbkästen, Tuben und Flaschen sind Farben in Pulverform. Die Farben werden mit Wasser angerührt, lassen sich untereinander mischen und mit Portionierern gut dosieren.

Temperafarbe: Je nach Beimischung wird zum Beispiel zwischen Ei-, Öl- oder Gummitempera unterschieden. Die wasserlöslichen Farben haben eine gute Deckkraft. Hier ist der Kauf von größeren Tuben empfehlenswert.

Textilfarbe: Mit diesen Farben kann direkt auf Stoffen gemalt werden. Textilfarben lassen sich untereinander mischen und mit Wasser verdünnen. In der Regel müssen die Farben nach dem Malen durch Bügeln (von links) fixiert werden.

Pinsel und Malwerkzeuge:
- Haarpinsel, z. B. vom Rind, Dachs oder Rotmarder
- Borstenpinsel, z. B. vom Schwein
- Kunsthaarpinsel, z. B. Synthetikfasern

Grundsätzlich wird zwischen Rund- und Plattpinseln unterschieden. Dabei können Qualität und Preis sehr unterschiedlich sein. Um einen Rundpinsel zu testen, kann man mit etwas Feuchtigkeit die Pinselhaare zu einer Spitze formen. Bleibt die Form erhalten, so ist der Pinsel auch für feine Arbeiten brauchbar. Für besondere Malarbeiten gibt es zum Beispiel Fächerpinsel (für das Malen von Gras), breite Vertreiber (für größere Flächen), Stupfpinsel (für das Arbeiten mit Schablonen) oder langhaarige Tuschpinsel. Weiterhin sind verschieden geformte Spachtel (fertig gekauft oder aus einem Holzstiel selbst geschnitzt), Schwämme, Walzen, Zahnbürsten etc. gute und brauchbare Werkzeuge.

Malgründe:
- Aquarellpapier – rau genarbt, in verschiedenen Stärken erhältlich
- Druckkarton – dick und sehr saugfähig – nicht nur zum Drucken, sondern auch zum Malen geeignet
- Japanpapier – dünnes weißes Papier mit silbrig glänzenden Fäden
- Kunstdruckpapier – sehr glatt und nicht saugfähig
- Malkartons und Malpappen – glatt oder rau – die Bezeichnung „Karton" beginnt etwa bei der Stärke einer Postkarte
- Packpapier – mit einer rauen und glatten Seite – braun, grau, andersfarbig
- Papyrus – aus der gleichnamigen Pflanze hergestellt – die Faserstreifen sind kreuzweise miteinander verklebt (das Wort „Papier" stammt von „Papyrus")
- Stoff – fertig grundierte Leinwand oder andere Textilien, wie zum Beispiel Nessel, die man mit verdünnter Dispersionsfarbe selbst grundieren kann
- Zeichen- und Malpapier – unter dieser Sammelbezeichnung werden meist Papiere mittlerer Stärke angeboten, zum Beispiel Zeichenblockpapier. Die Papiere gibt es als Einzelblätter, Blocks oder als Meterware auf Rollen. Für größere Malaktionen und starken Papierverbrauch ist der Kauf von Rollen günstiger.
- Neben diesen klassischen Malgründen sollte auch beachtet werden, dass fast alle Altpapiere wie Zeitungen, Briefumschläge, Papiertüten, Tapetenreste (Tapetenrollen mit unbeschichteter Rückseite), Verpackungen, Pappen, Wellpappen etc. zum Malen, Übermalen oder Weitermalen brauchbares Material darstellen. Es ist sinnvoll, für solche Papiere eine Sammelkiste oder Mappe anzulegen. Auch Holzplatten, z. B. furnierte Sperrholzplatten oder Tischlerplatten, die man mit verdünnter weißer Dispersionsfarbe selbst grundieren kann, sind gute Malgründe.

Zubehör:

- Farb- und Wassertöpfe (Joghurtbecher, Blechdosen, Glastöpfe, Deckel etc.)
- Mischbretter aus Holz, Kunststoff oder eine Glasscheibe
- Materialien zum Vorzeichnen (Stifte, Radiergummis, Anspitzer, Lineale)
- kleine und große Papierscheren
- Klebeband zum Aufspannen von Papier
- lösungsmittelfreier Klebstoff
- Stofflappen, Papierhandtücher, Arbeitskittel etc.

▦ Verfahren/Beispiele – Malexperimente

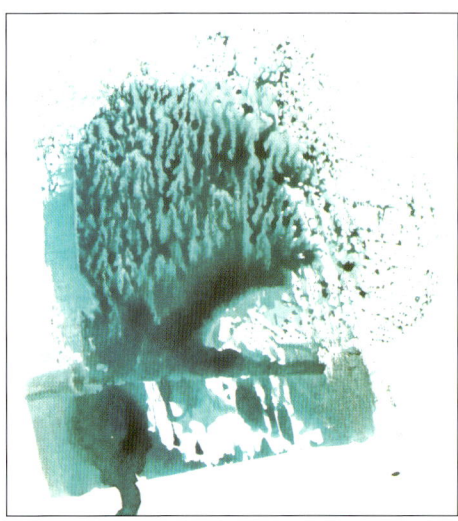

Abklatsch-/Abziehtechnik

Eine Farbschicht wird auf eine Glas- oder Kunststoffplatte aufgetragen (gewalzt, gestrichen, geschüttet etc.). Auf die Farbschicht wird ein Blatt Papier gedrückt und wieder abgezogen. Je nach Art der Farbe (dünn oder dickflüssig) und nach Art des Abziehens (langsam, ruckartig, vorsichtig, mit kreisenden Bewegungen, ziehend etc.) werden unterschiedliche Ergebnisse erzielt. Diese gesteuerten Zufallsprodukte zeigen oft reizvolle und feine Strukturen, die nur schwer zu malen wären. Bilder, die in der Abklatschtechnik entstehen, können Inspirationen liefern und zum Weitermalen anregen.

Farbe verpusten

Dünnflüssige Farbe wird sofort nach dem Auftragen verpustet. Dies kann mit einem Strohhalm sehr gezielt vorgenommen werden. Auch durch einfaches Kippen des Papiers können die Farben „zum Laufen" gebracht werden. So entstandene Farbverläufe regen zum Weitermalen an.

Kratztechnik

Nach dem Auftragen der Farben auf einen weichen Karton wird mit spitzen Werkzeugen aller Art hineingekratzt. Auf diese Weise wird die Farbe des Untergrunds wieder sichtbar gemacht. Die Kratzspuren sind bewusste Mittel der Gestaltung, um Flächen eine Textur zu geben.

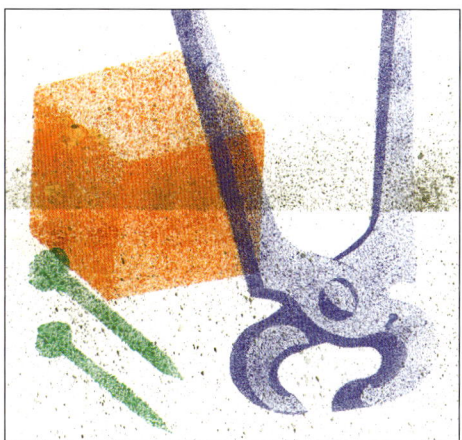

Spritzverfahren I

Kartonschablonen werden auf ein Blatt Papier gelegt oder mit kleinen Klebebandröllchen fixiert. Mit einer Zahnbürste und einem Sieb lässt sich nun wasserverdünnte Deckfarbe darüber spritzen. Während der Arbeit können die Schablonen leicht versetzt werden, wodurch gezielte Farbabstufungen erreicht werden. Nach Entfernung der Schablonen erscheinen die Motive als ausgesparte Flächen. Es ist sinnvoll, bei dieser Arbeit einen Kittel anzuziehen und den Arbeitstisch mit Zeitungspapier abzudecken.

Spritzverfahren II

Bei dieser experimentellen Malmethode wird dünnflüssige Temperafarbe mit einem Stock oder einem alten Borstenpinsel auf einen vorbereiteten Malgrund gespritzt. Weißer Karton oder eine aufgespannte Leinwand, aber auch alle anderen Untergründe in beliebiger Größe sind für dieses einfache, aber wirkungsvolle Verfahren geeignet. Auch hier ist es sinnvoll, den Arbeitsbereich entsprechend vorzubereiten und einen Kittel anzuziehen.

Kleistermalerei

Tapetenkleister wird angerührt und mit etwas Volltonfarbe vermischt. Mit dieser Mischung lässt sich auf einem Papier, z. B. Ingres-Bütten-Papier oder die Rückseite von unbeschichteten Tapetenrollenresten, malen. Nach dem Trocknen wird darauf eine neue, jedoch andersfarbige Kleister-/Farbschicht gestrichen. In diese Farbschicht werden, solange sie noch nass ist, mit verschiedenen Werkzeugen (angespitzte Holzstiele, Stifte, schmale Spachtel, Zahnspachtel etc.) Muster hineingezogen. Diese Muster erscheinen dann in der Farbe der ersten Farbschicht. Ergebnisse dieser Art eignen sich gut, um kleine Pappkisten, Buchdeckel oder Sammelmappen zu bekleben. (→ Bücher binden)

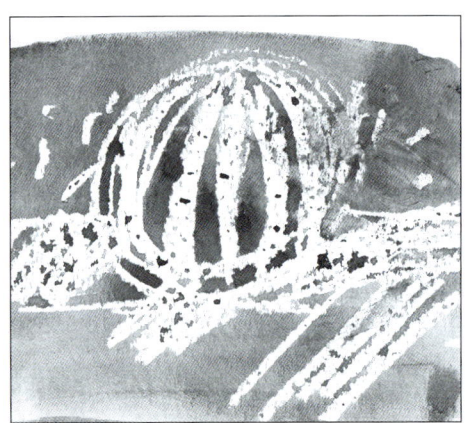

Deckfarbenexperimente 1

Das Beispiel zeigt eine Kombination von weißem Wachsmalstift und schwarzer Deckfarbe. Von der Wachsstiftschicht perlt die Wasserfarbe ab. Nur kleine Tröpfchen trocknen auf der Wachsoberfläche. Ein Beispiel, das anregen soll, auch einmal Mischtechniken auszuprobieren.

Deckfarbenexperimente 2

Das Beispiel zeigt eine Kombination von Deckfarben und wasserlöslichen Farbstiften. Nachdem alle Motive aufgemalt bzw. aufgezeichnet wurden, lassen sich die farbigen Linien mit einem Pinsel und Wasser auflösen. So erreicht man eine Annäherung an die Malerei. Auf dem schwarzen Hintergrund kommen die Farben besonders gut zur Geltung.

Deckfarbenexperimente 3

Bei diesem Beispiel wurde zuerst ein ausgerissenes Stück Zeitungspapier aufgeklebt. Der Papierschnipsel ist damit das erste Bildelement und eine Anregung zum Weitermalen mit Deckfarben.

Tupftechnik

Nur die Spitzen eines härteren Borstenpinsels werden vorsichtig mit Deckfarbe eingefärbt. Durch Tupfen mit verschiedenen Farben erhält man zarte Übergänge und interessante Farbvermischungen. Das Verfahren eignet sich besonders gut, um beispielsweise Watte oder Wolken malerisch darzustellen.

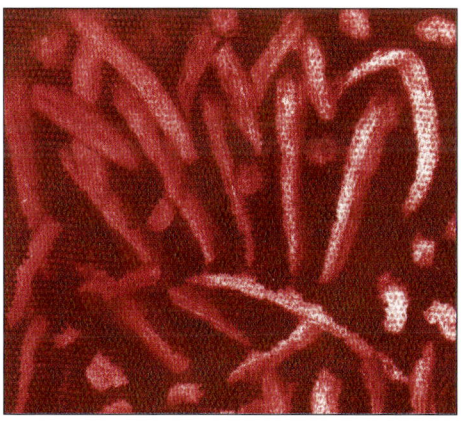

Monotypie (= Einblattdruck)

Auf eine Metall- oder Kunststoffplatte wird eine dünne Schicht Druckfarbe aufgewalzt. Mit verschiedenen Werkzeugen kann man in diese Farbschicht hineinarbeiten (kratzen, schaben, wischen etc.). Ebenso kann man mit Pinseln und verdünnter Druckfarbe auf der Platte malen. Von der fertig bearbeiteten Platte lässt sich mithilfe einer Druckpresse ein einmaliger Abzug machen. Der Druck erscheint seitenverkehrt.

Stempelverfahren

Kleine Druckstempel können aus Linoleum, Karton, Kork, Gummi oder anderem Material hergestellt werden. Mit diesen Stempeln lässt sich ein Motiv beliebig oft auf ein Papier drucken. Dabei können verschiedene Anordnungen ausprobiert werden. Ebenso kann man mit mehreren Druckstempeln experimentieren. Ebenfalls kann man mit Naturmaterialien, wie z. B. mit Blättern, sehr gute Stempel herstellen.

■ **Verfahren/Beispiele – Malerei**

Die für die Aquarellmalerei typische Malweise im Schichtverfahren wird bei dem Beispiel erkennbar.

Aquarellmalerei

Aquarelle wirken frisch, lebendig, spontan und leicht. Doch gerade in dieser Wirkung, die scheinbar mühelos erreicht wird, liegt das Besondere und auch das Schwierige der Aquarellmalerei. Wer in dieser Technik arbeitet, sollte zunächst auf Papierresten viel experimentieren. Man kann eine Bildidee skizzenhaft vorzeichnen oder der Farbe direkt „freien Lauf" lassen. Einzelpapiere werden zuvor mit einem Schwamm oder breiten

Pinsel ganzflächig (oder nur teilweise) angefeuchtet und mit Klebeband auf einer glatten Fläche rundum fixiert. Mit wenig Farbe und viel Wasser lassen sich zarte Farb-

schichten herstellen. Mit etwas Geschick erreicht man, dass bei Übermalungen die unteren Farbschichten durchscheinen. Man sollte zügig malen, da besonders in der Deutlichkeit der Pinselstriche, der Farbspritzer und der zufälligen (oder gesteuerten) Farbvermischungen die Reize des Aquarells liegen. Zusätzlich tragen auch die ausgesparten weißen Flächen und das Papier selbst (grobes Papier wirkt wie Leinwand) zur Bildwirkung bei. Gerade Kindern kommen die spielerischen Probiermöglichkeiten, welche die Aquarellmalerei bietet, entgegen.

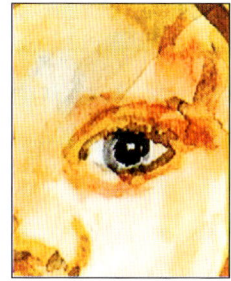

Detail – vergrößert

Deckfarbenmalerei

Mit dem Begriff „Deckfarben" sind in erster Linie die verschiedenen Arten deckender Wasserfarben gemeint, wie zum Beispiel Gouache, Plakatfarbe oder Tempera. Die Farben lassen sich nach Belieben mit Wasser verdünnen und bleiben nach dem Trocknen wasserlöslich (außer Plakatfarbe). Im Gegensatz zu Aquarellfarben können mit Deckfarben auch dunkle Bildteile mit hellen Farben deckend übermalt werden. Ebenso sind die Farben geeignet, größere Flächen gleichmäßig anzulegen.

Da der Umgang mit diesen Farben vergleichsweise problemlos und einfach ist, stellt der 6-, 12- oder 24-teilige Deckfarbenkasten als „Standardausrüstung" einen guten Einstieg in das Gebiet der Malerei dar.

Bei diesem Beispiel wurden die Deckfarben unterschiedlich stark mit Wasser verdünnt, was teilweise zu einer aquarellmalerei-ähnlichen Wirkung führt.

Da Schwarz und Weiß häufig benötigt werden, wäre der Kauf von großen Tuben Deckweiß/Mischweiß und Schwarz sinnvoll.

Als Malgründe sind fast alle rauen und matten Papiere verwendbar. Auch alle möglichen Altpapiere, Karton- und Pappreste eignen sich gut, um bemalt zu werden.

Fingerfarbenmalerei

Möglicherweise denken manche bei dem Wort „Fingerfarbenmalerei" zuerst an Höhlenmalereien, wie zum Beispiel die von Altamira oder Lascaux.

Die Finger wie Pinsel zu benutzen, die Farben auf der Haut zu spüren und der direkte Kontakt mit dem Malgrund sind Arbeits- und Malweisen, mit denen Kinder sehr spontan und unbefangen umgehen können. Deshalb sollte auf diese grundlegenden Erfahrungsmöglichkeiten nicht verzichtet werden.

Mit keiner anderen Malweise ist es möglich, so direkte und persönliche Malspuren, wie Handabdrücke oder Fingerspuren, in der Farbe zu hinterlassen. Besonders wichtig ist die Auswahl der richtigen Farben. So gibt es zum Beispiel

Fingerabdrücke sind hier deutliche Spuren des Malprozesses.

Malfarben, für die Lebensmittelfarbstoffe verwendet werden. In jedem Fall müssen die Farben gesundheitlich unbedenklich sein.

Spachteltechnik

Die Spachteltechnik stellt einen interessanten Grenzbereich der Maltechniken dar. Ein Grenzbereich ist es deshalb, weil das Bild nicht in einer der zahlreichen „klassischen Malweisen" entsteht, sondern indem pastose Farbmassen ineinander und übereinander gespachtelt werden, wodurch sich plastische Verformungen mit deutlichen, reliefartigen Höhen und Tiefen ergeben. Geeignete Untergründe sind zum Beispiel dickere Malkartons oder Pressspanplatten, die mit weißer Dispersionsfarbe grundiert werden.

Dickflüssige Farben, z.B. leicht angetrocknete Dispersionsfarben, werden mit kleinen Holzspachteln auf ein Papier gezogen.

Als Werkzeuge dienen Malspachtel mit verschiedenen Spitzen, Palettmesser, Ziehspachtel (Japanspachtel) oder kleine Holzspachtel mit unterschiedlicher Breite. Für Versuche in dieser Technik sind unverdünnte Dispersionsfarben (Volltonfarben) gut verwendbar. Diese Farben, sollten sie noch zu flüssig sein, lassen sich mit feinem Quarzsand, Bimssteinmehl oder Marmorsplitt „andicken", um sie auf die richtige Verarbeitungsstärke zu bringen.

Tuschmalerei

Der Ursprung der Tuschmalerei liegt in Asien. Gut ausgestattete Fachgeschäfte bieten chinesische und japanische Reibetuschen an, die mit Wasser auf einem speziellem Reibestein angerieben werden. Zudem gibt es gebrauchsfertige schwarze und farbige Tuschen in kleinen Glas- oder Porzellanflaschen. Die Tuschpinsel bestehen meist aus einem Stück Bambusrohr und weichem langen Ziegenhaar.

Für die Tuschmalerei sollte man Konzentration und Ruhe haben. Eine Besonderheit dieser Maltechnik liegt darin, dass die langhaarigen Pinsel sehr viel

Durch Verdünnung der Tusche mit Wasser erzielt man mehrere Grauabstufungen.

Farbe aufnehmen können. Auch feinste Malspuren von einzelnen Pinselhaaren sind hier deutlich sichtbar. Korrekturen sollten unterlassen werden, da im spontanen Ausdruck der Reiz der Tuschmalerei liegt. Bei wechselndem Druck der Hand kann ein Übergang von einem sehr feinen zu einem sehr breiten Pinselstrich erreicht werden. Durch diese Besonderheiten fördert und stärkt die Tuschmalerei die persönliche Sensibilität.

Anregungen für die Bearbeitung von Lernsituationen

Praxissituation – für Kinder
Naturbeobachtung: Mit den Kindern einer Einrichtung wird ein Tag für die Beobachtung von Naturereignissen geplant. Je nach Jahreszeit und Wetterbedingungen sind Beobachtungen verschiedener Art möglich. Sie können Anlass sein, um Bilder wie beispielsweise den „Regenbogenfisch" entstehen zu lassen.

Praxissituation – für Jugendliche
Wandgestaltung: Die leere Wand in einer Freizeiteinrichtung wird für eine Bemalung zur Verfügung gestellt. Für die Jugendlichen wird ein Wettbewerb ausgeschrieben. Alle Entwürfe sollen in einer Ausstellung präsentiert werden. Der beste Entwurf soll ausgeführt werden. Da die Arbeit einen größeren Aufwand darstellt, wird von Beginn an in Arbeitsgruppen von je drei bis fünf Jugendlichen gearbeitet.

Weitere Anregungen

Einfache Motive malen

- ein Blatt – eine Blume – eine Flasche – ein Ball – ein Glas etc.
- ein freies Spielen mit Linien und Flächen
- einfache geometrische Formen wie Kreise und Quadrate

Bei den Malexperimenten sollten jedoch keine allzu komplexen Bildideen entwickelt werden. Es ist ebenfalls denkbar, ein Motiv für alle Malexperimente durchgängig zu verwenden. Auch sollte man sich nicht mit nur einem Experiment zu den verschiedenen Verfahren zufrieden geben.

Themengebunden

- Eine Fantasiepflanze in der Farbe-verpusten-Technik: Dicke Tropfen einer verdünnten Wasserfarbe werden mit dem Pinsel auf das Papier aufgetragen und mit einem Strohhalm fächerförmig verpustet. Noch während die Farbe trocknet, wird der ganze Vorgang mit einer anderen Farbe wiederholt. So entstehen feine und feinste Verästelungen mit nuancenreichen Farbmischungen. Am Ende dieser Verästelungen werden mit verschiedenen bunten Farben Kleckse gesetzt. Für die Kinder wird bei dieser einfachen Aufgabe auch erkennbar, wie sich zwei Farben zu einer neuen Farbe vermischen können.
- Textillustration: Zu einem ausgewählten Text, der die Fantasie anregt, wird eine Illustration mit Deckfarben gemalt. Beispielsweise könnte ein Text mit der Beschreibung eines dschungelartigen Waldes, in dem eigenartige Blüten, Pflanzen und Bäume wachsen, Malanlass sein. Beim Malen lassen sich die verschiedenen Möglichkeiten der Deckfarbenmalerei ausprobieren.

Aquarellmalerei

- freie Farbexperimente: die interessantesten Teile werden später ausgeschnitten und collageartig zusammengeklebt (→ Collage)
- Malen eines Bildes mit farbigen Wolken in der Nass-in-Nass-Technik
- Malen eines Stilllebens im Farbschichtverfahren

Fingerfarbenmalerei

- farbige Hand- und Fußabdrücke: ein Bild, das zum Weitermalen anregt
- Malen von farbigen Fensterbildern
- Zoo der Fabeltiere: Gemeinschaftsarbeit auf einer langen Papierrolle

Deckfarbenmalerei

- Bilder aus der Erinnerung malen, z.B. nach Erlebnissen wie einem Jahrmarktsbesuch, einem Zirkusbesuch, einer Zugfahrt etc.
- Bilder aus der Vorstellung malen, z.B. nach einer vorgelesenen Geschichte (Märchen), Bilder einer vorgestellten Weltreise etc.
- Bilder nach der Natur malen: Muscheln, knorrige Äste, Herbstblätter etc.
- Bilder zu Anlässen malen, z.B. zu einer Feier des Kindergartens, zu Geburtstagen, zu besonderen Feiertagen und Festen etc.

Spachteltechnik
- Versuche zur Licht-/Schatten-Wirkung: In eine feuchte helle Farbschicht werden mit Spachteln, Ausstechfomen für Teig etc. hineingearbeitet.
- Umsetzung eines Bildes in eine Spachteltechnik mit mosaikartiger Wirkung: Mit kleinen Holzspachteln wird in die feuchte Farbmasse gekratzt.
- Einarbeitung von Fundstücken: Holzstücke – Zeitungsteile – Federn etc.

Tuschmalerei
- Darstellung von Blüten, Pflanzen, Ästen, Früchten etc.
- Darstellung eines Stilllebens
- Schriftschreiben

Experimente mit unterschiedlichen Farbtechniken
- neue Ausdrucksformen durch ungewöhnliche Malgründe entdecken
- verschiedene Stoffe, Flüssigkeiten und Pigmente ausprobieren und dabei Wirkungen beobachten und erkennen

Individuelle Vorstellungen von Malerei
- Was verstehen Sie unter Ausdrucksmalerei? Klären Sie praktisch diesen Begriff, indem Sie auf einer großen Fläche mit Farbe und Formen experimentieren.
- Unter Synästhesie versteht man beispielsweise die Verbindung von akustischer und visueller Wahrnehmung. Töne werden mit bestimmten Farben assoziiert. Experimentieren Sie mit rhythmischen Bewegungen beim Malen zu einem ausgewählten Musikstück.

Fotografie in der Malerei
- Kennen Sie Künstlerinnen und Künstler, die für ihre Bilder Fotografien eingesetzt haben – als Vorlage oder direkt als Bildelement?
- Experimentieren Sie mit Maltechniken, um eine Fotografie, die Sie von einer Landschaft oder einer Person gemacht haben, malerisch umzusetzen.

Farbgestaltung von Räumen
- Diskutieren Sie: Welche Rolle spielt für Sie die Farbgestaltung von Räumen im privaten oder öffentlichen Bereich?
- Skizzieren Sie Räume, die durch ihre Ausstattung und Farbgebung eine kühle oder warme Ausstrahlung besitzen.

Kommentar

Bei den Malexperimenten sind nicht die ausgereifte Bildidee, die Komposition, die bereits vorstellbare Bildwirkung (Stimmung) oder irgendeine vorgefasste Farbzusammenstellung von Bedeutung, sondern das Probieren, Austesten, Verwerfen und Neubeginnen.
Ergebnisse, die bei den Malversuchen herauskommen, können sehr überraschend, interessant und anregend sein. Ob jedoch alle Ergebnisse zufriedenstellend sind und sich für eine weitere Verwendung als brauchbar erweisen, bleibt abzuwarten.

Eine große Bedeutung hat die Verwendung von Papieren, Pappen und Kartons aller Art. So kann das gleiche Experiment mit einer Farbe auf zwei verschiedenen Papieren zu völlig unterschiedlichen Ergebnissen führen.

Es wäre gut, frühzeitig mit dem Sammeln von Altpapieren anzufangen und eine Mappe oder Sammelkiste anzulegen. Die Bereitstellung von Mitteln und Materialien, Anregungen zu geben und Mal- und Experimentierfreude zu fördern, gehören hier zu den wichtigen Aufgaben der Erzieherin und des Erziehers.

Die getroffene Auswahl an Maltechniken ist somit unter Gesichtspunkten wie Unterschiedlichkeit in Mal- und Ausdrucksmöglichkeiten, unkomplizierte und schnelle Umsetzbarkeit sowie Kostengünstigkeit zu sehen.

Weil das Arbeiten mit Öl- und Acrylfarben sowie das Airbrush-Verfahren eher teuer ist, wurde auf die Darstellung verzichtet.

Im Besonderen werden dabei die Altersgruppen der Kinder und Jugendlichen berücksichtigt.

Der Vorgang des Malens eines Bildes kann sehr unterschiedlich sein. Manche werden bei einer Aufgabenstellung schnell eine genaue Bildvorstellung entwickeln und versuchen, diese zu Papier zu bringen. Bei anderen wird die endgültige Lösung für eine gestellte Aufgabe erst langsam entstehen und in Zwischenfassungen immer wieder verändert und überarbeitet werden. Gerade hier spielt das Experimentieren eine wichtige Rolle. Dabei sind das Probieren, Aussuchen oder Verwerfen ebenso als kreative Phasen des gesamten Malprozesses anzusehen wie die Pausen, in denen ein Bild betrachtet und über Änderungen nachgedacht wird.

Auf die Versuche und Malprozesse der Kinder und Jugendlichen können die Erziehenden sensibel und angemessenen einwirken. Man sollte die verschiedenen Ausdrucksweisen, welche die Malverfahren bieten, im Blick haben und das Malen in erster Linie als Möglichkeit, sich bildhaft auszudrücken und mitzuteilen, verstehen.

Malen kann nicht nur Einzelarbeit, sondern auch Gemeinschaftsarbeit sein. Ob eine Gemeinschaftsarbeit sinnvoll ist, ist von der persönlichen Einschätzung und Flexibilität der Erzieherin bzw. des Erziehers in der jeweiligen Situation abhängig.

Das Malen sollte, wie auch die anderen Verfahren bildnerischen Arbeitens, mit Freude, Spaß an der eigenen Arbeit und Unbefangenheit im Umgang mit den verschiedenen Materialien verbunden sein.

 **Literaturhinweise**

Klimmer, Bernd: Praxis Wissen Aquarellmalerei, Stuttgart, Frechverlag, 2011.

Gekeler, Hans: Handbuch der Farbe: Systematik – Ästhetik – Praxis, Köln, DuMont, 2007.

Middelmann, Gabriele: Acrylmalerei. Oberfläche – Raum – Tiefe, Freiburg, Christophorus-Verlag, 2012.

Okamoto, Naomi: Sumi-e: Japanische Tuschemalerei: Techniken und kultureller Hintergrund, München, Edition Fischer, 2013.

Exkurs: Farbenlehre

Die Aquarellmalerei, die Deckfarbenmalerei oder auch das Zeichnen mit Farbstiften eignen sich besonders gut dafür, Bausteine für ein theoretisches Grundwissen über die Farbenlehre anzulegen.

„Farbenlehre, einmal anders"
Statt des bekannten und oft gesehenen Farbkreises kann man die Farbenlehre beispielsweise auch mit einer Geschichte verbinden und so Grundkenntnisse mit einer interessanten Aufgabe verknüpfen.

Der Regenbogenfisch
Die Naturbeobachtung eines Regenbogens wird zum Anlass genommen, um fantasievolle Zeichnungen oder Malereien entstehen zu lassen. Grundkenntnisse über die Entstehung und Mischung von Farben können hier spielerisch vermittelt werden.

Hier sind die wichtigsten Begriffe und Grundkenntnisse:

Detail: Regenbogenfisch

▓ Der Farbkreis
Es gibt Grundfarben (Gelb, Rot, Blau) und Mischfarben. Grundfarben können nicht aus anderen Farben ermischt werden. Aus den Grundfarben werden die Mischfarben 1. Ordnung (Orange, Violett, Grün) hergestellt. Diese sechs Farben bilden den einfachen sechsteiligen Farbkreis. Bei Mischungen der Nachbarfarben des sechsteiligen Farbkreises erhält man sechs neue Farben, die Mischfarben 2. Ordnung. Solche Mischversuche können gut mit Aufgabenstellungen verbunden werden. Durch einen kleinen Versuch, wie zum Beispiel das Zusammengießen von

Zwölfteiliger Farbkreis nach Johannes Itten (1888–1967)

gelb, rot und blau gefärbtem Wasser, werden einfache Mischphänomene augenscheinlich.

Vier Regenbogenfische

Bunte und unbunte Farben

Die Farben des Farbkreises sind bunte Farben. Schwarz, Weiß und Grautöne sind unbunte Farben.

Licht und Farbe

Im weißen Licht sind alle Farben enthalten. Ein Versuch mit dem Prisma – einem geschliffenen Glaskörper – macht dies deutlich. Ein weißer Lichtstrahl wird in einem Prisma so gebrochen, dass er beim Austritt in die Regenbogenfarben aufgefächert wird. Auch an anderen Objekten, wie zum Beispiel an der geschliffenen Kante eines Spiegels, kann die Lichtbrechung sichtbar werden.

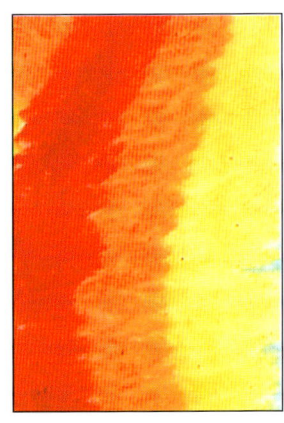

Detail: Regenbogenfisch

Die Farbkontraste

Es ist möglich, bei den Aufgabenstellungen die Besonderheiten von Farbkontrasten miteinzubinden. So sind beispielsweise der Kalt-Warm-Kontrast (Farben, die als kalt oder warm empfunden werden), der Komplementär-Kontrast (Farben, die sich im Farbkreis gegenüberliegen) und der Hell-Dunkel-Kontrast, z.B. die unbunten Farben, hierfür gut geeignet.

Detail: Regenbogenfisch

- **Hell-Dunkel-Kontrast:** Farben können mit Weiß aufgehellt oder mit Schwarz abgedunkelt werden und stehen unterschiedlich hell zueinander.
- **Kalt-Warm-Kontrast:** Die Farben, die sich im Farbkreis gegenüber stehen, erscheinen als warm oder kalt, also Rot-Orange und Blau-Grün auf der anderen Seite.
- **Komplementärkontrast:** Farben, die im Farbkreis gegenüberliegen, erscheinen nebeneinander gesetzt leuchtender, vermischt entsteht ein neutrales Grauschwarz.
- **Simultankontrast:** Wenn man eine grüne Fläche vor eine graue Fläche hält, erscheint das Grau rötlich, da das Auge die entsprechende Gegenfarbe erzeugt.
- **Quantitätskontrast:** Bei der Zusammenstellung von gleich vielen hellen und dunklen Farbflächen erscheinen die hellen dominanter als die dunklen.
- **Qualitätskontrast:** Farben können mit Weiß, Grau oder Schwarz gemischt und somit im Gegensatz zu reinen Farben in ihrer Leuchtkraft gedämpft erscheinen.
- **Farbe-an-sich-Kontrast:** Die reinen, nicht gedämpften Grundfarben und die Mischfarben 1. Ordnung wirken nebeneinander bei der einfachen Zusammenstellung.

Collage

*Pablo Picasso: Still-
leben mit Rohrstuhl-
geflecht, Paris 1912.
Öl/Wachstuch auf mit
Schnur gerahmter Lein-
wand*

Einführung

Das Wort Collage, abgeleitet vom französischen Wort *coller = kleben*, bezeichnet ursprünglich ein Klebebild aus gefundenen oder
veränderten Materialien unterschiedlicher Herkunft, die meistens schon gebraucht sind, nicht zusammengehören und eigentlich für eine ganz andere Verwendung hergestellt worden sind.
Max Ernst definiert das Herstellen von Collagebildern so:

„Collage-Technik ist die systematische Ausbeutung des zufälligen oder künstlich provozierten Zusammentreffens von zwei
oder mehr wesensfremden Realitäten auf einer augenscheinlich dazu ungeeigneten Ebene – und der Funke Poesie, welcher
bei der Annäherung dieser Realitäten überspringt."[1]

*Max Ernst: Der Briefträger
Cheval –
Le facteur Cheval, 1929/30*

Bereits zu Beginn des Jahres 1912 entdeckten Pablo Picasso[2] und Georges Braque[3] die Möglichkeit, in ihre Bilder Tapetenreste, Zeitungsausschnitte, bedrucktes Papier mit Holzmaserung,
farbiges Geschenkpapier und Strohgeflechte einzukleben, die ihren Werken eine ganz andere
Wirkung gaben. So entstanden die sogenannten ‚Papiers collés'. Georges Braque klebte die
sorgfältig ausgeschnittenen oder ausgerissenen Elemente zunächst nur in linienförmige
Kohlezeichnungen ein, um mehr Dynamik in die Bildaussage zu bringen. Diese Material-
flächen bildeten die Grundelemente der Komposition, die von leichten Linien des Kohlestif-

---

1 Ernst, M.: Biographische Notizen, S. 25, dazu: Zacharias, W.: Der (Kultur-) pädagogische Alltag ist eine Collage, S. 43 ff.
2 Geboren am 25. Oktober 1881 in Málaga, gestorben in Mougins am 16. April 1973
3 Geboren am 13. Mai 1882 in Argenteuil, gestorben am 31. August 1963 in Paris

tes umgrenzt oder verbunden wurden. Die Kunstrichtung des Kubismus jener Zeit erfuhr durch die Collagetechnik einen ungeahnten Zuwachs an bildnerischer Spannung. Indem die Kunstschaffenden die Teile der Wirklichkeit direkt in ihre Bilder einbauten und damit die absolute Verfügbarkeit über alle möglichen vorfindbaren Materialien für die bildnerische Absicht demonstrierten, brachen sie mit den bis dahin existierenden künstlerischen Traditionen (siehe Abb. Picasso: Stillleben mit Rohrstuhlgeflecht, 1912).

Etwa zeitgleich entstand eine Kunstrichtung, die sich Dadaismus nannte. DADA (franz.: dada = Holzpferdchen) bezeichnet eine

„revolutionäre literarisch-künstlerische Bewegung, die die besonders durch den 1. Weltkrieg fragwürdig gewordene überlieferte bürgerliche Kultur lächerlich machen wollte. Sammelpunkt der Dadaisten war 1916 das Cabaret Voltaire in Zürich. Die Deklamation von Lauten und zusammenhanglosen Worten sollte das chaotische Nebeneinander der Bewusstseinsinhalte darstellen."[4]

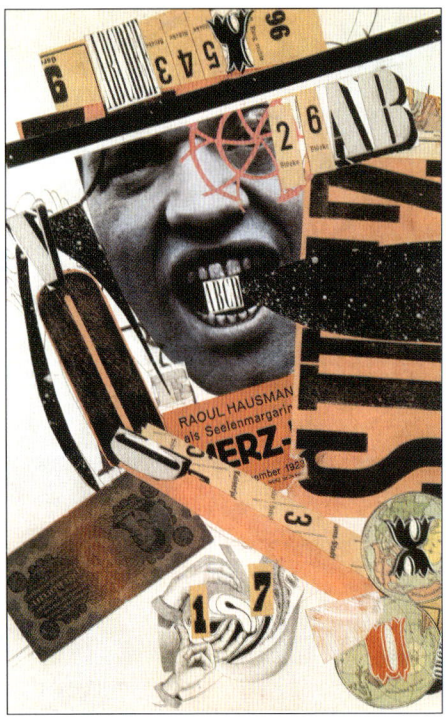

Raoul Hausmann, ABCD, 1923

„Wir leben für die Ungewissheit, wir wollen weder Sinn noch Werte, die dem Bürger schmeicheln. Wir wollen die ‚Un-Werte' und den ‚Un-Sinn', heißt es in einem Pamphlet."[5]

Zum Dadaismus gehören in New York MARCEL DUCHAMP, MAN RAY, in Berlin RICHARD HUELSENBECK, HANNAH HÖCH, GEORGE GROSZ, RAOUL HAUSMANN und JOHN HEARTFIELD. In ihrem ersten DADA-Manifest forderten sie die Verwendung von neuen Materialien in der Kunst. Die Collagen PICASSOS und BRAQUES waren den Dadaisten bereits bekannt. Begeistert begrüßten sie diese neue Methode der Bildgestaltung, meinten aber, diese noch steigern zu können.

„Die Dadaisten anerkennen als einziges Programm die Pflicht, zeitlich und örtlich das gegenwärtige Geschehen zum Inhalt ihrer Bilder zu machen, weswegen sie auch […] die illustrierte Zeitung und die Leitartikel als Quell ihrer Produktion ansehen."[6]

Die Dadaisten schnitten ebenfalls aus Zeichnungen, Malereien und Fotografien alles heraus, was sie für ihre Abbildungen und Collagen benötigten. Kleine Gegenstände – wie Taschenmesser, Holzstückchen, Bindfäden, Metalldeckel, Schrauben oder Ähnliches – wurden einfach direkt in die Bildkomposition hineingeklebt. Durch dieses Verfahren wird die Collage zum Relief aus Fundsachen. Eine

4 Dadismus, in: Brockhaus Enzyklopädie, Mannheim 1986, S. 521
5 Wescher, H.: Die Collage, S. 135
6 Wescher, H.: Die Collage, S. 147

Bildkomposition, die räumliche Gegenstände in das Bild einbezieht, wird Assemblage (von franz. assembler = sammeln) genannt. Der Dadaist KURT SCHWITTERS[7] begann 1919 damit, Holz, Draht, Papierabfälle, Fahrkarten, Zeitungsreste in seine „Merzbilder" einzufügen. Kurt Schwitters hat die Silbe Merz aus dem Wort Commerzbank herausgeschnitten. Mit diesem Fragment bezeichnete er ab 1919 sein gesamtes künstlerisches Schaffen. „Der Name [...] steht für seine Aktivitäten (Merzabende), seine Kunst (Merzbilder, Merzgedichte, Merzbau etc.), Typografie (Merzwerbezentrale) oder Publikationen (Zeitschrift *Merz*)."[8] Er wollte durch die Technik der Collage in seinen Bildern Beziehungen zwischen diesen gegensätzlichen Dingen herstellen. Direkt nach dem 1. Weltkrieg entstand das „Undbild":

„Was ich von der Akademie mitgebracht hatte, konnte ich nicht gebrauchen. Das brauchbare Neue war noch im Wachsen. [...] Man kann auch mit Müllabfällen schreien. Und das tat ich, indem ich sie zusammenleimte und -nagelte. Bindfaden wie Pinsel- und Kreidestriche werden zur Linie/Kistendeckel, eine Spielkarte, ein Zeitungsausschnitt zur Fläche/Drahtnetz, Übermalung oder aufgeklebtes Butterbrotpapier zur Lasur/Watte zur Weichheit [...] Gegenständliche Darstellungen werden unwichtiger oder werden ganz vermieden. Im weiteren Verlauf entwickelte sich nach dieser ‚Reinigung' allerdings über die eingefügten Dinge, [...] ein neuer Bereich, eine neue Art, in der Collage Bedeutungen und mögliche Inhalte zu gestalten. Dadurch treffen dann in der Collage nicht nur verschiedene Bedeutungen, ‚Sinn-Informationen' der verwendeten Materialien im Bild

Kurt Schwitters: Das Undbild, 1919

zusammen, Bedeutungen, die außerhalb des Bildes unverbunden sind. Im Bild behalten sie sowohl ihre Herkunft und können zugleich im neu gesetzten Zusammenhang neue Inhalte assoziieren. [...] Die Nagelreihe bleibt sichtbar, sie wird als Punktreihe mitbestimmender Bildteil."[9]

Das Wesen der Collagetechnik besteht darin, offen zu sein für Bildexperimente und freie Kompositionen mit gegensätzlichen Materialien oder Bildern. Bei der Collage ist darum auch der Herstellungsprozess, das Ausprobieren, die Zusammensicht von Unterschiedlichem im Bild besonders wichtig. Man sollte sich beim Collagieren nicht von bildnerischen

7   geboren 1887 in Hannover, gestorben 1948 in Kendal, England
8   Schulz, I.: „Was wäre das Leben ohne Merz?", S. 244
9   Arnold, P., in: Meisterwerke der Kunst, S. 5 Weitere Informationen zu Kurt Schwitters in: Kunst + Unterricht: Prinzip Collage. Heft 100/Merz 1986 und Sprengel Museum Hannover (Hrsg.): Kurt Schwitters, Werke und Themen, Didaktische Besucherinformationen, Hannover 1986

Vorgaben einengen lassen, sondern assoziativ vom Material ausgehen und versuchen, die eigene Idee umzusetzen und sich von den Ergebnissen, der Verknüpfung von widersprüchlichen Bildteilen, überraschen, vielleicht sogar verunsichern lassen.

 ## Mittel und Materialien

- Grundsätzlich sind alle vorfindbaren **Materialien** für die Herstellung von Collagen und Assemblagen geeignet: Papiere und Pappen, Tapeten, Kartonreste, Fotomaterial aus Illustrierten und Zeitschriften, Holzreste, Textilien, Metalle, Fundsachen vom Schrottplatz, Verpackungsmaterial, Naturmaterial etc. Auch Fotokopien und Fotoausdrucke in verschiedenen Größen und Graustufen können verwendet werden.
- **Werkzeuge:** Scheren in unterschiedlichen Größen, Klebstoff/Leim (lösungsmittelfrei) für Papier, Pappe, Textilien oder Holz, Nägel, Schrauben, Holzdübel, Cutter für feine Schnitte, Stahllineale für gerade Schnitte mit dem Cutter, verschiedene Farben mit den entsprechenden Pinseln, Werkzeuge für kleinere Holzarbeiten und Metallarbeiten (Bohrer, Hämmer, Schraubendreher, Feilen, Schmirgelpapier etc.).
- **Digitale Bearbeitung:** Für die Arbeit am Computer und die Herstellung von Fotomontagen am PC sind erforderlich: eine Digitalkamera und geeignete Bild- und Grafiksoftware (beispielsweise **Adobe Photoshop® CS6** und **Adobe Illustrator® CS6**).

Verfahren/Beispiele

Die Auswahl des Materials findet nach subjektiven Entscheidungs- oder Zufallskriterien statt. Aus Katalogen, Zeitschriften und Werbematerialien lassen sich Bild- und Textteile herausschneiden/-reißen/-brechen und zu neuen Bildern zusammenkleben/-montieren. Wie die gefundenen Bildelemente montiert werden, hängt wesentlich ab von der kreativen Idee, die man zu Beginn der Arbeit schon hatte oder aber erst beim Sichten des Materials entwickelt. Das Suchen oder Stöbern ist die kritische Prüfung, bei der man entscheiden muss, ob das vorliegende Material genügend Veränderungsmöglichkeiten hergibt:

- Wie kann man das Material verwenden?
- Wie kann das Material in die Bildidee eingefügt werden?
- Wie lassen sich Farbe, Form, Größe etc. verändern?
- Wie verändert das Material seine Bedeutung, wenn es vergrößert, verkleinert, vervielfältigt oder durch ein anderes ersetzt wird?
- Wie lassen sich mit dem Material bildnerische Gegensätze und Spannungen aufbauen?

Das eigenwillige oder (scheinbar) am Zufall orientierte Zusammenkleben unterschiedlicher Materialien in einem Bild wird Verfremdung genannt. Bei der Betrachtung hat sich das Material durch diesen Eingriff verändert und besitzt nicht mehr jene Bedeutung, die man kennt. Aber gerade dieser kreative Zugriff auf das Material macht den Reiz vieler Collagen/Assemblagen aus und soll beim Betrachten dazu auffordern, sich eigene Gedanken zu machen, eine Deutung des Dargestellten vorzunehmen.

Bildcollage

Anlass für den Beginn der Arbeit kann das Material selbst oder ein Stichwort, ein Thema sein. Mit dieser Vorgabe beginnt die Reise auf der Suche nach kombinierbaren Bildteilen. Nachdem die gefundenen Bildteile ausgeschnitten/-gerissen und probeweise kombiniert worden sind, werden sie auf einen Untergrund (Zeichenpapier oder Karton) geklebt. Proportionen oder illusionsgerechte Stimmigkeiten spielen bei diesem Verfahren (zunächst) eine Nebenrolle. Für die Bildwirkung kann es aber wichtig sein, auf Kontraste – Farbe, Helligkeit, Struktur –, Verdichtungen oder Reihungen von Bildelementen zu achten. Bei der digitalen Bildcollage werden die einzelnen Bildteile mithilfe des Bildbearbeitungs- oder Grafikprogramms kombiniert und zusammengesetzt.

Eine weitere Variation der Bildcollage ist die Kombination von malerischen Elementen mit dem Verfahren der Collage. Materialien, Papierreste oder Zeitungsausrisse werden beim Entstehungsprozess in die bildgebenden Schichten auf der Leinwand eingearbeitet, eingeflochten, mit konträren Figurationen übermalt oder fragmentiert hervorgehoben. Die so entstandene Oberfläche integriert alle Teile in die Bildstruktur mit neuer Aussage (vgl. Schwitters: Das Undbild, Picasso: Stillleben mit Rohrgeflecht).

Bildcollage

Rollage

Bei der Rollage wird eine Bildvorlage in gleich breite Streifen zerschnitten und anschließend wieder zu einem neuen Bild zusammengeklebt. Dabei können die Streifen vertauscht oder gegeneinander verschoben werden. Die Auslassung einzelner Streifen führt zu einer Schrumpfung, die Verdoppelung zu einer Dehnung des Motivs. Eine besondere Wirkung erreicht man, wenn die Streifen mehrerer Bildmotive miteinander verschränkt werden. Es sollte darauf geachtet werden, mit Schere, Cutter und Metalllineal die Bildstreifen präzise zu schneiden und zu montieren. Rollagen kann man auch sehr einfach am PC herstellen.

A. Salfeld: enkracher, 2010, Tempera auf Leinwand mit Zeitungsresten

Rollage

Materialbild/Assemblage (= plastische Collage)

Bei diesem Verfahren können sehr unterschiedliche Materialien verwendet werden: Woll- und Stoffreste, Bindfäden, Drähte, Strohhalme und Körner, Bleche, Folien, Sandpapier, Steine, Drucksachen, Eintrittskarten, Knöpfe, Metallteile vom Schrottplatz oder wie hier Flaschen, Reste einer Party und vieles mehr können in die Gestaltung des Bildes einbezogen werden. Alle Materialien werden auf einen festen Untergrund (Holzplatte oder Karton) geschraubt, genagelt oder geklebt. Die sogenannten „Fallenbilder" nach Daniel Spoerri wirken

Materialbild: Flaschen, Schachteln und Verpackungen, aufgeklebt auf einer Holzplatte

wie eine Momentaufnahme, die Fixierung einer Situation – senkrecht positioniert als Wandbild: Der so geschaffene Ausschnitt der Wirklichkeit regt durch die realistische Wiedergabe zu Interpretationen an.

Decollage (= Reißbild)

Decollage

Die Decollage ist das Gegenteil von Collage. Die Bildteile werden nicht zusammengeklebt, sondern auseinandergenommen, zerstört. Die Decollage ist die Destruktion eines vorhandenen Gegenstandes oder eines Bildes. Mit diesem bildnerischen Verfahren sollen Entstehungsprozesse, Strukturen und Bedeutungen von Bildern (beispielsweise der Werbung) sichtbar gemacht werden. Der Zerstörungsakt ist hierbei nicht als willkürlicher, sondern als gezielter Akt zu verstehen, der der Bewusstmachung von Zusammenhängen und Hintergründen dient. Ein oft angewandtes Beispiel der Decollage ist die Plakatwand der Außenwerbung, die abblättert und die unteren Schichten, Plakate früherer Werbungen, freigibt. Buntpapiere, die mit Kleister übereinander auf einen Untergrund geklebt und nach dem Trocknen wieder heruntergerissen werden, eignen sich gut für dieses Verfahren.

Textcollage

Textteile, Sätze, Sprüche, Wörter in unterschiedlicher Typografie bieten sich für dieses Collageverfahren an. Durch die Auswahl, Proportionierung und Anordnung der Buchstaben eines Textes kann seine Bedeutung visualisiert werden.

Auch das Zeichenhafte der Buchstaben selbst kann zum Anlass für ein Collagebild genommen werden. Hier wird die bildnerische Wirkung durch die Folge der Buchstaben, durch bewusste Verdichtungen, Reihungen oder eine zufällige Anordnung erzielt. Für das analoge Verfahren ist es wichtig, eine Fülle an Buchstaben aus Illustrierten oder Werbebroschüren auszuschneiden und bereitzuhalten. Mit den Möglichkeiten eines Grafik- oder Textverarbeitungsprogramms sind Variationen und Kombinationen wesentlich leichter zu

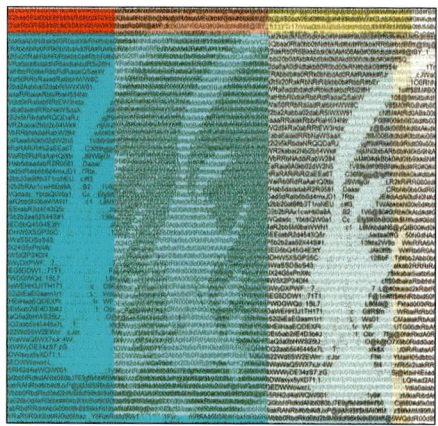

Textcollage: Ein mithilfe eines ASCII-Generators in Schriftzeichen umgesetztes Porträt wurde mit farbigen Flächen unterlegt und mehrfach mit Adobe Photoshop® CS6 bearbeitet (ASCII = American Standard Code for Information Interchange).

erzeugen. Dazu zählen auch die ASCII-Bilder, bei denen Fotos mithilfe einer speziellen Software durch die Kombination von Schriftzeichen erzeugt werden.

Pixelbilder

Auf den ersten Blick geht es bei diesem Bildverfahren nicht um die Montage unterschiedlicher oder fremder Materialien, sondern um eine Vergrößerung und dadurch um ein Sichtbarmachen von Oberflächen und Strukturen. Kleine Flächen, Punkte oder Pixel werden nebeneinander geklebt und gesetzt: Die Aufrasterung des Bildmotivs schafft durch die zeichenhafte Vergröberung neue Kompositionen, die erst aus der Distanz betrachtet in einem bildlichen Zusammenhang erkennbar werden. JÜRGEN STOLLHANS[10] erzeugt diesen Effekt nicht am PC, sondern indem er LEGO-Steine zu Pixelbildern zusammensetzt. Seine Motive sind dabei Objekte der Alltagswelt, die er in Ausschnitten präsentiert und so unsere Wahrnehmung herausfordert: „Die Welt wird uns nicht gegeben: Wir bauen sie unaufhörlich durch unsere Erfahrungen, Kategorisierungen, Erinnerungen und immer neue Verknüpfungen auf. Ein dezenter Wechsel des Blicks vermag daher unversehens unsere Bodenhaftung infrage zu stellen."[11]

---

10 Jürgen Stollhans, geb. 1962 in Rheda/Westfalen, lebt und arbeitet in Köln.
11 Uhr, H.: Von Anfang an, S. 6/286

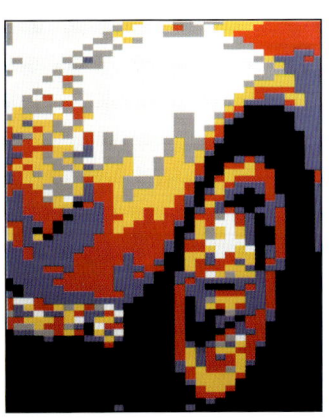

Jürgen Stollhans: Mosaik, 1988

Pixelbild, erzeugt mit dem Vergröberungsfilter von Adobe Photoshop® CS6

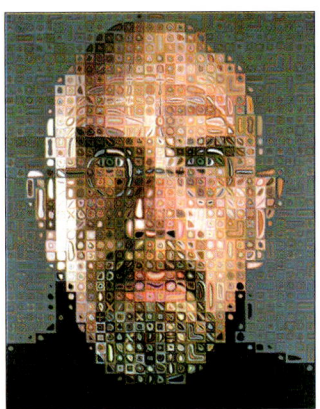

Chuck Close[12]: Selbstporträt, 2004–2005
© Chuck Close, courtesy Pace Wildenstein, New York
Close verwendet für seine Malerei Porträtfotografien. Er zerlegt jedes Foto mithilfe eines Rasters und überträgt auf diese Weise die fotografische Vorlage Stück für Stück auf die Leinwand. Die einzelnen Bildsegmente erhalten im Malprozess eine spezifische Farb- und Formgebung.

Fotomontage

Unter Montage versteht man das bewusste Zusammenkleben von Bildteilen zu einem neuen Bild. Teile von Fotos werden so ausgeschnitten, dass sie passgenau zusammengesetzt werden können – Perspektive und Größenverhältnisse der Einzelteile bilden dabei wieder eine geschlossene Bildkomposition. Dazu ist ein genaues Arbeiten erforderlich, damit die beabsichtigte Wirkung eines neuen Bildzusammenhangs erzeugt werden kann. Das Prinzip der Fotomontage wurde in den 1920er-Jahren von JOHN HEARTFIELD [13] entwickelt und wird u. a. von KLAUS STAECK [14] seit den 1970er-Jahren dazu eingesetzt, um auf politische Themen und Probleme mittels der Überzeichnung aufmerksam zu machen. Die Fotomontage lebt davon, dass das Problem auf eine knappe Aussage hin reduziert wird. Die Auswahl der Bildteile beschränkt sich auf einige wenige. Ein Text (Spruch, Zitat, Überschrift) kann als Unterstützung der Bildaussage einbezogen werden.

Fotomontagen von Klaus Staeck, 2004 (links) und John Heartfield (oben), der in den 20er-Jahren die politische Fotomontage für die „Arbeit Illustrierte Zeitung" entwickelt hat. Hier die sehr bekannt gewordene Arbeit „Adolf, de** Übermensch: Schluckt Gold und redet Blech", 1930

12 Chuck Close, eigentlich Charles Thomas Close, geb. am 5. Juli 1940 in Monroe, Washington, ist einer der bekanntesten Fotorealisten in den USA
13 John Heartfield – Maler, Grafiker, Fotomontagekünstler und Bühnenbildner, geb. 1891 in Berlin, gestorben 1968 in Ost-Berlin
14 Klaus Staeck – Rechtsanwalt und Grafiker, geb. 1938 in Pulsnitz bei Dresden, lebt und arbeitet in Heidelberg

Collagen und Bildmontagen (digital)

Die Herstellung von Collagen und Fotomontagen wird entscheidend erleichtert durch den Einsatz eines entsprechenden Bildbearbeitungs- und Grafikprogramms. Eine Vielzahl von Funktionen stehen zur Verfügung, um Bildelemente beispielsweise zu verändern, zu beschneiden, freizustellen, in Farbe oder Bildschärfe zu korrigieren. Ebenso bieten Bildbearbeitungs- und Grafikprogramme Möglichkeiten, das bearbeitete Fotomaterial mit grafischen Formen oder importierten Textelementen zu kombinieren und in den entworfenen Bildzusammenhang einzubinden. Alle Arbeitsschritte können stufenweise rückgängig gemacht werden.

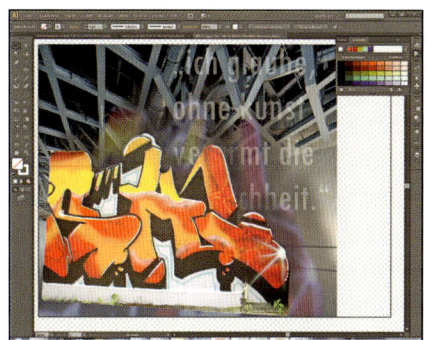

Bildbearbeitung und Fotomontage mit dem Programm Adobe Illustrator® CR6

Anregungen für die Bearbeitung von Lernsituationen

Das Prinzip Collage eröffnet Möglichkeiten des kreativen Handelns in Lern- und Handlungssituationen. Der Grundgedanke dieses künstlerischen Verfahrens bedeutet auch, sich durch die Tätigkeit und den Prozess des Collagierens auf eine spielerische Weise Zusammenhänge bewusst zu machen: Gegensätze und Widersprüche, die in der persönlichen und gesellschaftlichen Wirklichkeit erfahren werden, können mit dieser Technik künstlerisch dargestellt und ausgedrückt werden. Die Arbeit mit Collagen provoziert eine Lernsituation des permanenten Wechsels von Produktion und Reflexion – von Ausprobieren und Verwerfen.

Praxissituation – für Kinder

- Einen Zugang zum Prinzip Collage kann auch durch die Herstellung von Fotogrammen erreicht werden: Falls die Einrichtung (noch) über ein Fotolabor oder einen Raum mit einer Verdunklungsmöglichkeit verfügt, kann man auch schon mit jüngeren Kindern (5–6 Jahre) Fotogramme erzeugen. Aus unterschiedlichsten Materialien – Knöpfen, Löffeln, Stoffresten, Drahtsieben u. v. m. –, die im abgedunkelten Raum bereitliegen, wird auf einem ca. 18 x 24 cm großen Fotopapier beispielsweise ein Gesicht arrangiert. Anschließend wird das „belegte" Fotopapier kurz belichtet und entwickelt. Als Thema könnten beispielsweise „Fabelwesen" oder „Tierdarstellungen" gewählt werden.

Praxissituation – für Jugendliche

- Arbeit mit einem Präsentationsprogramm: Eine von den Jugendlichen vorgeschlagene Kurzgeschichte könnte der Anlass für eine vertonte PowerPoint®-Präsentation sein. Ausgehend vom Inhalt des Textes könnten Bildideen entwickelt, mit einer Digitalkamera dazu Aufnahmen gemacht werden, die anschließend mit einem Bildbearbeitungsprogramm bearbeitet und in die Präsentation eingefügt werden. Geräusche- und Musikeinspielungen können den visuellen Eindruck noch verstärken.

Weitere Anregungen

Bildcollagen zu verschiedenen Themen

- Beispiele: Stadt, Verkehr, Arbeit, Freizeit, Freiheit, Konsum, Macht, Krieg und Frieden, Entfremdung, Sozialpolitik etc.
- Darstellung von verschiedenen Begriffen oder kleineren Texten durch ungewöhnlich angeordnete und übertriebene Buchstabenformen („Wortschnipselzufallsreihung")
- Verfremdung von Bildpostkarten, auf denen Stadtansichten, besondere Sehenswürdigkeiten etc. zu sehen sind, durch Gegenüberstellung von inhaltlich kontrastierenden Bildelementen
- Erinnerungsbilder aus Fundstücken, die von einer Reise mitgebracht wurden, z. B. Fahrkarten, Zeitungen, Reiseprospekte und Ansichtskarten

Assemblage

- Herstellung einer Assemblage aus gesammelten Alltagsgegenständen, Fotos und Industrieabfällen aus Metall (vom Schrottplatz)
- Herstellung einer Assemblage aus Holzresten, die auf eine Grundplatte montiert und farbig gestaltet werden
- Tierdarstellungen aus Materialien, die besonders zum Fühlen anregen; Fell für Schafe etc., Tastbilder aus Materialien mit glatter oder rauer, kalter oder warmer Oberflächenstruktur

Freie Kompositionen

- Fotomontagen aus Illustriertenbildern und Werbungen, Herstellung einer Fotomontage für eine Plakat- oder Postkartenvorlage zu einem politischen Thema
- Vorbereitung einer Ausstellung mit Collagen und Bildmontagen; dazu könnten selbst verfasste Gedichte vorgetragen werden.
- Umformung einer Zeitungsseite/Illustriertenseite durch Herauslösen einzelner Teile und Ergänzung mit anderen Materialien

Experimentieren

- Widersprüchen erzeugen: ungewohnte Materialien zusammenbringen und Aussagen provozieren
- durch Ausprobieren von verschiedenen Text- und Bildkombinationen Wirkungen erkunden und diskutieren
- Collagen in den Medien sammeln und auswerten
- das Wesen der Collage erforschen und Wirkungen beurteilen: suchen, finden, sich inspirieren lassen, kombinieren, reflektieren, verändern etc.
- die Welt als Collage: mit dem Fotoapparat Widersprüche suchen und dokumentieren

Kommentar

Das Prinzip Collage als Bildverfahren entstand Anfang des 20. Jahrhunderts und bedeutet, Formen und Gegenstände ungleicher Herkunft nebeneinander zu akzeptieren und diese nicht einer Zentralperspektive unterzuordnen, sondern vielmehr mehrperspektivisch, von mehreren Seiten her, in Beziehung zu setzen. Dies entspricht der erlebten Wirklichkeit: Gegensätze stoßen aufeinander, die Standorte wechseln schnell, Situationen werden abgebrochen, unterschiedliche Ereignisse finden simultan statt. Das Prinzip Collage ist die bildnerische Antwort auf diese sinnliche Erfahrung, die wir täglich im Alltag machen. Bei der Herstellung von Collagen werden Einschränkungen der Realisationsmöglichkeiten durch ungeeignetes Bildmaterial oft als demotivierend empfunden. Um möglichst schnell zu befriedigenden Ergebnissen zu kommen, sollte ein ausreichender Fundus an Material (Zeitungen, Bildmaterial, wertloses Material etc.) und notwendigen Hilfsmitteln (Scheren und Kleber etc.) für alle aus der Gruppe zur Verfügung stehen. Eine anregende Materialfülle fördert den kreativen Prozess und die Freude am Experimentieren. Für die Arbeit mit Kindern (4–6 Jahre) sind die Verfahren Bildcollage, Reißbilder und Materialcollage geeignet. Neben den einfachen Verfahren des Collagierens ist für Jugendliche besonders der Bereich Fotomontage geeignet. Mit der Digitalkamera aufgenommene und auf dem PC bearbeitete Fotos könnten zu Fotomontagen und Plakaten (beispielsweise verbunden mit einem satirischen Thema) verarbeitet werden.

 **Literaturhinweise**

Cardinal, Roger: Kurt Schwitters: Eine Reise durch die Kunst, Ostfildern, Hatje Cantz Verlag, 2011.
Emons, Hans: Montage – Collage – Musik, Berlin, Frank & Timme Verlag, 2008.
Enders, Marielle: Collagen – it's me!: Kreativspielräume entdecken, Wiesbaden, Englisch Verlag, 2014.
Kluge, Alexander: Was ist Dada? DVD, Düsseldorf, dctp Entwicklungsgesellschaft für TV-Programm, 2012.
Nachtigäller, Roland: Ruhe-Störung: Streifzüge durch die Welten der Collage, Bönen/Westfalen, Druckverlag Kettler, 2013.

Druckgrafik

Farbiger Linolschnitt

Einführung

Das Drucken ist in erster Linie eine Möglichkeit zur Vervielfältigung. Mit Druckgrafiken lassen sich hohe Auflagen mit dem gleichen Motiv, z. B. Einladungen, Kalenderblätter, Textillustrationen etc., herstellen. Oft sind besondere Anlässe wie Geburtstage, Ausstellungen, Feiern oder Feste im Jahreskreis gute Gelegenheiten, um das Thema Druckgrafik aufzunehmen und entsprechend durchzuführen. Von einer fertigen Druckvorlage können solange Abzüge hergestellt werden, bis die Druckvorlage zu stark abgenutzt ist (→ Kaltnadel).

Neben der einfachen Druckherstellung beinhalten die Verfahren reichhaltige Experimentiermöglichkeiten, z.B. Kolorieren/Illuminieren von Drucken mit verdünnten Wasserfarben, Kombinieren von Drucktechniken, Drucken auf Zeitungs-/Zeitschriftenpapier etc.

Die hier vorgestellten Druckverfahren gehören alle, bis auf die Kaltnadel (dies ist ein Tiefdruckverfahren), zum Hochdruck, welcher gute Arbeitsmöglichkeiten für Kinder und Jugendliche bietet.

Mittel und Materialien

- eine Druckpresse (Walzenpresse) mit Druckfilzen
- schwarze oder farbige wasserlösliche Druckfarbe in Tuben oder Dosen
- Walzen verschiedener Größe zum Auswalzen der Druckfarbe und zum Einwalzen der Druckvorlage
- eine dicke Glasplatte oder ein kunststoffbeschichtetes Brett zum Auswalzen der Druckfarbe
- spezielle Druckvorlagen und Druckpapier für das jeweilige Verfahren,
- einen Stapeltrockner, um fertige Drucke zum Trocknen abzulegen

Werkzeuge: spezielle Werkzeuge und Materialien

Zubehör:
- Material zum Vorzeichnen (Papier, Bleistifte, Radiergummi, Anspitzer, Scheren, Pauspapier)
- Reinigungsmittel (Papiertücher, Stofflappen, Besen und Kehrbleche), Arbeitskittel oder Schürzen
- ein Verbandskasten (der hoffentlich nicht gebraucht wird)

Linolschnittplatte, Detail

Radierung, Prägung, Rückseite des Papiers

Hauptverfahren zur Herstellung von Druckgrafiken

- der Hochdruck, zum Beispiel der Linolschnitt – hier drucken alle hochstehenden Teile der Druckvorlage
- der Tiefdruck, zum Beispiel die Kaltnadel – hier drucken alle durch Einritzungen entstandenen Vertiefungen in der Druckvorlage
- der Flachdruck, zum Beispiel die Lithografie/Steindruck – dieses Verfahren beruht auf dem Prinzip, dass Fett und Wasser sich abstoßen. Beim Einwalzen des angefeuchteten Steins nehmen alle leicht geätzten Flächen keine fetthaltige Druckfarbe an.
- der Durchdruck, zum Beispiel der Siebdruck – hier wird die Druckfarbe mit einem Rakel durch ein feines, gespanntes Nylongewebe gepresst

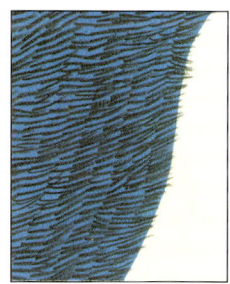

Lithografie, Detail

> Alle Verfahren – bis auf den Siebdruck – erfordern ein Umdenken. Bei der Herstellung der Druckvorlage muss das Motiv spiegelverkehrt eingeschnitten oder -geritzt werden, damit es auf dem Abzug richtig erscheint. Dies ist zum Beispiel bei Schriften zu berücksichtigen.

Siebdruck, Detail

Stempeldruck

Der Stempeldruck ist eine einfache Sonderform des Hochdruckverfahrens.

Kleine Stempel lassen sich schnell aus härteren Materialien, z. B. Kunststoff, Linoleum, Moosgummi, Schnüre, herstellen. Die fertig geschnittenen Druckvorlagen werden auf Flaschenkorken oder kleine Holzklötze geklebt. Zum Drucken können die üblichen Druckfarben verwendet werden. Mit Textilfarben lassen sich auch Stoffe bedrucken. Die Farben müssen nach dem Trocknen von links eingebügelt werden.

Stempeldruck

Materialdruck

Unterschiedliche Materialien wie Stoffstücke, Reste von Prägetapeten, Wellpappestücke, Schnüre, Federn, Tortenspitzen, Kartonreste etc. werden, der Gestaltungsidee entsprechend, zurechtgeschnitten, zu einer Gesamtkomposition zusammengestellt und auf einen festen Untergrund, z. B. die Pappe eines Zeichenblocks, geklebt. Auf diese Weise entsteht ein Materialbild (Collage). Wichtig ist dabei, dass die aufgeklebten Teile in etwa die gleiche Höhe haben. Die so entstan-

Materialdruck

dene Druckvorlage wird sorgfältig mit Farbe eingewalzt, und die Druckherstellung kann beginnen. Für dieses Verfahren sollte frühzeitig mit dem Sammeln von Material (Abfallreste verschiedener Art) begonnen werden.

Bei den umfangreichen Klebearbeiten sollten nur lösungsmittelfreie Kleber verwendet werden.

Prägedruck

Eine druckfertig bearbeitete Linolplatte (oder Holzplatte) ist die ideale Druckvorlage für einen Prägedruck. Gut gefeuchtetes Tiefdruckpapier wird auf die Druckplatte gelegt und mit hohem Andruck durch die Presse gezogen. Ohne Farbe entsteht so ein Papierrelief, das durch ein Licht/Schatten-Spiel wirkt. Druckvorlagen aus Karton sind weniger geeignet, da das feuchte Druckpapier den Karton weich macht und dieser wellt. In jedem Fall ist für dieses Verfahren eine Walzenpresse notwendig.

Prägedruck

Linolschnitt

Der Entwurf wird auf Transparentpapier gepaust und seitenverkehrt auf die Linolplatte über-tragen. Mit verschiedenen Messern (Konturmesser, zum Umschneiden von Vorzeichnungen; Geißfuß, um Späne herauszuheben; Hohleisen, um größere Flächen herauszulösen) werden Späne oder größere Teile aus der Platte herausgehoben. Die fertige Druckvorlage wird gleichmäßig dünn mit Druckfarbe eingewalzt und das Drucken kann beginnen. Für den Linoldruck verwendet man spezielles Linoldruckpapier oder Japanpapier. Hier ist darauf zu achten, dass das Druckpapier einen ausreichenden Rand (einige Zentimeter) hat. Sollte ein farbiger Untergrund gewünscht werden, so kann die gesamte Auflage zuerst mit der noch nicht bearbeiteten Linolplatte und einer Farbe einmal gedruckt werden. Auch ohne Druckpresse lassen sich Handabzüge mit einem Falzbein oder einem Esslöffel herstellen. Um Fehldrucke zu vermeiden, sollte bei den ersten Probedrucken überprüft werden, ob die Druckpresse richtig eingestellt ist. Die fertigen Drucke werden zum Trock-nen weggelegt.

Beim Linolschnitt unterscheidet man:

Linolschnitt: Während die Äste im Schwarzlinienschnitt frei gesetzt wurden, ist im Stamm das Verfahren des Weiß-linienschnitts zu sehen.

▨ Schwarzlinienschnitt

Die Linolplatte wird mit den Messern so bearbeitet, dass das Motiv positiv (= erhaben) ste-hen bleibt. Dies ist ein eher aufwendiges Verfahren, da jeder Steg umschnitten werden muss. Auch kann es hier leicht passieren, dass man mit dem Messer abrutscht und unge-wollt einen Steg zerstört.

▨ Weißlinienschnitt

Mit den Messern werden, der linearen Entwurfszeichnung folgend, Späne aus der Linol-platte gehoben. Das Motiv erscheint im Druck negativ (weiße Linien auf dunklem Hinter-grund). Die Vorstellbarkeit – was druckt/was druckt nicht? – ist hier wesentlich leichter. Dieses Verfahren ist gut geeignet, um erste Erfahrungen mit der Linolschnitttechnik zu machen.

▥ Farblinolschnitt

Ist der farbige Entwurf fertig, so müssen zuerst Farbauszüge auf Transparentpapier gemacht werden (für jede Farbe ein Transparentpapier). Legt man die Papiere übereinander, so lässt sich schon abschätzen, ob die aufgezeichneten Flächen passgenau sind. Danach wird für jede Farbe eine eigene Linolplatte geschnitten. Die Platten werden nacheinander (von der hellen zur dunklen Farbe) gedruckt. Um Passgenauigkeit zu erzielen, muss bei diesem Verfahren mit Passkreuzen (Markierungen aus Klebestreifen auf dem Druckschlitten der Presse) gearbeitet werden. So wird gewährleistet, dass die Linolplatten immer auf exakt dieselbe Stelle gelegt werden.

Eine Variante des Farblinolschnitts ist, dass zuerst die farbigen Flächen gedruckt werden und zuletzt dicke schwarze Konturen, die alle Farbflächen umschließen. Dies hat den Vorteil, dass sich so auch kleinere Passungenauigkeiten überdrucken lassen.

Eine weitere Möglichkeit besteht darin, die druckfertige Linolplatte mit einer Laubsäge zu zerteilen, die Teile verschiedenfarbig einzufärben und vor dem Drucken wieder zusammenzufügen. Eine druckfertige Linolplatte kann aber auch mit sehr kleinen Walzen verschiedenfarbig eingefärbt werden.

▥ Kartonschnitt/Kartonriss

Die einzelnen Teile des Motivs werden aus etwas dickerem Karton geschnitten oder gerissen und auf eine feste Pappe geklebt. So entsteht eine Druckvorlage mit gleichmäßigen Höhen. Eine Alternative ist: Das Motiv wird mit einem Messer, z. B. einem Küchenmesser, in einen dickeren Karton geritzt. Danach werden einzelne Teile oder Kartonstreifen herausgelöst. Der folgende Druckablauf entspricht dem des Linolschnitts (→ Linolschnitt). Beide Möglichkeiten lassen nur stark vereinfachte Motive zu.

Holzschnitt

Dieses Druckverfahren ist in den wesentlichen Arbeitsprozessen mit dem Linolschnitt vergleichbar. Die Unterschiede sind:

- ● Es werden stabile Meißel und Eisen verwendet.
- ● Als Druckstock dient eine Massivholzplatte aus Weichholz (kein Hartholz!) oder eine furnierte Sperrholzplatte (Baumarkt/Restekiste).

Holzschnitt als Weiß- und Schwarzlinienschnitt

Da Holz spröder ist als weiches Linoleum (Späne können leicht ungewollt ausbrechen), sind allzu feine Formen oder auch perfekte Kreise in der Entwurfszeichnung kaum umsetzbar. Es muss also schon bei der Entwurfsarbeit an ein materialgerechtes Arbeiten gedacht werden.

Eine Besonderheit dieses Verfahrens liegt im Material selbst. Risse im Holz oder auch die Holzmaserung können im Abzug deutlich sichtbar werden. Dies kann eine reizvolle zusätzliche Gestaltungsmöglichkeit sein, die sich auch bewusst in die Gesamtwirkung des Drucks einplanen lässt.

Als Druckvorlage (auch Druckstock genannt) werden immer Langholzplatten verwendet (Hirnholz wird für Holzstiche benutzt). Nach Möglichkeit wird immer parallel zur Maserung des Holzes gearbeitet, da sich Holzspäne so viel leichter herauslösen lassen (Druckherstellung → Linolschnitt).

Kaltnadel (kalt = im Gegensatz zum Wärme erzeugenden Ätzverfahren)

Die Entwurfszeichnung wird seitenverkehrt auf die Druckplatte (aus Zink oder Kupfer) übertragen. (Hier muss bedacht werden, dass gerade Linien oder exakte Kreise kaum auf

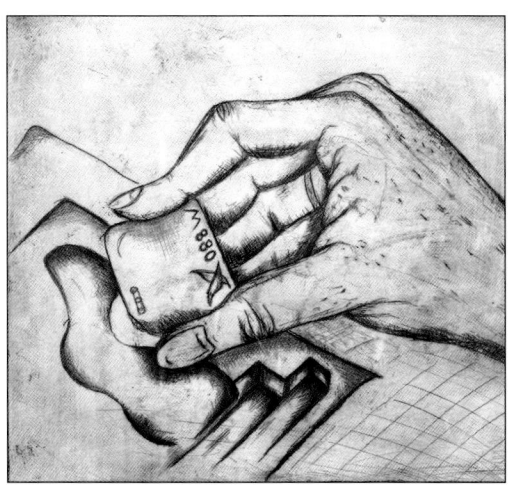

die Platte übertragbar sind.) Danach wird die Zeichnung mit einer Stahlnadel nachgeritzt. Es entstehen, je nach dem Druck der Hand, verschieden breite und tiefe Einritzungen. Die fertige Druckplatte wird dann vollständig mit Druckfarbe eingewalzt. Nun beginnt die schwierigste Arbeit: Mit einem Stoffballen (zuerst mit einem Stoffballen aus festem Stramin, dann mit einem Ballen aus weichem Mull) wird die überflüssige Farbe so lange weggewischt, bis nur noch in den Vertiefungen Druckfarbe übrig bleibt. Dabei sollte die Platte nicht völlig blank gewischt werden. Ein „Hauch" von Farbe (= Plattenton) kann gelassen werden. Gut angefeuchtetes

Kaltnadel: Die Radierung zeigt einen deutlichen Plattenton

Tiefdruckpapier wird auf die Druckplatte gelegt, darüber die Druckfilze, und die Druckherstellung mit der Presse kann beginnen. Hier ist ein guter Abzug schon an der gleichmäßigen Prägung der Druckplatte auf der Rückseite des Papiers erkennbar.

Nach etwa 15–20 Abzügen sind, da die Presse einen hohen Druck auf die Metallplatte ausübt, keine guten Druckergebnisse mehr zu erwarten.

Will man eine höhere Auflage drucken, so gibt es spezielle Betriebe, die eine Druckplatte aus Kupfer „verstählen".

Eine Alternative zu Zinkplatten sind harte Kunststoffplatten oder durchsichtige Acrylglasplatten. Hier besteht der Vorteil darin, dass die Entwurfszeichnung unter die Platte gelegt und direkt nachgeritzt werden kann.

Anregungen für die Bearbeitung von Lernsituationen

Praxissituation – für Kinder:
T-Shirt Druck: Anlässlich des bevorstehenden Sommerfestes will man in einer Einrichtung besondere und einzigartige T-Shirts mit den Kindern herstellen. Entsprechend viele weiße T-Shirts wurden besorgt. Die T-Shirts lassen sich gut mit kleinen Handstempeln und Stoffdruckfarbe bedrucken. Dazu können die Kinder zuerst Entwürfe mit einfachen Motiven, z. B. Blüten, Schmetterlinge, Blätter etc., auf Papier malen. Nach dem Bedrucken müssen die Farben von links eingebügelt werden.

Praxissituation – für Jugendliche:
Illustrieren eines Textes mit Linolschnitten: Der Text eines aktuellen Buches oder Comics wird in einer Einrichtung als Anlass genommen, um die Fantasiebilder, die man sich beim Lesen vorstellt, in Linoldrucke umzusetzen. Dabei sollte zuerst festgelegt werden, wer welche Textstelle illustriert. Nach dem Drucken können die Jugendlichen die Grafiken mit den entsprechenden Texten in einer Ausstellung präsentieren. Hier wäre auch zu überlegen, ob man die Linolschnitte als Schwarzlinienschnitte oder als – wesentlich einfachere – Weißlinienschnitte anfertigt.

Weitere Anregungen

- Herstellung eines persönlichen Handstempels (Initial des eigenen Namens oder ein Symbol)
- Drucken eines Rahmens für eine Einladungskarte in der Stempeltechnik

Linolschnitt
- Entwerfen einer Bildergeschichte (Comic)
- Entwurf eines „Nachtbildes" und Umsetzung als Weißlinienschnitt
- Gestaltung eines Buchtitels (Bild/Text) im Farblinolschnittverfahren

Holzschnitt
- Im Wesentlichen gelten hier die gleichen Aufgabenstellungen wie für den Linolschnitt. Jedoch sollten gerade hier die expressiven Ausdrucksmöglichkeiten des Holzschnitts bedacht werden, z. B. bei Porträtdarstellungen.

Materialdruck
- freie Kompositionen mit verschiedenen Materialien
- Herstellung einer kleinen Auflage von Glückwunschkarten

Prägedruck
- freie Kompositionen mit verschiedenen Materialien
- Darstellung eines Gesichts (Clown, Zauberer, etc.) in der Prägetechnik
- Darstellung einer Häuserreihe mit verschiedenen Gebäudeformen

Kaltnadel

- Darstellung einer freien Komposition mit Linien, Schraffuren, Punkten etc.
- Umsetzung eines Musikstücks in Linien
- Illustrierung eines Textes, z. B. ein Kinderbuch
- Stillleben mit Kerze (mit kontrastreicher Licht-/Schatten-Verteilung)

Experimentieren

- Materialien, Holzreste und verschiedene Oberflächen suchen und ausprobieren, ob sie als Druckstöcke eingesetzt werden können
- unterschiedliche und ungewöhnliche Papiere (Plakatpapiere, Zeitungsseiten, Verpackungsmaterial oder Seiten aus Fotokalendern) mit Holz- oder Linolschnitten bedrucken
- Druckversuche mit malerischen Techniken kombinieren, z. B. mit Deckfarbenmalerei
- die gebrauchten Druckstöcke mit anderen Materialien verbinden und zu Objekten verarbeiten

Diskussion

- Druckgrafik als historisches Vervielfältigungsmedium problematisieren und mit fotografischen Bildverfahren in Beziehung setzen
- die Verwendungs- und Einsatzmöglichkeiten in Handlungssituationen diskutieren und bewerten

Kommentar

Die hier beschriebenen Verfahren stellen nur einen kleinen Teil der vielfältigen Möglichkeiten von Druckgrafikherstellung dar.

Weitere Hauptverfahren wie der Durchdruck, z. B. Siebdruck, oder der Flachdruck, z. B. Lithografie, sind hier nicht aufgeführt, da diese Verfahren entweder sehr aufwendig und teuer (beispielsweise eine Siebdruckeinrichtung und Farben) sind oder sehr spezielle Pressen (beispielsweise eine Steindruckpresse für Lithografie) voraussetzen.

Auf Verfahren, bei denen Säuren zum Ätzen von Druckplatten verwendet werden, wird hier völlig verzichtet, da die Risiken für die Gesundheit zu hoch wären.

Hinter der Auswahl der vorgestellten Verfahren stehen somit Gedanken wie:

- größtmögliche Vielfalt in der Auswahl an einfachen Druckverfahren
- schnelle Umsetzbarkeit
- kostengünstige Materialien
- Verfahren, die für die Arbeit mit Kindern und/oder Jugendlichen geeignet und altersgemäß sind

Gerade die zuletzt genannte Überlegung muss bei der eigenen Planung besonders bedacht werden. So sind zum Beispiel Stempeldruck oder Materialdruck gut geeignet, um mit Kindern durchgeführt zu werden. Hingegen sind Verfahren wie Linolschnitt oder Kaltnadel (hier werden Messer oder spitze Stahlnadeln verwendet) eher Verfahren, die mit Jugendlichen erprobt werden können.

Bei der Druckgrafikherstellung sind bestimmte Vorbereitungen nötig:

- Beschaffen von Druckplatten, Druckfarbe (diese sollte wasserlöslich sein), Papier, Werkzeugen etc.
- Arbeitskittel bereitstellen oder entsprechende Kleidung mitbringen lassen etc.

Daher sollte eine umfassende und der Arbeitsgruppe gemäße Vorplanung gemacht werden. Druckgrafikherstellung ist eine Einzelarbeit, die aber auch eine besonders gute Möglichkeit für Partnerarbeit und die damit verbundenen Aspekte sozialen Lernens darstellt.

Betrachtet man Druckgrafikherstellung als einen Gesamtprozess, bei dem bestimmte Arbeitsschritte wie

- Einwalzen der Druckvorlagen,
- Zurechtschneiden/-reißen und Auflegen des Druckpapiers,
- Abzüge herstellen,
- Abzüge zum Trocknen weglegen

durchlaufen werden müssen, so bietet sich hier eine gute Chance zur Entwicklung von Teamgeist.

 **Literaturhinweise**

Diebold, Hans-Peter: Linolschnitt im Unterricht. Dietzenbach, ALS Verlag, 1996.

Koschatzky, Walter: Die Kunst der Grafik. München, Deutscher TB Verlag, 1980.

Schober, Lieselotte: Die Radierung und ihre Technik. Göttingen, Muster-Schmidt, 1986.

1. Nennen Sie Zeichentechniken, die Sie für eine Praxissituation auswählen würden, um Jugendliche zu motivieren, Stimmungen auszudrücken oder Bilder für ihren Wohnbereich zu gestalten. Begründen Sie Ihre Entscheidung.

2. Nennen Sie unterschiedliche Farben, deren Eigenschaften und welche spezifischen Malweisen damit durchgeführt werden können.

3. Entwickeln Sie Themen für einige Techniken aus dem Bereich der Malexperimente und beschreiben Sie den Kontext des Einsatzes.

4. Erläutern Sie, welche Bedeutung Malexperimente für Kinder und Jugendliche haben.

5. Benennen und erläutern Sie die unterschiedlichen Farbkontraste.

6. Erklären Sie die besonderen Eigenschaften der Collagetechnik. Wodurch hat die Collage die Kunst verändert?

7. Erläutern Sie, welche Auffassung von Kunst die Dadaisten vertraten und wie sie die Möglichkeiten der Collage für ihre Absichten einsetzten.

8. Erläutern sie die Unterschiede der genannten Drucktechniken hinsichtlich ihrer spezifischen Bildwirkungen.

9. Erläutern Sie, was man unter einem Weißlinien- und einem Schwarzlinienschnitt versteht. Welche Verfahren gibt es, um einen Farblinolschnitt anzufertigen?

10. Erläutern Sie, welche Bedeutung die jeweiligen Drucktechniken für Kinder und Jugendliche haben können. Entwerfen Sie exemplarisch Anwendungssituationen.

4.2 Techniken plastischen Arbeitens

Ton

Plastiken aus Ton, gebrannt und bemalt

Einführung

In jeder Stadt findet man Kunst im öffentlichen Raum. Vielleicht kommt man sogar selbst täglich an Kunstwerken vorbei. Diese bewusst wahrzunehmen und über ihre Bedeutungen zu sprechen, kann Anlass sein, um das Thema „Plastik" aufzugreifen, in der Gruppe zu diskutieren und selbst dreidimensionale Objekte herzustellen.

Im Gegensatz zum Zeichnen oder Malen bietet das Experimentieren und Arbeiten mit Ton völlig andere individuelle Erfahrungsmöglichkeiten. Es ist der Schritt von der Fläche zum Körper, von der flachen Darstellung auf dem Papier zu einem fassbaren und greifbaren Objekt, das von allen Seiten bearbeitet und betrachtet werden kann.

Ton ist, vor allen anderen knetbaren Massen, der Hauptwerkstoff für das plastische Arbeiten. Da Ton einfach verformt werden kann, bietet sich ein intensiveres Arbeiten mit diesem Werkstoff besonders an.

Hier ist eine Unterscheidungshilfe für zwei häufig verwendete Begriffe:

1. Plastik – eine Plastik wird aus einem knetbaren Material, z. B. Ton oder Knetmasse, geformt.
2. Skulptur – eine Skulptur wird aus einem massiven Block, z. B. Stein oder Holz, Schlag für Schlag herausgearbeitet.

Oft werden die beiden Begriffe verwechselt oder je nach Belieben verwendet.

Auch Abgüsse werden üblicherweise als Plastik bezeichnet. So spricht man beispielsweise von einer Bronzeplastik, Stahlplastik etc.

Das Wort „Plastik" wird weiterhin als Bezeichnung für Kunststoffe aller Art verwendet.

Mittel und Materialien

Ton: Weiß, rot, rotbraun oder schwarzbraun brennender Ton wird in einem speziellen Brennofen bei 1140 Grad Celsius gebrannt (Schrühbrand).
Ton erhält man in Blockform (= Batzen), beispielsweise zu 10 kg.

Werkzeuge: Modellierhölzer (mit verschieden geformten Spitzen), Spachtel, Tonmesser, Tonabschneider (ein Draht, dessen Enden an zwei kurzen Rundhölzern befestigt sind)

Zubehör: ein Brennofen mit entsprechendem Zubehör, eine Tonkiste (zur Aufbewahrung von Tonresten), Farbpulver für die Glasuren, eine Arbeitsunterlage, zum Beispiel ein Küchenbrett oder eine Holzplatte, Zeitungspapier, Reinigungsmittel und -geräte, Arbeitskittel

▨ Verfahren/Beispiele

Detail

Halbfiguren aus Ton, nur mit den Händen geformt

Tonplastiken

Wie bei allen Verfahren, bei denen eine Masse geknetet wird, sind die Hände die wichtigsten Werkzeuge. Zusätzlich braucht man vergleichsweise nur wenige Hilfswerkzeuge.
Um den Ton verarbeitungsfähig und feucht zu halten, benötigt man einen Behälter. Es gibt fertige Tonkisten, die mit Zinkblech ausgeschlagen sind, zu kaufen. Zur Aufbewahrung reicht aber auch eine stabile wasserdichte Kiste oder Wanne mit Deckel völlig aus. In dieser Kiste wird der Ton feucht und verarbeitungsfähig gehalten.

Vor Arbeitsbeginn sollten die Tische mit Zeitungspapier abgeklebt werden.
Als Arbeitsunterlage benötigt man ein Brett (z. B. ein beschichtetes Küchenbrett). Dieses dient auch zum Transport der Arbeiten, da sich der Brennofen in den meisten Fällen in einem anderen Raum befindet.

Die einfachste Möglichkeit ist, den Ton wie eine Knetmasse zu behandeln.

Zuerst wird der Klumpen Ton gut durchgeknetet und mehrfach aufgeschlagen. (So werden möglicherweise enthaltene Luftlöcher geschlossen und der Ton wird deutlich geschmeidiger.) Hohlräume bekommt man, indem der Ton beispielsweise um zusammengeknülltes Zeitungspapier geformt wird.

Wenn Arbeiten länger dauern oder Pausen eingelegt werden, kann ein Austrocknen verhindert werden, indem ein feuchtes Tuch über die Plastik gehängt wird. Um ganz sicher zu gehen, lässt sich die unfertige Arbeit auch in ein Stück Plastikfolie luftdicht einpacken.

Massive Figuren müssen von innen ausgehöhlt werden, bis eine Wandstärke von etwa 2 cm übrig bleibt. Ansonsten besteht die Gefahr, dass sie beim Brennen im Ofen zerplatzen.

Fertige Arbeiten werden, nachdem sie einige Tage an der Luft getrocknet sind, gebrannt. Dabei sollte man sich genau an die angegebenen Brennzeiten und Temperaturen halten. Im Brennofen können die Arbeiten vorsichtig und mit genügend Zwischenraum abgelegt oder, je nach Größe des Ofens, auf mehrere Ebenen gestellt werden.

Afrikanisches Gefäß mit Ritzdekor

Gebrannte Tonplastiken kann man so belassen oder mit einer Glasur versehen. Für farbige Glasuren müssen unbedingt zuvor kleine Proben auf Tonscherben gemacht werden, da das Farbpulver und die damit gebrannte Glasur einen erheblichen Farbunterschied zeigen können. Für die Glasur werden etwas Tonmasse, Wasser und Farbpulver zu einem dünnflüssigen Brei vermischt. Die gebrannten Tonplastiken werden dann in diese Mischung getaucht, damit bestrichen oder besprüht. Danach folgt der Glasurbrand. Mit Glasuren zu arbeiten, sie ineinander fließen zu lassen oder Teilglasuren vorzunehmen, ist ein breit gefächertes und interessantes Experimentierfeld.

Aufbaukeramik

Eine Arbeitsmöglichkeit besteht darin, den Ton zu „Würsten" zu rollen.

Die gleichmäßig gerollten Würste werden Schicht für Schicht (Ring für Ring) übereinander gelegt und mit den Fingern gut ineinander geknetet und geformt. Auf diese Weise wird die Plastik langsam von unten nach oben aufgebaut (= Aufbaukeramik). Für die Herstellung von Gefäßen ist dies eine gute Vorgehensweise.

Um eine überall gleich dicke Wandstärke zu erreichen, kann der Ton auch mit einer Holzrolle (Nudelholz) wie ein Kuchenteig zu Platten gerollt werden.

Solche Platten lassen sich dann mit einem Tonmesser in die gewünschte Form schneiden und zu einem Gefäß zusammensetzen. Um die Platten gut miteinander zu verbinden, sollten zuvor alle Verbindungsstellen/Kanten etwas aufgeraut werden. Dann müssen die Tonplatten sehr sorgfältig und gleichmäßig mit den Fingern ineinander geformt werden. Die fertigen Arbeiten werden luftgetrocknet und anschließend gebrannt.

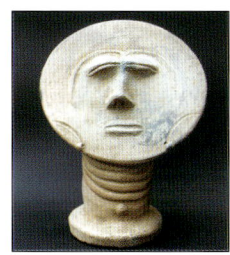

Afrikanische Kopfscheibe

Afrikanisches Gefäß

Afrikanische Plastik

Tonfiguren, gebrannt und bemalt

Anregungen für die Bearbeitung von Lernsituationen

Praxissituation – für Kinder

Ein Zoo aus Ton: Ein Besuch im Zoo ist Anlass, um am nächsten Tag zu beschließen, dass ein eigener Zoo mit Tieren aus Ton hergestellt wird. Die Kinder formen die Tiere, welche ihnen in besonderer Erinnerung geblieben sind. Nach dem Brennen können die Tiere auch bemalt werden. Auf einer großen Platte werden die Tiere in der Einrichtung aufgestellt. So erhält man einen eigenen Zoo mit einmaligen Tieren.

Praxissituation – für Jugendliche

Ein Museumsraum mit Miniplastiken: Beispielsweise ein Museumsbesuch könnte ein guter Anlass sein, um einen eigenen Ausstellungsraum zu gestalten. Ein aufgeschnittener Schuhkarton wird durch Bemalen und Bekleben zum Modellraum. In diesen Raum werden eigene gebrannte Miniplastiken aus Ton gestellt. Um die Raumwirkung noch zu erhöhen, können die Plastiken auf kleine bemalte Holzsockel gestellt werden.

Weitere Anregungen

Für Kinder und Jugendliche

- mit geschlossenen Augen oder mit nur einer Hand eine Plastik formen
- Dinosaurier oder Fantasietiere als Spardosen aus Ton herstellen
- „Die besten Freunde" – Eine Figurengruppe aus Ton
- die Figuren einer Geschichte (Märchen, Kinderbuch, Comic etc.) als Tonplastiken formen
- ein Bild (Zeitung, Zeitschrift, Postkarte) in ein räumliches Objekt umsetzen
- einen Text über aktuelles Zeitgeschehen in eine Plastik umsetzen
- einfache Gefäße (Schalen, Becher, Vasen etc.) in der Art der Aufbaukeramik herstellen, Verzierungen lassen sich einritzen oder als dünne „Tonwürste" auflegen

Für Erwachsene

- „thematische Gefäße" entwickeln und formen zu den Stichworten wie Minimalismus, Aufbruch, Labilität etc.
- Gedenktafeln für bestimmte Anlässe oder Orte entwerfen und mit dem Werkstoff Ton realisieren
- zu einer frei gewählten Thematik Modelle aus Ton für eine mögliche Plastik im öffentlichen Raum erarbeiten

Kommentar

Ein Klumpen frischer Ton ist weich, geschmeidig und auch von Kinderhänden gut zu kneten. Um damit zu arbeiten, braucht man keine speziellen Vorkenntnisse oder Fähigkeiten. Schnell nimmt man den Ton in die Hände, drückt, presst, rollt, knetet und formt ihn. Auch Änderungen können jederzeit vorgenommen werden. Wenn das entstandene Objekt nicht gefällt, kann man es einfach wieder zu einem Klumpen zusammendrücken und aufs Neue beginnen.

Alle hier beschriebenen Arbeitsweisen sind sowohl für Kinder als auch für Jugendliche gut geeignet, um mit dem Material Ton erste Erfahrungen zu machen. Dabei bietet sich eine Vielzahl von lebensnahen Situationen, persönlichen Erlebnissen oder aktuellem Zeitgeschehen an, die thematisiert und in plastische Arbeiten umgesetzt werden können.

 **Literaturhinweise**

Babion, Susann: Töpfern – Aufbaukeramik: Grundlagen Schritt für Schritt, Freiburg, Christophorus-Verlag, 2012.

Bonvalot, Élisabeth: Grundkurs modellieren, Koblenz, Hanusch-Verlag, 2013.

Hooson, Duncon/Quinn, Anthony: Handbuch Keramik, Bern, Haupt Verlag, 2012.

Piesker, Dagmar: Die Kunst-Werkstatt. Plastisches Gestalten und Modellieren mit Ton, Wiesbaden, Englisch Verlag, 2009.

Warshaw, Josie/Brayne, Stephan: Erfolgreiches Aufbauen. Praktische Techniken in der modernen Keramik, Koblenz, Hanusch-Verlag, 2012.

Gips

Kleine Gipsskulpturen, mit einem Küchenmesser geschnitzt

Einführung

Das plastische Arbeiten stellt, neben dem Zeichnen und Malen, einen der Hauptschwerpunkte künstlerischer Arbeitsweisen dar.

Doch anders als beim „flachen" Zeichnen und Malen besteht hier die Möglichkeit, das Objekt von allen Seiten zu bearbeiten und es wirklich „fassbar" zu machen. Für solche Arbeiten ist der Werkstoff Gips ein ideales und vielseitig verwendbares Produkt.

Man kann Gipsbrei in eine beliebige Hohlform gießen, trocknende Gipsmasse mit den Händen oder Werkzeugen verformen, aus gehärteten Gipsblöcken Skulpturen herstellen oder aus gipsgetränkten Mullbinden Masken anfertigen. Somit ist Gips ein für Kinder und Jugendliche gleichermaßen interessanter und angemessener Werkstoff, der einen starken sinnlichen Umgang ermöglicht und die motorischen Fähigkeiten schult ähnlich wie der Werkstoff Ton.

Mittel und Materialien

Modelliergips (Alabastergips), Wasser, ein Eimer, ein Stück Holzlatte zum Gipsanrühren, Hohlformen zum Ausgießen (Schuhkartons, Pralinenschachteln, Käsedosen, Zigarrenkisten, Joghurtbecher, Pappröhren, Kunststoffflaschen und Ähnliches), Sand oder Ton für einen Gipsguss

Werkzeuge: Messer, Sägen, Feilen und Schleifpapiere (mit verschiedener Körnung) sind die Hauptwerkzeuge bei der Gipsbearbeitung.

Zubehör: Weiche Bleistifte oder Kohlestifte zum Vorzeichnen, ein Lineal, Knetradierer, Zeitungspapier als Arbeitsunterlage, ein feuchtes Tuch zum Entfernen von Gipsstaub, Reinigungsmittel (Lappen, Besen, Handfeger etc.), Arbeitskittel oder Schürzen

■ Verfahren/Beispiele

Gipsskulptur

Für eine Gipsskulptur verwendet man den speziellen Modelliergips. Diese Gipsart bindet sehr viel langsamer ab und erleichtert so alle Grobarbeiten an dem gegossenen Gipsblock. Normaler Baugips ist hier ungeeignet, da dieser sehr schnell hart wird und klumpt.

Um eine Skulptur herzustellen, muss man zuerst einen Gipsblock gießen. Als Gussformen können zum Beispiel Verpackungen genommen werden. Solche Verpackungen sollten aus dicker Pappe oder Kunststoff sein, damit man sie später aufschneiden und den Block leicht herauslösen kann. Blech oder allzu fester Kunststoff, z. B. Stücke von Abflussrohren, sind nicht geeignet. Gute Gussformen sind zum Beispiel Pappröhren, wie sie zum Versenden von Plakaten benutzt werden. Aber auch ein Schuhkarton, in den man der Länge nach senkrecht einen dicken Pappstreifen klebt – auf diese

Gipsskulptur, bemalt

Weise erhält man zwei Blöcke in einem Arbeitsgang –, lässt sich gut verwenden. Allerdings muss der Pappkarton mit Holzplatten, Kanthölzern und Schraubzwingen in eine feste Form gespannt werden, um Verformungen zu vermeiden. Eine wieder verwendbare Form lässt sich aus entsprechend zugeschnittenen Tischlerplatten (aus dem Baumarkt) herstellen. Dazu werden die Platten nur miteinander verschraubt und nicht genagelt.

> **Wichtig!**
> **Beim Gipsanrühren wird der Gips in das Wasser geschüttet – nie umgekehrt!**

Zum Gießen werden Gips und Wasser so lange verrührt, bis sich ein dickflüssiger Brei bildet. Diese Mischung wird langsam in die Form gegossen. Durch anschließendes leichtes Rütteln können Luftblasen. nach oben steigen. Die erste Trocknungsphase richtet sich nach der Verdünnung mit Wasser und der Dicke des Blocks. Wenn eine deutliche Wärmeentwicklung spürbar wird und die Oberfläche sich hart (aber auch noch feucht) anfühlt, kann die Gussform entfernt werden.

Nun kann die eigentliche Arbeit beginnen. Dabei sollte man eine genauere Vorstellung von dem, was man machen will, haben, um ohne größere Pausen arbeiten zu können. Zuvor angefertigte Skizzen mit den verschiedenen Seitenansichten oder ein kleines Modell aus Knetmasse sind hier sehr hilfreich. Mit einem einfachen Küchenmesser lässt sich der Gips fast wie Butter schneiden. Alle groben Vorarbeiten werden so leicht erledigt. Je mehr der Gipsblock durchhärtet, um so schwieriger (und staubiger!) wird das Arbeiten. Daher sollten alle Grobarbeiten zügig durchgeführt werden, um nach der Durchhärtung nur noch die Feinarbeiten mit Feilen und Schleifpapier vorzunehmen.

Das Bildbeispiel zeigt Gipsskulpturen im „Pfahlstil". Als Gussformen dienten Pappröhren, die zuvor leicht geknickt wurden.

Oben: Gipshand als Teelichthalter (mit Steinspray besprüht)

Rechts: Gipsobjekt mit Turnschuh und Spiegelscherben (mit Steinspray besprüht und bemalt)

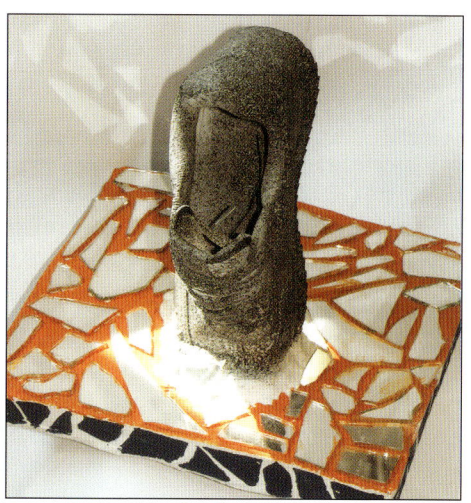

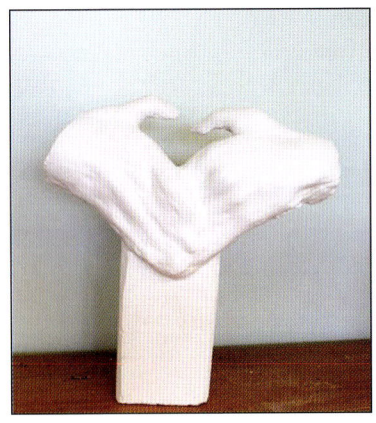

Mit Gipsbinden wurden die eigenen Hände abmodelliert. Dann wurden sie mit Holzleim auf einen Holzblock geklebt. Zuletzt wurde alles mit weißer Abtönfarbe angestrichen.

Gipsguss

Dieses Verfahren ist sehr einfach und führt schnell zu interessanten Ergebnissen. Man geht dabei wie folgt vor:

Ein Eimer (oder eine Wanne) wird mit feinem feuchten Sand gefüllt und dieser gut geglättet. Mit den Händen, Spachteln, Löffeln oder anderen Werkzeugen wird nun Sand herausgegraben.

Bei dieser Arbeit muss man eine ungefähre Vorstellung haben, wie der Guss hinterher aussehen soll, da eine Negativform ausgehoben wird. Mit einem Wäschesprüher lässt sich der Sand während der Arbeit feucht halten. Sind die Vorarbeiten beendet, kann Gips (oder Feinbeton – damit wird der Guss grober und rauer) mit Wasser angerührt werden. Damit keine Luftblasen entstehen, wird die flüssige Gipsmasse langsam

Gipsguss mit Resten von blauer Bemalung

in die Vertiefung gegossen. Nach dem Trocknen und Erstarren lässt sich der Guss leicht aus dem Sand herausheben. Die entstandenen Halbfiguren können so belassen oder weiter bearbeitet werden, z. B. durch eine Bemalung mit Gold-, Silber- oder Bronzefarben.

Arbeitet man gemeinsam mit Kindern sollte man mit einfachen Versuchen beginnen. Beispielsweise könnte man aus dem Sand eine Halbkugel ausgraben und dann mit den Fingern oder Rundholzstäben sternförmig in die Aushöhlung hineinstechen. Der Guss würde dann ein seeigelartiges Objekt ergeben.

Da das Gipsgießen sehr schnell zu Ergebnissen führt, können mehrere Versuche unternommen werden. Auch hier wird man, nach den ersten Erfahrungen mit einfachen Gussversuchen, durch ein vorsichtiges Graben im feuchten Sand zu komplizierteren und interessanteren Formen kommen können.

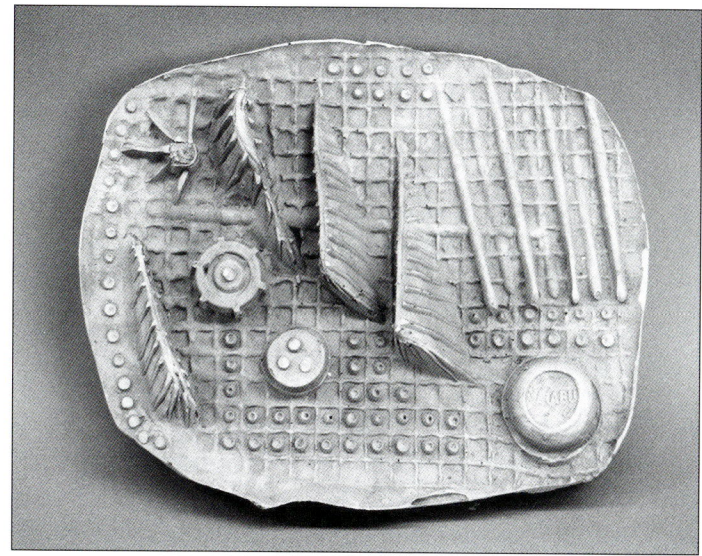

Detail, vergrößert

Gipsguss: Kleine Verpackungen werden in Ton gedrückt. Dann wird das Negativrelief mit Gips ausgegossen.

Anregungen für die Bearbeitung von Lernsituationen

Praxissituation – für Kinder

Gegossene Hände: Bei einem Naturerlebnistag gibt es eine „Sandstation". Hier können die Kinder im Gipsgussverfahren Abgüsse von ihren Händen herstellen. Die durchgehärteten Güsse werden mit verdünnten Wasserfarben bemalt. In einer Zusammenstellung präsentieren die Kinder ihre Arbeiten.

Praxissituation – für Jugendliche

Gipsskulpturen: Im Eingangsbereich einer Einrichtung sollen Skulpturen aus Gips Besucherinnen und Besucher empfangen. Dazu werden große Papppröhren als Gussformen besorgt. Die Röhren werden mit Gips ausgegossen und nach etwa einer halben Stunde aufgeschlitzt. Die noch etwas feuchten Gipszylinder werden zunächst grob bearbeitet. Später folgen die Feinarbeiten. Die fertigen Skulpturen werden in Gruppen zusammengestellt und am Eingang platziert.

Weitere Anregungen

Gipsskulptur

- „Freie Formen" mit Kanten, Rundungen, Wölbungen und Höhlungen
- „Eine Raupe aus Gips" (Bemalung mit verdünnten Wasserfarben)
- figürliche Skulpturen im „Pfahlstil"

- Gipsbinden eignen sich besonders gut, um Gegenstände zu verpacken und in ein Objekt zu verwandeln. Durch die textile Struktur bekommt das Verhüllte ein Geheimnis. Überlegen Sie, welche Gegenstände sich auf diese Weise verfremden lassen.
- Der amerikanische Künstler GEORGE SEGAL (1924–2000) ist durch seine lebensgroßen Gipsfiguren, die er in Alltagssituationen dargestellt hat, bekannt geworden. Beschäftigen Sie sich mit dem Werk dieses Künstlers und nehmen Sie es als Anregung für ein Skulpturenprojekt.

Gipsguss
- Kleine Objekte, einfache Spielzeuge oder kleine Förmchen in den feuchten Sand drücken und ausgießen
- Halbfiguren (Tierfiguren, Fantasiefiguren) im Gussverfahren herstellen
- Spurensuche: Verwenden Sie das Verfahren des Gipsgusses dazu, Gegenstände, die für Sie eine bestimmte Bedeutung haben, plastisch abzubilden und in einen thematischen Zusammenhang zu stellen.

Kommentar

Beim Werkstoff Gips spielt die Trocknungszeit (= Zeit des Abbindens) eine wesentliche Rolle, die in der Gesamtplanung besonders berücksichtigt werden muss. Egal, ob man einen Gipsguss, eine Gipsskulptur oder ein Gipsrelief herstellen will, immer müssen eine gute Arbeitsorganisation und Zeitplanung aufgestellt werden, damit der Gips nicht vorzeitig durchhärtet und so unbrauchbar wird. Auch müssen alle groben Vorarbeiten vor dem endgültigen Durchhärten erledigt sein.

Da Arbeitsprozesse, wenn sie einmal in Gang gekommen sind, größtenteils von selbst „laufen", liegen die Hauptaufgaben der Erzieherin und des Erziehers in der durchdachten Vorplanung, Beratung bei der Entwurfsarbeit, Arbeitsbegleitung und Hilfestellung.

 **Literaturhinweise**

Lee, Stephanie/Wise, Judy: Gips-Studio, Koblenz, Hanusch-Verlag, 2012.
Plowman, John: Kompaktwissen Plastisches Gestalten, Stuttgart, Frechverlag, 2011.
Werdin, Undine: Werkstattbuch Gips: Künstlerisches Modellieren und Gestalten; Schritt für Schritt-Anleitungen, München, Knaur, 2006.

Stein

Die Form wird grob herausgearbeitet

Einführung

Steinskulpturen in verschiedener Größe lassen sich aus Blasenbeton herstellen. Sägen, feilen und schleifen sind hier die angemessenen Bearbeitungsweisen für die Werkstoffe. Um erste Erfahrungen zu machen und einen Eindruck vom Werkstoff „Stein" zu bekommen, ist es sinnvoll, zuerst aus kleinen Steinstücken Arbeitsproben anzufertigen. Auf den gemachten Erfahrungen kann dann weiter aufgebaut werden.

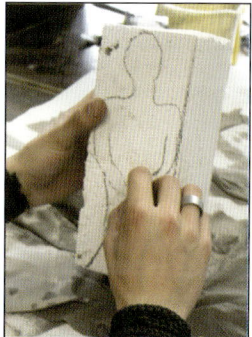

Vorzeichnung mit Kohle

 ## Mittel und Materialien

Blasenbeton/Gasbeton (aus dem Baumarkt)

Werkzeuge: Sägen, Messer, Feilen, Bohrer, Schleifpapiere mit verschiedener Körnung

Zubehör: Weiche Bleistifte zum Vorzeichnen, ein Lineal, Knetradierer, Stahlwolle, Zeitungspapier als Arbeitsunterlage, Besen und Handfeger, Arbeitskittel

Feinarbeiten mit verschiedenen Werkzeugen   *Figur aus Blasenbeton, mit Wasserfarben bemalt*

Blasenbeton oder Gasbeton, wie beispielsweise Ytong, ist eigentlich ein Baustoff. Als dicke Platten oder rechteckige Blöcke findet man diesen Werkstoff im Bauhandel. In der Regel wird er verwendet, um schnell und kostensparend Zwischenwände einzuziehen oder Isolierungen vorzunehmen. Obwohl ein Steinblock schwer erscheint, so ist er doch erstaunlich leicht. In der Bearbeitung lässt er sich sehr gut sägen, feilen und schleifen. Daher ist er auch für die Herstellung von Skulpturen bestens geeignet.

Bevor man den Stein bearbeitet, daran feilt oder sägt, sollte genau überlegt werden, ob diese Teile wirklich überflüssig sind. Sehr hilfreich kann hier ein kleines Modell aus Knet- oder Modelliermasse sein. Es erleichtert die Vorstellung, welche Teile abgetrennt werden können und welche unbedingt erhalten werden müssen. Weiterhin kann mit Kreide oder Kohle eine grobe Vorzeichnung (Vorderansicht, Seitenansichten, Rückenansicht) auf dem Stein gemacht werden. Wegen der kleinen Luftblasen, die den Stein vollständig durchziehen, kommt es immer wieder vor, dass feingliedrige Teile abbrechen. Daher sollte man von Anfang an großzügig arbeiten und alle Formen stark vereinfachen. Mit der Säge können Ecken, Keile und Platten – also alle größeren Stücke – problemlos abgetrennt werden.

Die Feilen dienen zur weiteren Bearbeitung. Mit ihnen lassen sich Rundungen (Wölbungen und Höhlungen) erzielen. Zuletzt können alle Feinarbeiten mit Schleifpapieren durchgeführt werden.

Je nachdem, was man mit den fertigen Arbeiten vorhat, können die Skulpturen so belassen oder weiterbearbeitet werden. Wer sie nach draußen stellen möchte, sollte sie mit einer speziellen Imprägnierung (aus dem Baumarkt – Malerbedarf) wetterfest machen. Auch eine Bemalung mit Farben, die in den Stein einziehen (beispielsweise mit Silikatfarben), ist möglich. Solche Farben verbinden sich mit dem Untergrund und bilden keinen Anstrichfilm. Da bei der Bearbeitung von Blasenbeton viel Staub anfällt, ist das Arbeiten im Freien ratsam.

Abstraktes Objekt

Anregungen für die Bearbeitung von Lernsituationen

Praxissituation – für Kinder
Steinobst: Die Kinder einer Einrichtung haben mit den Erzieherinnen und Erziehern eine Ausstellung über Pop-Art besucht. Dabei ist ihnen aufgefallen, dass viele Dinge des Alltags übergroß dargestellt wurden. Gemeinsam beschließt man ebenfalls einfache Objekte des Alltags in Übergröße anzufertigen. Dazu wird Blasenbeton in Würfel und Quader zerteilt. Jedes Kind erhält ein Gasbetonstück und Feilen. Aus den Stücken lassen sich nun große „Steinfrüchte" (Äpfel, Birnen, Erdbeeren etc.) herstellen. Die fertigen Arbeiten können mit verdünnten Wasserfarben bemalt werden. In einer großen Schale werden alle Steinfrüchte zu einem Stillleben zusammengelegt.

Praxissituation – für Jugendliche
Unser Tisch: Bei einem gemeinsamen Essen in einer Freizeiteinrichtung entsteht die Idee, den Tisch mit allem, was darauf steht, aus Gasbeton nachzubilden. Teller, Tassen, Flaschen und vieles mehr soll aus den Steinen hergestellt werden. Um eine Raumwirkung zu erzielen, werden die Ergebnisse später auf einem tatsächlichen Tisch arrangiert.

Weitere Anregungen

Blasenbeton
- Anlage eines „Skulpturengartens"
- überdimensionale Alltagsgegenstände (Telefon, Trinkdose, Bleistift etc.)
- technische Formen (Teile des Innenlebens eines Weckers, Spielzeugs, Küchengeräts etc.)
- freie Formen (abstrakte Skulpturen mit runden und eckigen Formen)

Experimentieren
- die Porenstruktur des Gasbetonsteins mit glatten Materialien in Verbindung bringen: z. B. Stein und Metall
- durch eine besondere Lichtsetzung die Porenstruktur einer Steinskulptur besonders hervorheben und fotografieren
- eine größer dimensionierte Steinskulptur (aus zusammengesetzten Gasbetonblöcken) für den Außenbereich entwerfen und realisieren. Ein Steinmodell könnte einen ersten Eindruck vermitteln.

Kommentar

Manche werden sich vielleicht, wenn sie im Zusammenhang mit dem plastischen Arbeiten ein Wort wie „Bildhauer" oder „Bildhauerei" hören, jemanden vorstellen, der vor einem mannshohen Steinblock steht und mit Hammer und Meißel versucht, aus dem Stein eine Skulptur herauszuschlagen – eine ebenso mühevolle wie schweißtreibende Angelegenheit. Doch so eine Arbeitsweise wäre für Jugendliche und besonders für Kinder weder angemessen noch zumutbar. Steinsplitter, die beim Arbeiten abplatzen und wie kleine Geschosse herumfliegen, könnten schnell zu Verletzungen führen. Auch wäre der notwendige Kraftaufwand für eine solche zeitintensive Arbeit sehr groß.

Es gilt hier zu beachten, dass es zum materialgerechten Arbeiten gehört, die Besonderheiten des Steins zu berücksichtigen. Ebenso sollte die Größe des Steins möglichst ausgenutzt werden. Es wäre wohl recht sinnlos, aus einem großen Stein letztlich eine kleine Skulptur zu machen. Es gilt das Prinzip: vom Einfachen zum Schwierigen.

Weiterhin fördert das Arbeiten mit Stein besonders das räumliche Denken und die Vorstellungsfähigkeit.

 **Literaturhinweise**

Cami, Josepmaria Teixido i/Santamera, Jacinto Chicharro: Skulpturen aus Stein. Kunst, Techniken und Projekte, Bern 2002.
Plowmann, John: Kompaktwissen Plastisches Gestalten, Stuttgart 2011.

Holz

Assemblage aus angeschwemmten Holzteilen

Einführung

Der kreative Umgang mit Holz ermöglicht Erfahrungen mit einem natürlichen Werkstoff. Holz ist ein gewachsenes Material, das auf die Bedingungen der Lagerung, auf Temperatur- und Feuchtigkeitseinflüsse reagiert. Es kann schwimmen, ist leicht entzündbar, elastisch, fest und belastbar, hat einen eigenen Klang und lässt sich bearbeiten. Mit so vielen unterschiedlichen Eigenschaften ist Holz in der Architektur, im Innenausbau, im Möbelbau, in der Schifffahrt, in der Musik, in der bildenden Kunst, also in allen Lebensbereichen zu finden. Mit jedem Schritt der Bearbeitung lässt sich der Entstehungsprozess beobachten – der Übergang vom rauen Stück Holz zum feinen, glatten Werkstück. Bei der kreativen Arbeit mit Holz sollte man immer mit Grundübungen, z. B. Holzverbindungen, beginnen, die man später bei komplexeren Arbeiten gut einsetzen kann. Die folgenden Beispiele beginnen mit einfachen Grundtechniken und werden erweitert durch Verfahren konstruktiver Holzarbeit.

 **Mittel und Materialien**

Holzarten: Holz wird in Tischlereien, Sägewerken, Baumärkten angeboten. Auch aus alten Möbelstücken, Holzkisten, Paletten etc. lässt sich Holz für die Arbeit gewinnen. Für einige Verfahren werden auch Äste und Rinden gebraucht. Ein Vorrat an Massivholz (Bretter in verschiedenen Stärken, Rundhölzer) und Holzplatten (Sperrholz in verschiedenen Stärken) sollte immer zur Verfügung stehen. Man unterscheidet:

- Weichhölzer: Tanne (hell, splittert und spaltet leicht), Kiefer (hell, gelb bis rötlich, lebendige Maserung), Linde (hell, wenig Maserung), Pappel (sehr hell, leicht, fast keine Maserung) Harthölzer (aufgrund der hohen Festigkeit für die Bearbeitung mit Kindern nicht geeignet): Buche (rötlich, wenig Maserung, besonders stabil), Eiche (gelblich, sehr fest), Esche (wird nur im professionellen Bereich angeboten), Ahorn (hell, splittert kaum, wenig Maserung)
- Holzplatten: Tischlerplatten (in verschiedenen Stärken, eine aus gegeneinander geleimten Holzstäben bestehende Mittellage wird durch zwei Furniere zusammengefasst), Sperrholz (in verschiedenen Stärken, dünne Furniere werden übereinander geleimt), Spanplatte (gepresste Platte aus Holzstücken unter Verwendung von Kunstharz oder anderen, schädlichen Stoffen – darum für die Arbeit mit Kindern nicht geeignet), Hartfaserplatte (dünne – ca. 5 mm – starke Platte, die einseitig geglättet ist; Verwendung: Rückenlage in Bilderrahmen)

Da Massivholz sich leicht verzieht und dehnt, kommt der Aufbewahrung des Holzvorrates besondere Aufmerksamkeit zu. Der Lagerraum sollte weder feucht noch überhitzt sein. Holzplatten reagieren nicht so anfällig auf das Raumklima.

Die Holzwerkstatt: Für die Arbeit mit Holz ist ein spezieller Raum notwendig. Zur Grundausstattung gehören Werkbänke mit Einspannvorrichtungen (Seitenzangen) und Bankhaken. Schränke zur Aufbewahrung des Werkzeuges und Regale für die erstellten Arbeiten sollten ausreichend vorhanden sein. Gute Aufbewahrungsmöglichkeiten schaffen Ordnung und Übersichtlichkeit und vermindern die Verletzungsgefahr. Der Raum sollte gut belüftbar sein und über genügend Behälter für Holzreste und -abfälle verfügen.

Grundwerkzeuge

- Sägen: Fuchsschwanz, Feinsäge, Laubsäge (mit Laubsägetisch und Zwinge)
- Schneidlade: für Gehrungsschnitte und gerade Schnitte
- Hammer: 100–400 g, Beißzange: ab 130 mm, Schmirgelblöcke aus Kork
- Schmirgelpapier: verschiedene Körnungen (80–150)

Einige Holzwerkzeuge

- Raspel: halbrund, Feile: halbrund, dreikantig und flach
- Bohrer: Nagelbohrer: 2–6 mm, Handbohrmaschine, Bohrwinde, Drillbohrer, Spiralbohrer (Durchmesser 3–10 mm, mit und ohne Zentrierspitze), Schlangenbohrer (Durchmesser 6–32 mm)
- Schraubendreher (Schlitz und Kreuzschlitz in verschiedenen Größen)
- Vorstecherahle
- Stechbeitel (für Jugendliche)
- Schraubzwingen in verschiedenen Größen und ausreichender Anzahl
- Kombizange: 160 mm
- Stahllineale, Anschlagwinkel, Zirkel, Maßstäbe, Bleistifte

Grundmaterialien

- Weißleim: in Tuben, Spritzflaschen und Dosen. Unerwünschte Leimreste lassen sich sofort nach der Klebung feucht beseitigen, Schrauben (Schlitz und Kreuzschlitz) werden in verschiedenen Größen und mit unterschiedlichen Köpfen angeboten. Eine Grundmenge sollte immer vorhanden sein. Nägel oder Drahtstifte (ebenfalls in verschiedenen Größen), Holzfertigteile für verschiedene Zwecke: Holzkugeln, Plättchen, Rundhölzer und Holzdübel in verschiedenen Stärken.
- Holzbeize wird als Farbpulver angeboten und muss (nach Gebrauchsanweisung) in Wasser gelöst werden. Die Holzbeize wird mit dem Pinsel aufgetragen; sie lässt die Holzstruktur durchscheinen, dringt aber tief in das Holz ein. Acryllack auf Wasserbasis ist sehr farbintensiv (deckend) und für die farbliche Gestaltung der Holzarbeiten gut geeignet. Nach dem Trocknen ist der Lack wasserfest und lässt die Holzstruktur noch erkennen. Holzwachs erhält das Holz im natürlichen Grundton. Es schützt zwar vor Verschmutzung, bietet aber keinen hinreichenden Schutz gegen Wasser.

> Vorsicht! Beim Auftragen der Beize müssen Hände, Kleidung und Arbeitsplatz geschützt werden.

Erweiterte Holzarbeit

Neben den Grundwerkzeugen für die Grundtechniken der Holzbearbeitung werden folgende Werkzeuge benötigt: Winkelschmiege, Streichmaß für Holzarbeiten nach genauen Vorlagen. Alle Bemaßungen sind dort eingezeichnet. Es kommt darauf an, eine vorhandene Konstruktionszeichnung so zu lesen, dass mit der Materialbeschaffung und Umsetzung begonnen werden kann. Mit dem Streichmaß können beim Anreißen Linien gezogen werden, die parallel zur Außenkante verlaufen. Winkel, die nicht 45° entsprechen ("falsche Gehrung"), werden mit der Winkelschmiege gemessen.

- Stichsäge, Bandsäge: Mit der Stichsäge lassen sich bestimmte Sägearbeiten erleichtern. Für gerade Schnitte werden breite Sägeblätter, für feine Kurvenschnitte feine Sägeblätter verwendet. Das Holz muss immer so eingespannt sein, dass nicht in die Tischplatte gesägt werden kann. Die Bandsäge mit verstellbarer Geschwindigkeit eignet sich für Leisten oder Kanthölzer.
- Standbohrmaschine, Handbohrmaschine mit Bohrständer: Für senkrechte Bohrlöcher mit genauer Bohrtiefe ist eine Standbohrmaschine geeignet. Oft wird für diese Arbeit

auch eine Handbohrmaschine mit Bohrständer verwendet. Bohrer: Zu den oben genannten Bohrern kommen hinzu: Zentrumsbohrer (Durchmesser 6–55 mm), Forstnerbohrer, Versenker und Lochsäge

- Akku-Schrauber mit Kreuzschlitz- und Längsschlitzbits
- Schwingschleifer, Exzenterschleifer (Rundschleifer) und Dreieckschleifer zum Schleifen in schwer zugänglichen Bereichen mit Sandpapieren unterschiedlicher Körnung

---

Vorsichtsmaßnahmen

Der Umgang mit elektrischen Werkzeugen für die Holzbearbeitung erfordert eine erhöhte Aufmerksamkeit bei der Bedienung. Bevor diese Geräte eingesetzt und selbstständig gebraucht werden können, sollte jeder eine Einführung erhalten und sich mit dem Umgang der Geräte vertraut gemacht haben. Auch die Pflege und ständige Überprüfung der ordnungsgemäßen Funktionstüchtigkeit der Werkzeuge vermindern das Sicherheitsrisiko. Bei allen Tätigkeiten in der Holzwerkstatt ist immer auch an die eigene Sicherheit und die der anderen zu denken. Beim Arbeiten an der Standbohrmaschine sind Haare und lose Kleidungsstücke zu schützen. Eine Unfallgefahr besteht durch Eindringen der Haare in die rotierenden Teile der Bohrmaschine. Der Arbeitsplatz im Werkraum sollte für jeden übersichtlich gestaltet sein und genügend Platz bieten. Die Arbeitsabläufe müssen klar vermittelt werden. Das Holz, das bearbeitet werden soll, muss eingespannt werden. Bei Anzeichen von Müdigkeit sind Pausen einzulegen.

▦ Verfahren/Beispiele

Grundtechniken der Holzbearbeitung

1. Anreißen
Bevor das Holzstück geschnitten werden kann, müssen die Schnittlinien genau abgemessen werden (Lineal, Maßstab). Um Rechtwinkligkeit zu halten, sollte immer auch ein Abschlagwinkel verwendet werden. Mit einem Bleistift können die gewünschten Linien markiert werden. Dabei ist immer festzulegen, ob links, rechts oder auf der Linie gesägt werden soll, da sich sonst die Bemaßung durch den entstehenden Schnittspalt verschieben könnte. Eine Skizze oder Zeichnung kann die Arbeit erleichtern.

2. Sägen
Das Holzstück ist vor dem Sägen stets einzuspannen, damit die Arbeit präzise verlaufen kann und die Verletzungsgefahr durch Verrutschen verhindert wird. Das Sägen mit dem Fuchsschwanz, der Fein- oder der Laubsäge ist immer anstrengend. Nachdem eine Rille durch Vorsägen entstanden ist, beginnt das eigentliche Sägen: Die freie Hand sichert das Holz, mit der anderen wird die Säge leicht und ohne zu hohen Kraftaufwand in der Schnittlinie geführt. Kurz vor Beendigung des Sägens sollte vorsichtig gearbeitet werden, damit das Reststück nicht splittert oder ausreißt. Eine Hilfe für den Gehrungsschnitt oder den rechtwinkeligen Schnitt bietet die Schneidlade. In diese wird das Holzstück (auf einer Unterlage) eingelegt. Die Säge wird in den Einschnitten der Lade so geführt, dass sie möglichst nicht verkantet. Für Laubsägearbeiten wird der Laubsägetisch verwendet.

3. Bohren

Das Holzstück wird eingespannt. Die Bohrstelle ist vorher mit einem Bleistift markiert worden. Mit der Ahle wird die Bohrstelle vorgestochen. Ein Klebestreifen am Bohrer kann die Bohrtiefe anzeigen. Unter das Holzstück sollte beim Bohren ein Abfallholz gelegt werden, damit die Werkbank oder der Bohrtisch geschont wird. Das Bohren mit der Bohrwinde, der Handbohrmaschine oder Standbohrmaschine kann beginnen.

4. Glätten

Das eingespannte Holz wird mit einer Raspel in die grobe Form gebracht. Dabei hält die eine Hand den Griff, die andere leicht die Spitze der Raspel fest. Immer in Faserrichtung arbeiten! Mit der Feile (rund, dreieckig oder flach) wird die Feinarbeit durchgeführt. Flächen werden mit Sandpapier geglättet. Dazu wird ein Stück Sandpapier um den Korkklotz gewickelt und in Faserrichtung über die Holzfläche geführt. Es wird mit grober Körnung begonnen. Der Endschliff erfolgt mit feinem Sandpapier. In engen Kurven des Holzes wird das Schmirgelpapier ohne Klotz verwendet.

5. Holzverbindungen

Hölzer können in folgender Weise miteinander verbunden werden:

- **mit Nägeln, Schrauben oder Leim**

Geleimte Holzverbindungen sind fester. Die Flächen sollten vor dem Leimen angeschliffen werden. Die eingeleimten Teile werden mit Schraubzwingen zusammengepresst. Austretender Leim wird feucht abgewischt.

- **mit Holzdübeln**

Beim Dübeln werden zunächst die Dübellöcher des ersten Holzteils gebohrt. Mit sogenannten „Wahrsagern", die in die Bohrlöcher des ersten Holzteils gesteckt und dann passgenau in das Gegenstück gedrückt werden, können die Bohrlöcher des zu verbindenden zweiten Holzstücks genau markiert werden. Danach wird die zweite Bohrung durchgeführt. Damit die Bauelemente durch die Verbindung fest miteinander verbunden werden, wird etwa für 8-mm-Holzdübel ein 7,5-mm-Bohrer verwendet. In die Bohrlöcher wird

Holzverbindungen mit Nägeln (oben) und Holzdübeln (unten)

etwas Weißleim gegeben und die Dübel eingeführt; anschließend werden die Holzteile mit Zwingen zusammengepresst. Je genauer man arbeitet, desto fester ist die Holzverbindung.

6. Holzbehandlung

Das fertige Werkstück kann naturbelassen bleiben oder aber mit Wachs gegen Verschmutzung geschützt werden. Für eine farbige Gestaltung können Holzbeize oder Acryllack verwendet werden.

Experimentelle Holzarbeiten

Der Zugang zum Werkstoff Holz wird am besten spielerisch vermittelt durch einfache, experimentelle und oft spontan auszuführende Arbeiten:

Treibholz oder knorrige Äste wurden so bearbeitet, dass entweder bestimmte Bereiche des gefundenen Holzes geglättet, Teile hervorgehoben oder andere Holzstückchen ergänzt wurden. Anschließend wurden diese Objekte auf einen kleinen Sockel gesetzt. Experimentelles Arbeiten bietet die Möglichkeit eines ersten Zugangs zum Material Holz und seinen Bearbeitungswerkzeugen – wie Bohrern, Feinsägen und Schmirgelpapier.

Klangobjekte aus Holz und anderen Materialien

Das Material Holz kann unmittelbar oder auch indirekt für die Herstellung von Klangobjekten eingesetzt werden. Der experimentelle Charakter der Materialerfahrung steht im Vordergrund – zur Hervorbringung spezifischer Klangeigenschaften oder in Kombination mit anderen Materialien – Beispiele: „Regenmacher" (gefüllte Pappröhren in Holzrahmen) oder ein als „Summkrug" (Kükelhaus) dienendes Tongefäß auf einem aus gebeizten Hölzern gestalteten Fuß. Bei der Herstellung von Klangobjekten bietet es sich an, die spätere Verwendung der

Arbeiten in der Planung mit zu berücksichtigen (Klangpräsentation oder experimentelle Hörspielproduktion).

Oben rechts: Holzarbeiten aus Fundstücken, Baumscheiben und Ästen

Klangobjekte aus Holz und anderen Materialien: Rührtrommel (links), Tongefäß auf gebeiztem Holzrahmen (nach Kükelhaus' „Summstein", oben), „Regenmacher" (rechts)

Konstruktive Holzarbeiten

Holzarbeiten, die weitaus umfangreichere und unterschiedliche Arbeitsgänge erfordern, müssen genau vorgeplant sein. Dazu ist eine Konstruktionszeichnung, die alle Details, Bemaßungen und Holzverbindungen darstellt, notwendig. Die Erstellung eines solchen Plans schafft eine Vorstellung von dem Vorhaben, den möglichen Schwierigkeiten und dem Umfang der zu leistenden Arbeitsgänge. Eine Materialliste und Werkzeugliste helfen beim Beschaffen des Materials und der Planung der Arbeitsschritte. Sind mehrere Personen an der Realisierung eines Werkstücks beteiligt, empfiehlt es sich, die Einzelschritte in einer Durchführungsliste aufzuführen.

Beispiel für eine Sperrholzarbeit: Ein Farbmobile aus dünnen Sperrholzplatten

Stelzen

Material: 2 Kanthölzer 2000 x 40 x 40 mm, 2 Holzblöcke 200 x 120 x 40 mm (aus Kanthölzern zugeschnitten und zusammengeleimt), 4 Sperrholzplatten 0,8 x 200 x 160 mm, 4 Schlossschrauben M6 x 65 mm, 4 Hutmuttern M6, Pappe für Schablonen, Weißleim, Schmirgelpapier, Acryllack

Werkzeuge: Feinsäge mit Schneidlade, Stichsäge, Standbohrmaschine, Schwingschleifer, Schleifklotz, Feilen, Pinsel, Lappen.

Die Kanthölzer werden auf die Länge von 2 m zugeschnitten. Anschließend werden die Einlegeklötze und die Sperrhölzer für die Fußstützen auf das genaue Maß zugeschnitten und verleimt. Die Pappschablone für die Form

Stelzen

der Fußstütze wird vorbereitet. Nach dem Trocknen kann die endgültige Form der Fußstütze angerissen und mit der Bandsäge ausgeschnitten werden. Auf den fertigen Fußstützen werden zwei Bohrlöcher (Abstand 8 cm) für die Schlossschrauben markiert und mit der Standbohrmaschine mit einem 7 mm Holzbohrer eingebracht. Probeweise werden die Fußstützen auf die Kanthölzer aufgeschoben. Nach Vorgabe der Bohrungen in den Fußstützen werden die Bohrungen auf den Kanthölzern in den vorgegebenen Abständen markiert und durchgeführt. Kanthölzer und Fußstützen werden mit Feile, Sandpapier oder Schwingschleifer geglättet. Mit Acryllack können die Einzelteile farbig gestaltet werden. Nach dem Trocknen werden die Fußstützen auf die Kanthölzer geschoben und mit den Schlossschrauben und Flügelmuttern fixiert. Die ersten „Gehversuche" können beginnen.

Straßentheaterbühne

Eine etwas umfangreichere Arbeit ist die Herstellung einer transportablen Bühne für Theateraufführungen im Freien. Die Bühne besteht aus zwei stabilen Seitenteilen, an denen die Querstange für den Bühnenvorhang befestigt ist. Alle Elemente werden miteinander verschraubt oder nur zusammengesteckt, sodass die Bühne leicht transportiert werden kann. Bis auf die geschweißten Metallfüße, die in einer professionellen Schlosserei angefertigt werden sollten, können die Holzarbeiten gut mit Jugendlichen durchgeführt werden.

Die Bühnenelemente werden einfach zusammengesteckt.

Kleine Theaterbühne, die auch leicht beim Straßentheater eingesetzt werden kann.

Anregungen für die Bearbeitung von Lernsituationen

Praxissituation – für Kinder und Jugendliche

Bei der Bearbeitung des Materials Holz gehen wir von der Voraussetzung aus, dass die Erfahrung der eigenen Fähigkeit, des eigenen konstruktiven Umgangs mit einem vorgegebenen Material und das Erlebnis einer gelungenen Umsetzung bedeutend ist. Im Handeln wird den Kindern und Jugendlichen bewusst, dass es sich hierbei um ein Naturmaterial mit eigenen Gesetzmäßigkeiten handelt. Darüber hinaus ist der Zugang zum Material Holz aufgrund seiner angenehmen haptischen Eigenschaften leicht zu schaffen, was wiederum zum Gelingen der Realisierung einer vorgegebenen Planung beitragen kann.

Für eine Lernsituation sollte aus den folgenden Anregungen ein Projekt ausgewählt werden entsprechend der Altersgruppe in der Einrichtung. So bietet sich für Jüngere vor allem das experimentelle Arbeiten an, etwa um Erfahrungen aus einem Besuch im Wald umzusetzen. Dagegen können die konstruktiven Exponate erst in der Jugendarbeit eingesetzt werden, gegebenenfalls auch in Zusammenhang mit einem Waldprojekt.

Weitere Anregungen

Experimentelles Arbeiten mit Holz

- Assemblage aus Holzresten, die auf eine Grundplatte aufgeleimt und mit Farbe bearbeitet werden
- Köpfe und Gesichter aus Holzresten (kleinen Astscheiben, Holzabschnitten aus der Tischlerei etc.), Metallresten und anderen Materialien
- lebensgroße Fantasiefigur aus Treibholz, Weichholzresten und Sägeabschnitten. Die Holzteile werden mit Nägeln oder Schrauben miteinander verbunden. Um die Charakteristik der Figur zu steigern, können zusätzlich Blechteile eingearbeitet oder einzelne Teile farbig abgesetzt werden.
- Architekturmodelle aus Holzresten zum Thema „Wohnfantasien", z. B. Baumhütten aus Ästen, Rinden, Blättern etc.
- Holzschmuck aus Astscheiben oder verzierten Rundstabscheiben, die auf ein Lederband aufgezogen werden

Holzobjekte und -spiele

- Holzflugzeug: In Tischlereien kann man Sägeabschnitte und einfache Holzreste kostenlos erhalten. Diese sehr unterschiedlichen Weichholzteile und Holzplatten eignen sich gut, um daraus Flugzeuge oder Fantasieflugkörper mit Hammer und Nägeln zusammenzumontieren. Diese Holzobjekte können anschließend noch mit Farbe angemalt werden.
- Floß mit Segel aus Treibholz oder dünnen Ästen, die mit Schnur zusammengebunden werden
- Buchstaben oder Wörter, die aus Sperrholz (10 mm) ausgeschnitten, mit Farbe behandelt und eventuell auf einer Grundplatte aufgeleimt werden
- Mobile mit farbig gebeizten Sperrholzelementen
- Einfache Holzeisenbahn aus Rundstäben oder Ästen mit Rädern aus angeschraubten Astscheiben
- Brettspiele aus Massivholzbrettern (20 mm) oder Sperrholz und Rundstäben, die mit farbiger Beize behandelt werden, z. B. Solitär
- Fantasietier auf Rädern: Aus einem Massivholzstück (18–24 mm) wird die Grundform des Tieres mit der Stichsäge ausgeschnitten und bearbeitet; die Räder werden mit der Lochsäge in der gewünschten Größe ausgeschnitten und mittig gebohrt. Die Radachsen (Rundhölzer) werden durch ein entsprechendes Bohrloch in der Grundform geschoben und dann mit den Rädern verleimt.

Konstruktive Holzarbeiten

- Windzeiger oder Wetterfahne, die aus Sperrholz ausgeschnitten, wetterfest versiegelt und drehbar (mit einer Nabe aus Aluminiumrohr und einer Achse) auf einem Holzstab befestigt wird
- Bilderrahmen aus Profilleisten mit Gehrungsschnitten und Dübeleckverbindungen (beispielsweise für eine thematische Ausstellung)

- Einfache Möbel aus Massivholz mit Holzdübelverbindungen, z.B. Aufbewahrungskasten auf Rollen, kleines Wandregal etc.

Holz wahrnehmen
- die gestalterischen Akzente des Materials Holz in der Architektur wahrnehmen
- besondere Formen und Holzstrukturen von Bäumen in der Natur beobachten und als Skulptur fotografieren
- für die alltägliche Nutzung (z.B. Küche) Einbauten mithilfe einer Grafiksoftware planen (→ Architektur gestalten)

Kommentar

Kreatives Arbeiten mit Holz reicht von der einfachen Holzbearbeitung mit kleinen Reststücken bis hin zur konstruktiven und anspruchsvollen Holzarbeit. Die Beschäftigung mit einfachen Grundtechniken vermittelt einen Einblick in die Eigenschaften des Materials Holz und die Gesetze der Statik. Die Beschäftigung mit dem Material Holz sollte immer mit einfachen Tätigkeiten beginnen und darauf aufbauend zum Schwierigeren fortschreiten. Mit zunehmendem Schwierigkeitsgrad wächst die Fähigkeit, maßstabsgetreu, genau und sicher zu arbeiten. Man muss die Fähigkeiten, Kenntnisse und auch die Wünsche der Kinder und Jugendlichen gut kennen, um zu entscheiden, welche Holzarbeiten mit ihnen zusammen durchgeführt werden sollen. Die entsprechenden Vorsichtsmaßnahmen müssen stets berücksichtigt werden. Kreatives Arbeiten mit Holz orientiert sich an sehr unterschiedlichen Handlungsmöglichkeiten, wie z.B. der Herstellung von Objekten und Figuren oder der Gestaltung von Raumgegenständen zu individuellen Themen.

 **Literaturhinweise**

Bridle, Bob u.a.: Praxisbuch Holz: Techniken – Werkzeuge – Projekte, München,Dorling Kindersley Verlag, 2010.
Forrester, Paul: Handbuch Holzarbeiten, Stuttgart, Frechverlag, 2011.
Michalski, Ute/Michalski, Tilmann: Das Ravensburger Werkbuch Holz, Ravensburg, Ravensburger Buchverlag, 2002.

Metall

Einführung

Aus der großen Anzahl an Metallsorten sollen nur diejenigen hier aufgeführt werden, die für einfache künstlerische Arbeiten mit Kindern und Jugendlichen Verwendung finden können. Als Grundmaterialien dienen Draht für lineare Gebilde, Bleche und Gewebe für flächige Arbeiten. Im spielerischen Umgang lassen sich die Eigenschaften wie Härte und Festigkeit, Dehnbarkeit, Biegsamkeit und Elastizität dieses Werkstoffes erfahren.

 Mittel und Materialien

Metallsorten und ihre Eigenschaften:

- **Kupfer** ist gut dehnbar und wird auch in Form dünner Folien angeboten. Kupfer bildet nach einiger Zeit eine grüne Patina.
- **Messing** ist eine Legierung aus Kupfer und Zink; ein gern benutztes Metall für Treibarbeiten.
- **Zink** wird bei Klempnerarbeiten verwendet, z. B. Dachrinnen. Zink lässt sich gut löten.
- **Zinn** hat einen niedrigen Schmelzpunkt (232 °C) und ist besonders für Gießarbeiten geeignet. Beim Warmlöten wird es als Lot verwendet (Lötzinn).
- **Aluminium** ist ein besonders leichtes und korrosionsbeständiges Metall. Es lässt sich leicht verformen, aber nicht für Lötverbindungen verwenden.
- **Eisen** kommt als Schmiedeeisen oder Stahl vor. Aus Baustahl sind Bleche, Drähte, Nieten und Schrauben. Aus festerem Stahl werden Werkzeuge (Bohrer etc.) hergestellt.

Draht, Bleche und Gewebe:

Man verwendet vorwiegend Draht in den Stärken 0,5 bis 4,0 mm. Draht gibt es in verschiedenen Härtestufen – hart, mittelhart und weich – und kann mit der bloßen Hand und mit Zangen gebogen werden. Gestalterisch eignet sich der Draht für lineare Darstellungen in der Fläche oder im Raum.

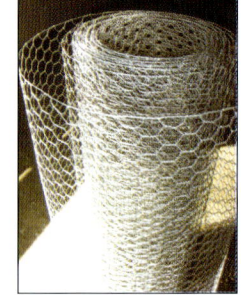

Metallgewebe für Draht-Papier-Arbeiten

Bleche aus Aluminium, Kupfer, Messing und Eisen (Stahl) lassen sich schneiden, biegen und verformen. Dafür verwendet man Materialstärken von 0,2 bis 1,0 mm. Metallfolien, die besonders für Prägearbeiten verwendet werden, sind dünner als 0,2 mm.

Metallgewebe sind in ihrem Grundmuster verwandt mit textilem Gewebe. Für die künstlerische Arbeit ergibt sich daraus die Möglichkeit, transparent und leicht zu arbeiten. Gemeint sind hier Gewebe mit unterschiedlicher Maschenweite, die auch für Draht-Papier-Arbeiten verwendet werden. Draht und Bleche in verschiedenen Stärken kann man in Eisenwarengeschäften oder Baumärkten erwerben. Meistens haben Schlossereien oder Metallwerkstätten auch eine Fülle an Reststücken, die günstiger abgegeben werden.

Werkzeuge:

- Flach-, Rund- und Spitzzange zum Biegen von Blechen und Draht
- Hebelschneider zum Durchschneiden von stärkerem Draht und Nägeln
- Schraubstock mit Backenfutter aus Holz, Pappe oder Blei
- Blechschere zum Schneiden von Blechen
- Metallsäge zum Durchtrennen von Metallstäben oder Rohren
- Hämmer (Eisenhammer, Schlosserhammer)
- Lötkolben (100–200 Watt)
- Lot, Lötwasser oder Lötfett, Salmiakstein
- Standbohrmaschine mit Spiralbohrern
- Feilen (rund, dreieckig, flach und halbrund in verschiedenen Größen) zum Bearbeiten von Schnittkanten der Metalle
- Metallzirkel
- Anschlagwinkel zum Anreißen

> **Wichtig!**
> **Schutzbrillen für Arbeiten, bei denen Metallstaub und Späne anfallen, aufsetzen.**

▥ Verfahren/Beispiele

Die grundlegenden Bearbeitungstechniken für Metalle sind beispielsweise das Biegen von Drähten und Blechstreifen, Schneiden von Blechen, Drücken, Prägen (Punzieren) und Lochen (Stanzen) von dünnen Blechen und Metallfolien. Beim Sägen, Bohren, Feilen und Schleifen werden Metallspäne abgehoben (spanabhebende Verformungstechniken).

Bearbeitungsmöglichkeiten

Biegen

Die kreative Auseinandersetzung mit dem Medium Draht ist aufgrund seiner linearen Eigenschaften zunächst an Formen gebunden, die der Zeichnung sehr ähnlich sind. Lineare Figuren, Umrisse, Profile oder auch ungegenständliche Gebilde lassen sich spontan aus verschieden starkem Draht biegen. Dennoch gibt es einen fließenden Übergang zur plastischen Arbeit. Aus Draht können auch räumliche Gebilde oder Raumkonstruktionen entworfen werden, die mit dünnem Papier, Folien oder auch Gipsbinden ergänzt werden, um das Volumen zu betonen. Für das Drahtbiegen eignen sich fast alle rohen und ummantelten Drahtsorten: Aluminiumdraht (1mm Stärke), Kupfer- und Messingdraht,

Plastik aus gebogenem Draht: Kommunikation

Eisendrähte (Bindedrähte) und Stahldraht. Beginnen sollte man allerdings mit dem sehr biegsamen Aluminiumdraht, der sich spielend mit den bloßen Händen in die gewünschte Form bringen lässt. Fehler können leicht korrigiert werden. Es bleibt kein Knick zurück. Harte Drahtsorten – dazu zählen z.B. die Eisendrähte (Bindedrähte) – erlauben keine Korrekturen.

Bei der Verwendung von Stahldraht ist zu berücksichtigen, dass zu der enormen Festigkeit und Härte auch die Elastizität hinzukommt: Stahldraht lässt sich nicht ohne Hilfsmittel bearbeiten und besitzt eine hohe Federkraft. Als Hilfsmittel für die Bearbeitung von härterem Draht werden Flach-, Rund- und Spitzzangen gebraucht.

Schneiden

Bleche können ebenso wie Papier geschnitten werden. Eine wichtige Erfahrung dabei ist, dass dünne Bleche wie Papier eine Laufrichtung, also eine Walzrichtung, haben. Entgegen dieser Laufrichtung lassen sich Bleche schwerer biegen. Bei den ersten Schneideversuchen kann auch der Umgang mit der Blechschere eingeübt werden.

Drücken, Prägen und Lochen

Beim Drücken oder Prägen (auch Treibziselieren oder Punzieren genannt) werden plastische Formen (Reliefs) durch Schlagen aus einer Metallfolie herausgearbeitet (herausge-

Skulptur aus einem gebogenen und geschnittenen Blech

trieben). Das Material wird so verformt, dass die Bildmotive aus der Fläche des Metalls reliefartig hervortreten. Als Werkstoff wird ein dünnes (0,2 bis 0,8 mm Stärke) Aluminium-, Messing- oder Kupferblech verwendet. Mithilfe einer Blechschere werden die gewünschten Bildformate zugeschnitten. (Vorsicht: Schnittkanten!) Eine Lage Zeitungspapier dient als Unterlage. Als Prägeinstrumente (Punzen) benötigt man Hartholzreste, Dübelhölzer oder Nägel mit abgerundeten Spitzen. Zum Lochen können Nägel oder Vorstecher verwendet werden. Zum Schlagen wird ein einfacher Schlosserhammer (200 g) verwendet.

In sehr dünne Metallfolien (dünner als 0,2 mm Stärke) können Linien mit einem spitzen Gegenstand, z.B. Kugelschreiber, eingeritzt werden. Um die herausgearbeiteten Bildformen hervorzuheben, können die Motive aus den Metallfolien auch herausgeschnitten und auf eine grundierte Holzplatte montiert werden.

Eine Metallfolie, die durch Drücken, Prägen und Lochen bearbeitet worden ist.

Verbinden

Zu den Verbindungstechniken bei der Arbeit mit dem Werkstoff Metall zählen beispielsweise das Nieten, Schrauben und Weichlöten.

Beim Nieten werden in die zu verbindenden Metallteile Bohrlöcher eingebracht, durch die der Nietenschaft eingeführt wird. Durch Niederschlagen wird der Nietenschaft gestaucht und die Metallteile fest miteinander verbunden. Die gleiche Wirkung kann man aber durch Verschraubungen erreichen. Auch hier werden Bohrlöcher in die Metallteile eingebracht, die anschließend mit Schrauben verbunden werden.

Beim Löten unterscheidet man Weich- und Hartlöten. Dem Hartlöten kommt auch das Schweißen gleich. Dabei werden die Metallstücke in teigigem oder flüssigem Zustand sehr fest miteinander verbunden. Diese Technik kommt im Schulgebrauch aufgrund der aufwendigen Vorrichtungen und Vorkenntnisse selten oder gar nicht vor. Insofern skizzieren wir hier kurz das Weichlöten:

Dazu benötigt man einen elektrischen Lötkolben (100–200 Watt), Lot, eine Verbindung aus Blei und Zinn – erhältlich in Stangenform –, Lötwasser (Zinkchlorid, Salmiak und Wasser) oder Lötfett und einen Salmiakstein.

Während man den Lötkolben auf die nötige Temperatur erhitzt, werden die Lötstellen mechanisch durch Abschaben gereinigt; anschließend wird Lötwasser oder -fett auf das Metall gestrichen. Diese Vorbereitung ist wichtig, weil dadurch das Lot beim anschließenden Löten besser fließen kann. Außerdem kommt es dadurch während des Lötvorgangs zu keiner neuen Oxydation auf der Lötstelle. Nach ausreichender Erhitzung wird die Lötkolbenspitze nun am Salmiakstein gereinigt und an das Lot herangeführt, um etwas Lot aufzunehmen (man „verzinnt" die Lötkolbenspitze). Das am Lötkolben haftende Lot wird auf die Lötstelle übertragen. Dabei wird das Metall durch die Berührung des Lötkolbens erwärmt. Je wärmer das Metall wird, desto besser kann sich das Lot auf der Fläche verteilen. Die verzinnten Lötflächen werden dann übereinandergelegt. Aufgrund der permanenten Erwärmung durch den Lötkolben verteilt sich das Lot schnell zwischen den beiden Flächen und verbindet beim Erkalten die Metallteile. Sollte dieser Vorgang nicht sofort gelingen, so liegt das an der unzureichenden Erhitzung des Lötkolbens. In diesem Fall muss die Arbeit wiederholt werden. Nach dem Erkalten des Metalls wird die Lötstelle gereinigt und getrocknet.

Oberflächen behandeln

Ränder von geschnittenen Blechteilen oder Metalloberflächen werden mit Feilen bearbeitet. Dazu wird das Metallstück in einen Schraubstock eingespannt. Man fasst die Feile mit beiden Händen am Griff und am vorderen Ende fest an und feilt mit leichtem Druck kurz und schnell über das Metall. Mit Schleifpapier in grober und feiner Körnung werden größere Oberflächen gesäubert. Auch mit Stahldrahtbürsten kann bei bestimmten Metallen, z. B. Aluminium, ein interessanter Effekt erzeugt werden: Durch das Bürsten erhält dieses Metall ein matt glänzendes, samtartiges Aussehen. Andere Metalle, z. B. Zinkbleche, können auch mit Stahlwolle und Scheuermitteln (Bimssteinpulver) bearbeitet werden.

Figuren aus Draht und Gips

Figuren aus einfachem Bindedraht gebogen (links) und mit Gipsbinden verkleidet (rechts)

Metallobjekt aus Fundsachen

Dieses Objekt wurde aus verschiedenen gefundenen Metallresten, Federn und Drahtgeflechten zusammengesetzt. Die handwerkliche Tätigkeit beschränkte sich bei diesem *objet trouvé* (→ Objekte) auf das Verbinden der einzelnen Metallteile.

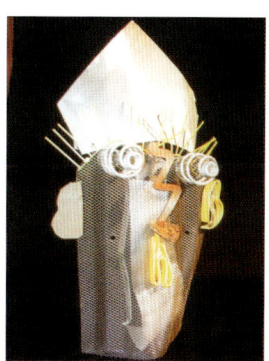

Der „metallische Bischof"

Doppelspirale nach Hugo Kükelhaus[15]

Für die Herstellung einer Doppelspirale – Doppelhelix – werden Kupferstreifen in ca. 0,3 mm Stärke, 15 mm Breite und 150 cm Länge benötigt. Als Werkzeug benötigt man einen Rundstab (Länge 30 cm und 20 mm Durchmesser) und eine Kartonrolle (Länge 30 cm und ca. 50 mm Durchmesser).

Zunächst wird der Holzstab an einem Ende schräg eingesägt, der Kupferstreifen anschließend in diesen Schlitz eingeführt und befestigt. Langsam wird danach der Kupferstreifen um den Holzstab gewickelt ①. Am Ende sollten noch ca. 90 cm übrig sein. Im nächsten Arbeitsschritt wird der Holzstab aus der Kupferspirale herausgezogen und die Spirale dann in die Kartonröhre eingeführt ②. Der restliche Teil des Kupferstreifens wird dann in der gleichen Drehrichtung um die Kartonröhre gewickelt – also zurück zum Anfang der ersten Spirale ③.

① ② ③

In seinem Buch „Entfaltung der Sinne" schreibt Hugo Kükelhaus:

„Wenn die Doppelhelix in Drehung versetzt wird, bewegen sich die äußere und die mit ihr verbundene innere Spirale so, dass wir eine Aufwärts- und eine Abwärtsdrehung wahrnehmen; die Augen folgen der Aufwärtsdrehung bis an den oberen Wendepunkt, an dem wir den sich anschließenden Abwärtsbewegungen zu folgen beginnen – und umgekehrt. [...]

Unsere Augen folgen dieser Erscheinung, weil sie ein Prinzip darstellt, das wir in unserem Leibe selber in vielfältiger Form erfahren, und die Augenwahrnehmung nicht nur optisch Informationen aufnimmt: Sehwahrnehmungen verbinden sich im Auge und im Gehirn mit den Erfahrungen des ganzen Leibes, hier besonders mit Gleichgewichts- und Wachstumserleben. Zwei Gegenbewegungen (zweidimensional) können nur (in der dritten Dimension) als gemeinsame Spirale

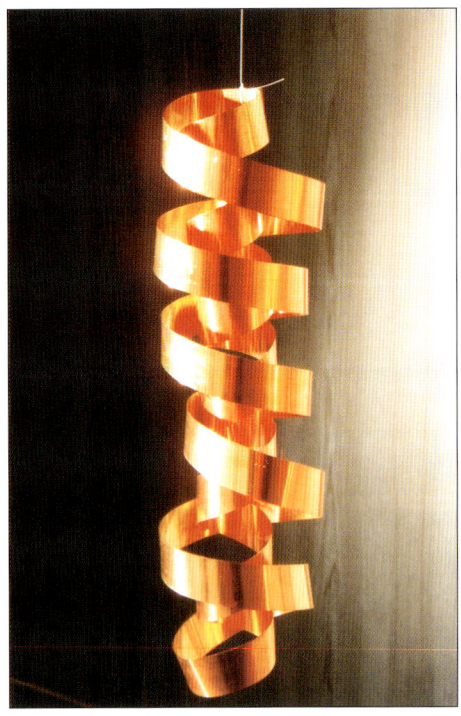

Die Doppelhelix nach Hugo Kükelhaus

---

15 Hugo Kükelhaus (1900–1984), Tischler, Künstler und Pädagoge, wurde durch das von ihm entwickelte Erfahrungsfeld der Sinne bekannt.

bzw. Doppelspirale sich miteinander zu einem Wechselspiel vereinigen. Diese besonders einfache Gestalt für einen hoch komplizierten Vorgang finden wir z. B. auch im Bild unserer Gene (DNS) wieder"[16]

Wie funktionieren „Tuckerboote" oder „Impulsboote"? Durch die beiden Rohre wird kaltes Wasser in das Rohrsystem eingeführt und anschließend das Boot zu Wasser gelassen. Danach erhitzt die Kerze unter dem Rohrsystem das Wasser, das dann impulsartig ausgestoßen wird. Dadurch wird das Boot in Fahrtrichtung vorangetrieben. Durch das im Rohrsystem so entstandene Vakuum wird erneut kaltes Wasser aus mehreren Richtungen eingeführt und dadurch ein geringer Impuls entgegen der Fahrtrichtung ausgeübt. Da der Ausstoß des heißen Wassers aber zielgerichteter und stärker ist, bewegt sich das Tuckerboot trotzdem ruckelnd in Fahrtrichtung.

Tuckerboote: Die Namen „Puff-Paff-Boote" bzw. „Knatterboote" beziehen sich auf den Antrieb.

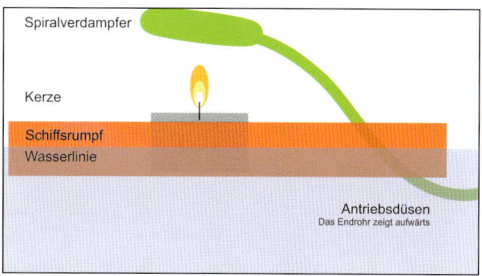

Funktionszeichnung des Tuckerbootes

Anregungen für die Bearbeitung von Lernsituationen

Praxissituation – für Jugendliche

Die Jugendlichen einer Einrichtung beschäftigen sich mit dem Thema „Bewegung" und haben dazu einen Museumsbesuch durchgeführt. Dort haben sie erfahren, dass Bewegung in vielen Kunstobjekten eine Rolle spielt und dass Kunstschaffende dazu sehr unterschiedlich gearbeitet haben. In der Gruppe wird beschlossen, bewegliche Objekte – Mobiles – herzustellen. Unterschiedliche Motive und Formen werden entwickelt, aus dünnen Blechen zugeschnitten und anschließend an Metallstäben aufgehängt. Als Anregung und Ausgangspunkt für diese Arbeit könnten Abbildungen von ALEXANDER CALDERS (1898–1976, amerikanischer Plastiker und Bildhauer), Metallobjekte und Mobiles herangezogen werden.

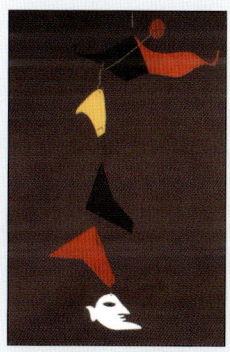

Alexander Calder: Fisch mit Menschenkopf, 1976

---

16 Kükelhaus, H./zur Lippe, R.: Entfaltung der Sinne, S. 89.

Praxissituation – für Kinder

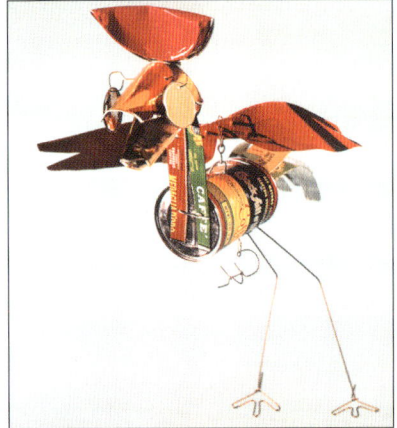

Zur Lernsituation „Umgang mit Wertstoffen": Dass Dosen und dünne bedruckte Bleche nicht einfach nur auf den Schrott oder in den Abfall gehören, sondern als Wertstoffe durchaus eine zweite Chance bekommen können, zeigt beispielsweise auch die Skulptur „Chock" (1972) von ALEXANDER CALDER: Aus Dosen, Blechstreifen und Kupferdraht wird diese Figur zusammengesetzt. Weitere Tierdarstellungen aus Dosenblech: Schmetterlinge, Echsen, Vögel u. a.

Alexander Calder: Chock, 1972

Weitere Anregungen

- Kleine Rundbilder, wie z. B. Fantasiegedenkmünzen
- Prägefolien, die anschließend auf die Seiten und den Deckel eines Holzkästchens geklebt werden können
- Porträtdarstellungen, die aus Metallfolie reliefartig herausgearbeitet und ausgeschnitten werden
- Fundsachen aus Metall nach eigenen Ideen collagieren, montieren und verfremden
- figürliche Arbeiten in Szene setzen
- Ideen für kreative Objekte bei einem Besuch auf dem Wertstoffhof sammeln, sich dabei von alten Geräten oder Industrieabfällen aus Metall inspirieren lassen
- Vergänglichkeit darstellen und fotografieren

Einfache Konstruktionen
- Geräte aus Draht: Sicherheitsnadeln oder Greifzangen
- Bewegungsmaschinen konstruieren

Klangobjekte
Dafür eignen sich unterschiedliche Metallteile – Bleche, dünne Rohre (Klangeigenschaften ausprobieren!). Diese Formen werden zu einem Mobile, das frei im Raum aufgehängt wird, zusammengefügt.

Projekt Fahrradwerkstatt
Im weitesten Sinne gehört natürlich auch die Reparatur von Fahrrädern in diesen Arbeitsbereich. Die Pflege und Instandsetzung von Fahrrädern kann gut in einer Aktion im Zusammenhang mit verkehrserzieherischen Maßnahmen (und eventuell einer Freizeitaktivität) mit Kindern und Jugendlichen durchgeführt werden.

Kommentar

Draht – insbesondere Aluminiumdraht – und dünne Folien zum Prägen sind auch für Kinder im Grundschulalter für die Bearbeitung geeignet. Es sollte allerdings bei den ersten Begegnungen mit dem Werkstoff Metall darauf geachtet werden, dass der Arbeitsprozess stets vom Einfachen zum Schwierigeren hin verläuft. Härtere Metalle in Form von Blechen und Drähten sind nur für Jugendliche geeignet. Hier setzt die Bearbeitung den sicheren Umgang mit den Werkzeugen (Standbohrmaschine oder Blechschere beispielsweise) und einen größeren Kraftaufwand voraus. Die Verfahren der Metallbearbeitung in sozialpädagogischen Lern- und Handlungssituationen sollten sich technisch und gestalterisch auf Grunderfahrungen mit dem Werkstoff Metall und auf einfache künstlerische Arbeiten beziehen.

Literaturhinweise

Baal-Teshuva: Alexander Calder 1898–1976, Köln, Taschen Verlag, 2013.
Lauinger, Martina: Alles Schrott? Ein Werkbuch zum Gestalten mit Altmetall, Bern, Haupt Verlag, 2013.
Wagner, Horst K./Schulz, Ruth L.: Schrott kreativ: Werken mit Altmetall, Staufen, ökobuch Verlag, 2010.

Glas

Beispiel für eine Verglasung:
Die Gestaltung des Südquerhausfensters des Kölner Doms stammt von dem bekannten Künstler Gerhard Richter.[3] Über 11000 farbige Glasquadrate wurden verwendet und nach dem Zufallsprinzip angeordnet. Die Einweihung des Fensters im August 2007 sorgte für internationales Aufsehen und Gesprächsstoff.

Einführung

Zu den bekanntesten Arbeiten mit dem Werkstoff Glas zählen beispielsweise bleiverglaste Fenster, welche in vielen Kirchen zu finden sind. In dieser traditionsreichen Technik werden religiöse Themen bildhaft umgesetzt. Auch einige Künstler, wie zum Beispiel Marc Chagall, haben monumentale Bleiverglasungen geschaffen. Bei einer näheren und genaueren Betrachtung des öffentlichen Raums, wird man sicherlich auch bei einigen älteren Häusern farbige Bleiverglasungen finden. Besonders bei Türen und Fenstern wurde zu Beginn des 20. Jahrhunderts diese dekorative Schmucktechnik häufig eingesetzt. Meistens wird man Motive pflanzlicher Art entdecken. Solche Beobachtungen können Anlass sein, um selbst einmal mit dem Werkstoff Glas zu arbeiten. Weiterhin kann Glas als Malgrund dienen, der mit speziellen Farben bemalt wird. Das Verfahren der Glasmalerei ist eine besondere Maltechnik, die zwar selten eingesetzt wird, aber dennoch ihren eigenen Reiz hat .

---

3 **Gerhard Richter** (geboren am 9. Februar 1932 in Dresden), international bekannter Maler, Bildhauer und Fotograf, lebt in Köln.

 **Mittel und Materialien**

Farbige Glasstücke (Reste aus Glas verarbeitenden Betrieben), Glasscheiben (Klarglas), Fensterkitt, Pulverfarbe, Glasmalfarben, Glaskleber
Werkzeuge: Glasschneider, Pinsel
Zubehör: Bleistifte, Radiergummi, Lineal, Transparentpapier, Klebeband

■ Verfahren/Beispiele

Glasklebebild: Die farbigen Glasstücke wurden auf eine Scheibe geklebt. Die Zwischenräume wurden anschließend mit eingefärbtem Fensterkitt verfugt.

Glasmosaik

Das Glasmosaik hat, im fertigen Zustand, große Ähnlichkeit mit einer Bleiverglasung. Dennoch gibt es wesentliche Unterschiede. Um das Mosaik herzustellen, benötigt man kein Bleiband. Auch ist die gesamte Herstellungsweise viel einfacher als die Technik der Bleiverglasung.

Wie für viele andere Arbeiten, so muss man auch für ein Glasmosaik zuerst einen Entwurf machen. Am besten macht man diesen auf Transparentpapier.

Dabei ist zu beachten, dass die Entwurfszeichnung großzügig angelegt wird. Kleine Formen, Rundungen oder sogar Kreise sollten vermieden werden. Der Entwurf sollte aus Flächen bestehen, zwischen denen ein Abstand von etwa 5 mm ist.

Ist der Entwurf fertig, wird er mit Klebeband unter eine Klarglasscheibe geklebt. Nun beginnt das Zuschneiden der farbigen Glasreste. Mit dem Glasschneider werden die Glasstücke kräftig angeritzt und über einem Hölzchen (oft genügt ein Streichholz) gebrochen. Da die Entwurfszeichnung unter der Glasscheibe liegt, kann gut kontrolliert werden, ob die zugeschnittenen Stücke die richtige Form haben und genau in den Entwurf passen.

Wenn die Schneidearbeiten beendet sind und alle Glasstücke auf der Scheibe liegen, beginnt das Aufkleben mit einem speziellen Glaskleber. Nach dem Aufkleben der Glasstücke hat man schon einen guten Eindruck von der Gesamtwirkung des Glasmosaiks.

„Klassische" Verglasung, wie sie früher, z. B. in der Zeit des Jugendstils, bei Fenstern üblich war. (Detail aus einem größeren Fenster)

Als Nächstes werden die Abstände zwischen den Glasstücken gefüllt. Hierzu nimmt man normalen Fensterkitt, der mit Pulverfarbe, z. B. Dunkelbraun oder Schwarz, vermengt und durchgeknetet wird. Der nun dunkel eingefärbte Kitt wird, wie man es auch mit einer Knetmasse machen kann, zu langen dünnen „Würsten" gerollt und mit den Fingern in die Vertiefungen zwischen den Glasstücken gedrückt und geglättet.

In der Gesamtwirkung kommt das fertige Glasmosaik der traditionellen Bleiverglasung sehr nahe. Dabei ist zu bedenken, dass eine Bleiverglasung letztlich das Fenster selbst ist. Das Mosaik ist eher eine Collage von „Glas auf Glas". Die Gesamtgröße des Glasmosaiks sollte etwa bei 30 cm x 40 cm (oder größer) liegen, da das Schneiden von sehr kleinen Glasstücken Probleme machen würde. Das fertige Glasmosaik kann beispielsweise mit Winkelhaken vor einem Fenster befestigt werden.

Hinterglasmalerei

Die Hinterglasmalerei gehört, wie der Name schon sagt, zu den Maltechniken. Eine Besonderheit ist dabei, dass mit speziellen Glasfarben auf einer Glasscheibe gemalt wird. Eine zweite Besonderheit liegt in der Art und Weise, wie das Bild gemalt wird.

„Normalerweise" entsteht ein Bild, indem zuerst Flächen großzügig angelegt werden. Dann beginnen die genaueren Ausarbeitungen. Zuletzt werden die Feinheiten, besondere Details oder letzte Korrekturen gemalt. Bei der Hinterglasmalerei ist es genau umgekehrt. Man beginnt mit den Details, den Konturen, den feinen Linien und den Glanzlichtern. So wird das Bild von „vorne nach hinten" aufgebaut. Zuletzt wird die Hintergrundfarbe gemalt. Diese Art der Arbeitsweise ist notwendig, da das gemalte Bild, wenn es von vorne betrachtet wird, hinter der Glasscheibe ist.

Hinterglasmalerei: Aktuelles Beispiel aus dem Senegal

Für eine Hinterglasmalerei sollte man eine möglichst genaue Vorstellung des Bildes haben. Es ist sinnvoll, das Bild zunächst auf Papier zu malen. Von diesem Entwurf kann man dann, mit mehreren Transparentpapieren, Farbauszüge machen. Das heißt, die verschiedenen Malschichten werden auf jeweils ein Blatt Transparentpapier übertragen bzw. durchgepaust. Werden alle Blätter wieder übereinander gelegt, so hat man einen guten Eindruck von der kompletten Arbeit. Wenn alle Vorarbeiten beendet sind, können die Farbauszüge Blatt für Blatt (mit den Details beginnend) auf die Glasscheibe gepaust und ausgemalt werden.

Für eine Malerei dieser Art sind deckende Glasmalfarben geeignet. Es gibt aber auch transparente Glasmalfarben, mit denen durchscheinende Farbschichten hergestellt werden können. Für den Anfang, um Experimente zu machen und erste Erfahrungen zu sammeln, sind diese Farben gut geeignet. Man kann ohne besondere Vorzeichnungen auf dem Glas malen. Zur Kontrolle lässt sich die Glasscheibe während der Arbeit immer wieder gegen das Licht halten.

Statt einer Glasscheibe ist auch eine Acrylglasplatte als Malfläche geeignet. In der Regel ist Acrylglas preiswerter und zerbricht auch nicht.

Eine Hinterglasmalerei mit deckenden Farben kann, wie jedes andere Bild auch, mit einem Rahmen an die Wand gehängt werden.

Eine Glasmalerei mit transparenten Farben wirkt erst dann, wenn das Licht hindurchscheint. Daher sollte man diese Arbeiten vor ein Fenster hängen oder von hinten mit einer Lichtquelle beleuchten.

Details

Anregungen für die Bearbeitung von Lernsituationen

Praxissituation – für Kinder

Regenbogenbild: Die farbig verglasten Fenster einer Kirche in der Nähe der Einrichtung sind Anlass, um sich selbst einmal mit dem Werkstoff Glas zu befassen. Die Kinder malen mit durchscheinenden Glasmalfarben eine Landschaft mit Regenbogen auf eine Glasscheibe. Gerade mit diesen Farben lassen sich sehr interessante Farbmischungen oder Farbverläufe erzielen. Werden die fertigen Arbeiten gegen das Licht gehalten oder vor ein Fenster gehängt, haben sie die beste Wirkung.

Praxissituation – für Jugendliche

Blattmosaik aus Glas: Die farbig verglasten Fenster einer Kirche in der Nähe der Freizeiteinrichtung sind Anlass, um sich selbst einmal mit dem Werkstoff Glas zu befassen. Eine Collage aus gesammelten und aufgeklebten Blättern wird in ein Glasmosaik übersetzt. Dabei werden alle Formen großzügig vereinfacht und alle gebogenen Linien mit dem Lineal in gerade Linien umgewandelt.

Weitere Anregungen

Glasmosaik
- Darstellung von Tieren mit vereinfachten Formen
- Darstellung von Blüten und Pflanzen

Glasmalerei
- Stillleben „Flaschen und Gläser" – mit transparenten Glasmalfarben
- Landschaft – mit deckenden Glasmalfarben
- eine Schrifttafel, zum Beispiel ein großes ausgeschmücktes Wort – mit deckenden Glasmalfarben
- ein Bild in der Art eines Comics – mit deckenden Glasmalfarben

Experimentieren
- freie Arbeiten mit farbigem Glas, z. B. Farbkontraste
- Offenheit und Transparenz in der Architektur in Gebäudemodellen aus Kunststoffglas zum Ausdruck bringen

Kommentar

Glas ist ein Material, mit dem selten gearbeitet wird. Viele befürchten sicher, dass man sich an den scharfen Kanten verletzen kann. Falls man nicht mit der gebotenen Vorsicht arbeitet, kann dies auch schnell passieren. Daher sollte man ein Glasmosaik nur dann mit Jugendlichen machen, wenn alle Arbeitsprozesse, besonders das Schneiden des Glases, mit der nötigen Vorsicht durchgeführt werden. Um gerade diesen Arbeitsvorgang gut beaufsichtigen zu können, sollte man einen besonderen Schneidetisch einrichten. Nur an diesem Tisch werden alle Glasschneidearbeiten durchgeführt.

Auch eine Hinterglasmalerei mit deckenden Farben ist eher mit Jugendlichen zu machen, da ein Verständnis für die besondere Art des Bildaufbaus (mit den Details beginnend, sozusagen „rückwärts" malen) von Kindern nicht erwartet werden kann.
Dagegen lässt sich eine einfache Glasmalerei mit transparenten Farben sowohl mit Kindern als auch mit Jugendlichen gut durchführen. Hier muss nicht auf irgendwelche Besonderheiten Rücksicht genommen werden. Auch lassen sich grundlegende Erkenntnisse der Farbenlehre von dieser Malweise besonders anschaulich ableiten, zum Beispiel wenn gelbe und blaue Farbschichten übereinander gemalt werden und zusammen Grün ergeben.

 **Literaturhinweise**

Bretz, Simone: Hinterglasmalerei ... die Farben leuchten so klar und rein: Maltechnik – Geschichte – Restaurierung, München, Klinkhardt & Biermann, 2013.
Belz, Corinna: Gerhard Richter – Das Kölner Domfenster. Eine Dokumentation, Berlin, zero one film, 2007.
Rodi, Bruno: PraxisWissen Mosaik: Geschichte – Material – Grundtechniken – Spezialtechniken – Objekte: Tipps und Tricks-Galerie, Stuttgart, Frechverlag, 2011.

Weitere plastische Werkstoffe

Objekt aus Pappmaschee: Ein Monster tritt auf

Objekt aus Pappmaschee: Leuchtturm? Kaffee-kanne? – auf jeden Fall eine Spardose

Einführung

Um praktisch zu arbeiten, muss nicht immer ein konkretes Erlebnis vorliegen bzw. voran-gehen. Wenn eine Erzieherin oder ein Erzieher beispielsweise das Vorstellungsvermögen und die Motorik von Kindern oder Jugendlichen fördern will, ist ein plastisches Arbeiten dazu hervorragend geeignet. Neben Ton, Gips und Stein bieten sich für das plastische Arbeiten noch viele andere Werkstoffe an. Diese plastischen Massen sind alle gebrauchs-fertigen Knetmassen oder Holzknetmassen in Pulverform, die mit Wasser angerührt wer-den müssen. Oft sind die Bezeichnungen Fantasienamen der Hersteller, womit meistens die Verarbeitungsweisen, z. B. lufttrocknend oder nicht, gemeint sind. Beim Kauf sollte dar-auf geachtet werden, dass die Knetmassen ungiftig, gut auswaschbar und an den Händen nicht färbend sind. Fast alle Modelliermassen eignen sich gut, um später mit Farben, z. B. mit Plakatfarben, bemalt zu werden.
Hier eine kleine Auswahl.

 ## Mittel und Materialien

Backofenton: Dies ist eine dem Ton sehr ähnliche Masse, die jedoch bei 120 Grad Celsius im Backofen gehärtet wird.

Dauerknetmasse: Eine Knetmasse, die, auch wenn sie längere Zeit offen liegt, dennoch weich und geschmeidig bleibt.

Knetbienenwachs: Hierbei handelt es sich um naturhellen oder farbigen Knetwachs, der einen angenehmen Duft hat. Daneben gibt es auch dünne Wachsfolien, die für Verzierungen gut geeignet sind.

Modelliermasse: Bei den gebrauchsfertigen Modelliermassen gibt es zwei verschiedene:

- lufttrocknende,
- im Backofen aushärtend.

Sie sind meistens in weißer oder rötlicher Färbung erhältlich. Modelliermasse, die nicht benötigt wird, muss stets luftdicht und etwas feucht verwahrt werden, da sie sonst schnell austrocknet und unbrauchbar wird.

Kopf aus Modelliermasse

Pappmaschee: Das Pappmascheepulver muss mit Wasser angerührt werden. Es ist gut zu verarbeiten und trocknet langsam an der Luft. Wer Pappmaschee selbst herstellen möchte, kann dies mit klein gerissener Zeitung oder Eierkarton und angedicktem Tapetenkleister machen.

Anregungen für die Bearbeitung von Lernsituationen

Praxissituation – für Kinder

Ertasten und Nachformen: Eine Erzieherin oder ein Erzieher hat sich vorgenommen, den Tastsinn und die Motorik der Kinder zu fördern. Dazu wird einiges vorbereitet. Aus einem größeren Pappkarton wird die Rückwand herausgeschnitten. In die Vorderseite wird ein kleines rundes Loch geschnitten, in welches eine Hand gerade hineinpasst. Der ganze Karton wird von außen mit schwarzem Papier beklebt. (Das Schwarze erhöht die geheimnisvolle Wirkung des Ganzen.) Vor das runde Loch kommt ein kleiner geteilter Vorhang aus schwarzem Stoff. Von hinten legt die Erzieherin oder der Erzieher, ohne dass die Kinder es sehen, einige einfache Alltagsgegenstände hinein. Nacheinander greifen die Kinder in den Karton, nehmen einen Gegenstand in die Hand (oder bekommen ihn gereicht) und versuchen, durch Ertasten herauszufinden, was es wohl sein könnte. Danach versuchen sie das, was sie erfühlt haben, aus Knetmasse nachzubilden. In einem gemeinsamen Gespräch können später die Produkte angeschaut und mit den „Originalen" verglichen werden.

Praxissituation – für Jugendliche

Einen „Star" modellieren: Viele Jugendliche haben „Idole" in der Musik und Popkultur. Daher wird in einer Freizeiteinrichtung angeboten, den „Star" selbst einmal zu modellieren. Dazu bringen die Jugendlichen ihre Zeitschriften, Poster, Postkarten etc. mit. Zunächst wird über die Größe der Figuren gesprochen. Eine Höhe von etwa 30–35 cm ist für diese Arbeit ideal. Eine lufttrocknende Modelliermasse ist am besten geeignet, um „seinen Star in Form zu bringen".

Weitere Anregungen

Kleine Gefäße aus Knetmasse, Figuren aus Modelliermasse, ein Kopf aus Pappmaschee, verschiedene Tiere aus Backofenton, Knetwachsblüten, Blätter, Aststücke, Münzen, Knöpfe etc. Auch Spielzeugteile und Ähnliches können in die weiche Masse hineingedrückt werden, wodurch Prägungen entstehen. Ebenso lassen sich Draht, Seilstücke oder Kartonfetzen in die Plastik einarbeiten. Mit Holzstäbchen und Zahnspachteln lässt sich die Oberfläche aufrauen oder mit Mustern versehen. Es kann auch einfach frei mit Pappmaschee, Draht und Kleister gearbeitet werden.
Eine weitere Möglichkeit ist es, aus Draht und Pappmaschee Bühnenobjekte zu konzipieren und zu realisieren. Räume lassen sich durch farbige Objekte beleben.

Kommentar

Etwas mit den Händen aus einem Stück Knetmasse zu formen und so Gestalt zu geben, ist ein sehr ursprünglicher und schöpferischer Prozess, bei dem die Sinne stark angesprochen werden. Neben einigen Hilfsinstrumenten sind hier die Hände die wichtigsten Werkzeuge. Anders als beim Malen sind beim plastischen Arbeiten beide Hände gleichwertig am Arbeitsprozess beteiligt. Diese Arbeitsweise beinhaltet somit eine gute Möglichkeit, um die Sensibilität und beidhändige Feinmotorik von Kindern und Jugendlichen zu schulen.
Darüber hinaus werden durch das Arbeiten mit plastischem Material das räumliche Vorstellungsvermögen und die Darstellungsfähigkeiten gefördert. Bei den ersten Versuchen mit unbekannten Werkstoffen wäre es nicht sinnvoll, übergroße, komplizierte und feingliedrige Objekte herzustellen. Möglicherweise kämen dabei nur unnötige Probleme (beispielsweise könnte das Objekt kippen oder dünne Teile könnten abbrechen) hinzu. Vielmehr sollte man bei den Formversuchen mit kleinen und überschaubaren Objekten beginnen.
Die hier vorgestellten Werkstoffe beschränken sich im Wesentlichen auf gebrauchsfertige knetbare Massen, die problemlos verarbeitet werden können und schnell zu Ergebnissen führen.
Das plastische Arbeiten fördert hier besonders: Tastgefühl, Fingermotorik, Vorstellungsfähigkeit und Umsetzungsvermögen.

 **Literaturhinweise**

Leber, Hermann/Starzinger, Susanne: Plastisches Gestalten: Grundlagen und Modellsituation für Lehre und Lernen im Plastischen Gestalten, Regensburg, Universitätsverlag Regensburg, 2008.

Papier

Klappbild: weißes Papier auf schwarzem Karton

Einführung

Papier dient meistens zum Zeichnen oder Malen, zum Druck von Grafiken, zur Herstellung von Collagen, zum Modellbau oder Ähnlichem.

Doch mit Papier lässt sich auch eine Vielzahl von einfachen bis schwierigen Arbeiten herstellen. Gemeint sind hier in erster Linie alle Schneide-, Falt- und Klebearbeiten mit den unterschiedlichsten Papiersorten. Feiern und Feste im Jahreskreis sind die häufigsten Anlässe, bei denen mit Papier gearbeitet werden kann. Aber auch eine eingehendere Beschäftigung mit dem Thema Collage (→ Collage) kann mit den Techniken der Papierverarbeitung verknüpft werden. Eine besondere Technik ist beispielsweise die Kunst des Papierfaltens (Origami). In Japan besteht eine lange Tradition in dieser kunstvollen Technik. Neben den traditionellen Falttechniken gibt es noch zahlreiche andere Möglichkeiten des Arbeitens mit Papier. Auch die Themen „Papierherstellung" oder „Papier marmorieren" können für Kinder und Jugendliche eine spannende Sache sein.

Mittel und Materialien

Alufolie: Diese glänzenden Bastelfolien sind als Einzelblätter oder in Rollenform erhältlich.

Marmoriertes Papier: Solche Papiere werden zum Bekleben von Mappen, Buchdeckeln oder Schachteln verwendet. Marmoriertes Papier kann man auch selbst herstellen (→ Verfahren).

Origami – Faltpapier: Die Faltpapiere gibt es als Set in unterschiedlichen Farben zu kaufen. Teils sind die Papiere einfarbig, teils mit Mustern bedruckt.

Packpapier: Für größere Arbeiten sind braune, graue oder andersfarbige Packpapiere gut zu verwenden. Sie haben eine raue und eine glatte Seite. Die raue Seite ist beispielsweise für Kohle- oder Kreidezeichnungen geeignet.

Regenbogenpapier: Diese Papiere zeigen sanfte Farbverläufe in den Regenbogenfarben.

Seidenpapier: Zum Hinterlegen von Schneidearbeiten sind farbige Seidenpapiere gut geeignet.

Schwarzpapier: Beispielsweise Scherenschnitte lassen sich aus dem dünnen Papier anfertigen.

Transparentpapier: Ähnlich wie mit Seidenpapier lassen sich Schneidearbeiten mit farbigem Transparentpapier hinterlegen.

Auch mit Papierresten oder dünnen Abfallpapieren kann man Schneide- und Faltexperimente durchführen. Es ist sinnvoll, dafür eine Mappe oder Sammelbox anzulegen.

Zubehör: Außer Bleistift, Radiergummi und Lineal sind eine gute, spitze Papierschere und ein Schneidemesser die wichtigsten Arbeitsinstrumente. Zum Kleben sollten lösungsmittelfreie Klebstoffe verwendet werden. Dicke Pappen oder Holzbretter dienen als Schneideunterlage.

Verfahren/Beispiele

Klappbilder

Aus einem schwarzen Papier werden Teile herausgeschnitten und auf die gegenüberliegende Seite geklappt. Dieser Vorgang kann so oft wiederholt werden, bis eine zufriedenstellende Lösung erreicht wird. Klappbilder erhalten ihre Wirkung durch die Figur-/Grund-Wechselwirkung bzw. Positiv-/Negativ-Erscheinung.

Origami

Origami ist die Kunst des Papierfaltens. Für diese Technik verwendet man spezielle Buntpapiere, die entweder einseitig oder beidseitig eingefärbt sind. Zu den Hauptmotiven dieser Falttechnik zählen Tiere verschiedenster Art. In der Fachliteratur findet man eine Fülle von Beispielen zum Nachfalten.

Ein Detail aus dem Einstiegsbeispiel zeigt die genaue senkrechte Klappachse in der Mitte

Papier marmorieren

Marmorierte Papiere findet man als Vorsatzpapiere (= vor dem Satz – dem Gedruckten) in älteren Büchern. Die Innendeckel der Bücher wurden mit solchen handgemachten Papieren beklebt. Heutzutage werden Vorsatzpapiere maschinell hergestellt.

Um mit der Technik vertraut zu werden, sollte man zunächst mit einem Set (aus dem Fachhandel) experimentieren. So ein Set enthält alle dazu notwendigen Dinge wie Marmorierfarben, Marmoriergrund, Beiz- und Konservierungsmittel, eine Schale, Papier und einfache Arbeitsinstrumente, wie z. B. Stäbchen oder Kämme.

Das Verfahren ist einfach und fördert gleichzeitig die Experimentierfreude. In eine mit Marmoriergrund gefüllte Schale wird Farbe geträufelt. Mit Stäbchen oder selbst hergestellten kleinen Pappkämmen lassen sich nun Muster hineinziehen. Wenn eine zufriedenstellende Farbmischung erreicht ist, wird vorsichtig ein (gebeiztes) Papier darauf gelegt, leicht angedrückt und vorsichtig wieder abgezogen. Die Farbe haftet nun auf dem Papier. Unter fließendem Wasser werden nicht haftende Farbpartikel abgewaschen. Das Blatt wird zum Trocknen weggelegt und ein neuer Versuch kann beginnen.

- Statt auf Papier kann diese Technik auch auf Stoff, z. B. auf Seide, ausprobiert werden.
- Eine Zugabe von Ochsengalle bewirkt, dass sich die Farbtropfen auf dem Marmoriergrund ausbreiten.
- Für die Marmorierversuche sollten mehrere Schalen und genügend Papier zur Verfügung stehen.

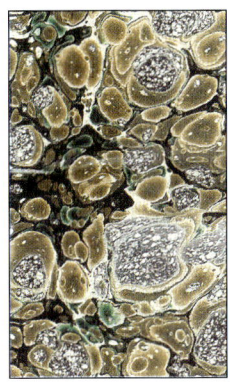

Zwei Beispiele für die Kunst des Marmorierens von Papier

Papier selbst herstellen

Wer einmal Papier selbst schöpfen möchte, bekommt in Fachgeschäften einen speziellen Zellstoff. Dieser wird zerkleinert und mit Wasser eingeweicht. Nach etwa zwölf Stunden wird der entstandene Brei gut durchgerührt. Um zu experimentieren, kann man dem Brei Zusätze hinzufügen; zum Beispiel Leim, Farbe, grobe Fasern, Fadenstücke oder zerkleinertes Löschpapier. Danach wird der Faserbrei, der auf der Wasseroberfläche schwimmt, mit einem Schöpfsieb vorsichtig herausgehoben. Das Blatt wird nun zwischen zwei Küchenhandtücher gelegt, die das überschüssige Wasser aufsaugen. Dann wird das Blatt zum Trocknen aufgehängt. Zuletzt muss das Papier noch gepresst werden. Wenn keine Presse zur Verfügung steht, kann man das Papier zwischen zwei dicke Pappen, z. B. Trocknungspappen für den Tiefdruck, legen und mit einem Gewicht, z. B. einem großen Stein, beschweren.

Papier spalten

Eine Scheibe aus blauem Papier wird in verschieden breite Streifen zerschnitten. Dann werden die Streifen mit etwas Abstand und leicht versetzt auf einen weißen Untergrund geklebt. So entsteht eine rhythmische Abfolge von Blau und Weiß. Auch wenn diese Übung einfach klingt, so ist sie doch gut geeignet, um ein rhythmisches Formgefühl zu entwickeln und auszuprägen. Ähnliche Übungen lassen sich mit Quadraten, Rechtecken oder Dreiecken aus schwarzem Papier machen.

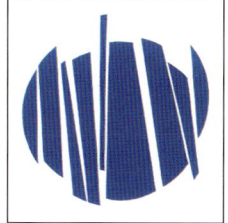

Beispiel für das Spalten von Papier

Webarbeiten

Farbige Papiere, z.B. Regenbogenpapiere, werden in schmale Streifen von etwa 5–8 mm geschnitten und dann schachbrettartig ineinander verwoben. So eine Arbeit lässt sich beispielsweise auch mit zwei farbigen Fotos aus Zeitschriften oder zwei Schwarzweißbildern aus Zeitungen machen.

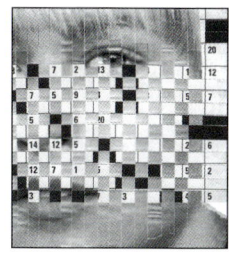

Gewebte Papierstreifen, Detail aus einer größeren Arbeit

Scherenschnitt

Scherenschnitte werden meistens aus dünnem, tiefschwarzem Spezialpapier angefertigt. Auf einem weißen Untergrund wirken die Arbeiten am besten. Mit einer guten Schere und etwas Übung lassen sich auch Formen mit größeren Feinheiten aus dem Papier herausschneiden. Bei dem Wort „Scherenschnitt" denken die meisten wahrscheinlich zuerst an Gesichter, die aus schwarzem Papier in der Profilansicht dargestellt werden.

Reihung: Weißes Papier auf schwarzem Karton

Darüber hinaus gibt es noch eine Fülle an Möglichkeiten in der Scherenschnitttechnik. Wie bei allen Schneidetechniken sind Probieren und Austesten wichtige Phasen des Arbeitsprozesses.

Reihungen

Ein Papierstreifen wird leporelloartig (= in Ziehharmonikaform) geknickt.

Mit einer spitzen Schere werden Teile herausgeschnitten, bis die gewünschte Form erreicht ist. Wieder auseinandergefaltet, erhält man eine Reihung der Form. Je nachdem, wie geschnitten wird, kann die Reihung als Positiv oder Negativ erscheinen.

Reihung: *Gelbes Papier auf schwarzem Karton*

Anregungen für die Bearbeitung von Lernsituationen

Praxissituation – für Kinder
Märchenlaterne: Anlässlich einer anstehenden Weihnachtsfeier in einer Einrichtung soll verschiedener Fensterschmuck hergestellt werden. Gerade aktuelle und besprochene Märchen- und Kinderbücher können hier Anregungen für die Bildmotive geben. Eine Laterne wird aus vier Scherenschnitten, festem Karton und farbigen Transparentpapieren hergestellt.

Praxissituation – für Jugendliche
Grußkarten: In einer Freizeiteinrichtung will man einzigartige und besondere Grußkarten herstellen. Dafür bietet sich die Technik des Marmorierens von Papier an. Aus den selbst hergestellten marmorierten Papieren werden später die interessantesten Teile in etwa 7 cm x 7 cm Größe herausgeschnitten und auf Klappkarten aus etwas festerem Karton geklebt. Die Karten können nun von Hand beschriftet werden. So entstehen sehr persönliche Grußkarten.

Weitere Anregungen

Klappbilder

- Klappbilder mit einfachen geometrischen Formen
- Gesichter, eine Blumenvase, ein Blatt, ein Name etc.

Reihungen
- einfache Figurenketten mit Tier-, Baum-, Pflanzen- oder Blättermotiven

Scherenschnitte
- Porträts (in der Seitenansicht) im Scherenschnittverfahren herstellen
- ein Fensterbild herstellen und mit farbigem Transparentpapier hinterkleben

Webarbeiten
- ein Lesezeichen in der Webtechnik

Experimentieren
- Papier schöpfen mit experimentellen Zutaten (bunte Fadenstückchen, Farben, grobe Fasern, Grashalme, Blüten etc.)
- Transparentpapiere in verschiedenen Farben mit Kleister oder anderen Klebern zu Collagen verarbeiten
- mit dünnem Draht und dünnem Seidenpapier filigrane Objekte realisieren, deren Standfestigkeit schon durch leichte Luftströmungen aus dem Gleichgewicht gebracht werden kann
- aus bedrucktem Papier – Zeitungen und Illustrierten – Objekte herstellen und präsentieren
- Gegensätze – groß/klein oder schwer/leicht – mit Papierobjekten darstellen

Kommentar

Das Arbeiten mit Papier fördert besonders das manuelle Geschick von Kindern und Jugendlichen. Weiterhin wird beispielsweise bei der Herstellung von Klappbildern auch die Fähigkeit des Vorausdenkens (Was wird herausgeschnitten? Was bleibt stehen?) angesprochen. Das Denken in Kontrasten, die Erzeugung von Spannungen, die Entwicklung eines Gefühls für rhythmische Abfolgen und Ähnliches sind wichtige Lernaspekte, die in späteren Altersstufen weiterentwickelt werden können. Bei einem Thema wie „Papier marmorieren" sind bestimmte Arbeitsschritte zu durchlaufen, um zum Erfolg zu kommen. Hier steht, neben der Nachvollziehbarkeit von Arbeitsprozessen, die Entwicklung einer ausgiebigen Experimentierfreude im Vordergrund.

 **Literaturhinweise**

Baumann, Barbara: Papierschmuck. 55 Projekte aus verschiedenen Papiersorten, Bern, Haupt Verlag, 2013.
Ishaque, Labeena: Wohnen mit Papier. Tische, Stühle, Schalen und andere selbst gemachte Objekte aus Papier, Bern, Haupt Verlag, 2009.
Jackson, Paul: Von der Fläche zur Form: Falttechniken im Papierdesign, Bern, Haupt Verlag, 2011.
Michalski, Ute/Michalski, Tilman: Werkbuch Papier, Ravensburg, Ravensburger Verlag, 2007.
Täubner, Armin: Origami für alle: Mit vielen Anwendungen, Stuttgart, Frechverlag, 2009.
Zeier, Franz: Papier: Versuche zwischen Geometrie und Spiel, Bern, Haupt Verlag, 2013.

Bücher binden

Buchgestaltung: Leinen-, Halbleinen- und Ledereinbände

Einführung

Die Herstellung und Gestaltung eines Bucheinbandes setzen immer eine Beschäftigung mit dem Inhalt des Buches voraus. Der Umschlag für eine Zeitschriftenreihe wird anders ausfallen als die Gestaltung der Einbanddeckel für ein persönliches Tagebuch, eigene Texte, Gedichte oder Illustrationen. Immer wird man aber feststellen, dass diese alte Technik, leere oder bedruckte Papierseiten zu einem Buch zusammenzubinden, genaues Arbeiten, Geduld und Zeit erfordert.

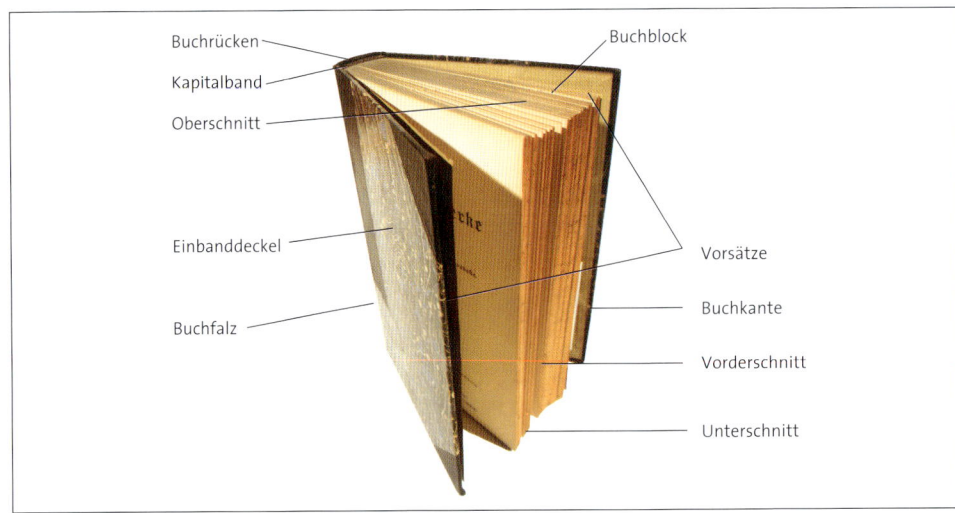

Aufbau des Buches

In diesem Kapitel geht es zunächst um die Grundtechnik des Bücherbindens. Die Beispiele und Arbeitsanregungen zeigen, wie das Medium Buch auch zum Thema künstlerischer Bearbeitung gemacht werden kann.

 ## Mittel und Materialien

Ein Stapelschneider zum Beschneiden der Kanten des Buchblocks ist notfalls entbehrlich. Man könnte in einem Fotokopierladen den geleimten Buchblock beschneiden lassen oder aber auf diesen Vorgang auslassen. Eine Vorrichtung für die Klebebindung muss aber unbedingt vorhanden sein. Es ist nicht schwer, eine einfache Ausführung selbst zu bauen (siehe Abbildung). Ebenso gehört eine Stockpresse zur unverzichtbaren Ausstattung einer kleinen Buchbinderei. Außerdem werden benötigt: Papiere für den Buchblock, Graupappe in 1–2 mm Stärke, Buchbinderleinen, Buchbinderleim (Planatol BB und Planatol 152), Gaze, Bezugspapiere (Marmorpapiere), Kapitalband und Lesebändchen, Vorsatzpapier, Pack-

Stockpresse

papier, Zeitungspapier als Arbeitsunterlage. Werkzeuge: Schere, Bleistift, Maßstab aus Metall, Falzbein, Leimpinsel, Bastelmesser, Stockpresse mit Pressbrettern, Lumbeckvorrichtung, Hebelschneider und eventuell Stapelschneider. Die Materialien zum Buchbinden sind in Spezialgeschäften für Buchbindereibedarf erhältlich.

■ Verfahren: Herstellen eines Bucheinbandes

Einspannen der Buchseiten

Auftragen des Buchbinderleimes

1. Kaltklebetechnik

Die bedruckten oder auch leeren Seiten (unterschiedliche Größen: DIN-A5 oder DIN-A4 usw.) werden so lange gestoßen, bis alle Seiten übereinander liegen. Zwischen zwei gefalzte Vorsatzpapiere (im Buchblockformat) wird der Stapel nun eingelegt und anschließend in die Vorrichtung für die Kaltklebebindung eingespannt. Es ist wichtig, dass der Buchblock mit der Klebekante ca. 6–7 cm aus der Vorrichtung herausschaut. Die Seiten werden zu einer Seite hin so umgeschlagen, dass sie aufgefächert auf der Unterlage liegen.

Nun wird der Buchbinderleim Planatol BB aufgetragen.

Danach werden die Seiten zur anderen Seite hin umgeschlagen und das Einleimen wiederholt. Ein Gazestreifen wird als zusätzlicher Stabilisator in den noch feuchten Buchbinderleim eingedrückt. Die überstehenden Seiten des Gazestreifens werden über die Vorsatzpapiere gezogen und festgeklebt. Zum Trocknen wird der frisch geklebte Buchblock in die Stockpresse gegeben und leicht angepresst, damit sich der Buchrücken beim Trocknen nicht verziehen kann.

Der getrocknete Buchblock wird (nach ca. 45–60 Minuten) mit dem Stapelschneider auf das Endformat zugeschnitten. Dadurch bekommt das Buch einen glatten Ober-, Vorder- und Unterschnitt. Wenn kein Stapelschneider zur Verfügung steht, kann auf diesen Vorgang verzichtet werden. Dies muss bei den Maßen für die Einbanddeckel berücksichtigt werden.

2. Bucheinband

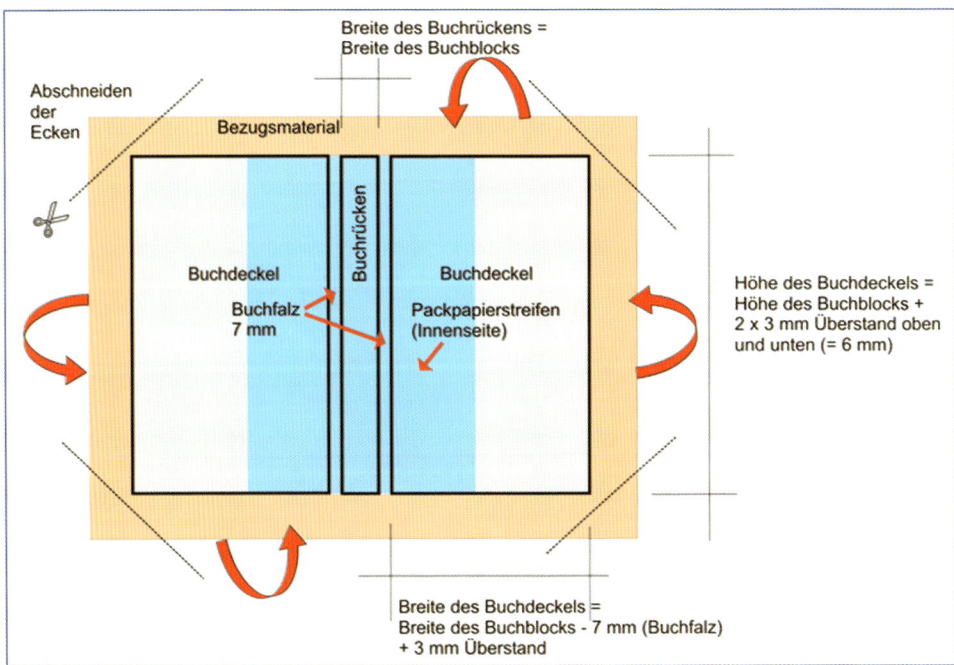

Nachdem das Format des Buchblocks nun feststeht, beginnt die Gestaltung des Einbandes, der sich in Form und Größe am Buchblock orientiert.

● Zunächst werden zwei Buchdeckel aus Graupappe zugeschnitten. Dabei ist zu beachten: erstens die Breite des Buchdeckels entspricht der Breite des Buchblocks minus 7 mm (für den Buchfalz) plus 3 mm (für den Buchdeckelüberstand). Zweitens die Höhe entspricht der Höhe des Buchblocks plus 3 mm oben und 3 mm unten für den Buchdeckelüberstand (also zusammen 6 mm).

- Der Buchrücken wird aus einer dünneren Pappe (ca. 1 mm) zugeschnitten. Die Breite des Buchrückens entspricht der Breite des Buchblocks; die Höhe orientiert sich wiederum an der Höhe der Buchdeckel.
- Diese drei Teile – Buchdeckel und Buchrücken – werden zusammen auf einen Streifen Packpapier im Abstand von 7 mm (Buchfalz) aufgeleimt. Der Abstand für den Buchfalz ist für die Scharnierbewegung der Buchdeckel wichtig. Die Breite des Packpapierstreifens ist frei wählbar. Für alle Klebearbeiten wird jetzt Planatol 152 benutzt.
- Die überstehenden Teile des Packpapierstreifens werden bündig abgeschnitten. Die Innenseite des Bucheinbandes ist nun fertig. Die Außenseite des Bucheinbandes kann mit ausgewählten Bezugsmaterialien gestaltet werden:

Das Kapitalband an der Oberkante des Buchblockrückens.

- Bezugspapiere (wie beispielsweise selbst hergestellte Marmorpapiere, Kleisterpapiere oder auch feste Geschenkpapiere) eignen sich genauso für die Gestaltung wie Buchbinderleinen. Nach dem Beziehen der Einbanddeckel werden die Ecken des noch überstehenden Bezugsmaterials schräg angeschnitten, die ca. 1,5 cm breiten Überstände werden mit dem Falzbein gleichmäßig nach innen umgeschlagen und verklebt. Der Bucheinband ist nun fertig.
- Wenn das Buch auch mit einem Lesebändchen ausgestattet werden soll, befestigt man an der oberen Kante des Buchblockrückens ein farbiges Zeichenband, das über den unteren Rand des Buchblocks hinausreicht. Danach wird jeweils ein Stückchen Kapitalband an die Ober- und Unterkante des Buchblockrückens geklebt.

3. „Einhängen" des Buchblocks

Nun fehlt nur noch das sogenannte „Einhängen" des Buchblocks. Der Einband soll nun mit dem Buchblock verbunden werden. Dazu wird der Block probeweise in den Deckel geschoben und überprüft, ob die Überstände der Buchdeckel an allen Seiten gleich sind. Ist dies der Fall, wird das Buch vorsichtig hingelegt, der Deckel aufgeschlagen und in das oben aufliegende Vorsatzpapier ein Schutzblatt eingelegt. Gleichmäßig wird nun etwas Leim (Planatol 152) auf das Vorsatzpapier aufgetragen. Es darf dabei kein Leim auf den Rücken des Buchblocks gelangen, da sonst Buchrücken und Buchblock zusammenkleben könnten. Das Buch ließe sich später nicht mehr öffnen!

Das Vorsatzpapier wird zum Einhängen (Einkleben) des Buchblocks in die Buchdeckel mit Leim eingestrichen.

Nach dem Einstreichen wird das Schutzblatt herausgenommen und der Buchdeckel vorsichtig auf das mit Leim bestrichene Vorsatzpapier des Buchblocks geklappt und angedrückt. Das Buch wird gewendet und der Vorgang auf der anderen Seite wiederholt. Es sollte darauf geachtet werden, dass nicht zu viel Leim aufgetragen wird, da sonst der überflüssige Leim beim nachfolgenden Anpressen herauslaufen würde. Das fertige Buch wird in die Stockpresse gegeben und angepresst. Nach ca. 45 Minuten kann der Druck etwas gelockert und die Arbeit vorsichtig überprüft werden. Da der Buchbinderleim das Papier und den Deckelkarton stark aufweicht, sollte das fertige Buch noch ca. 24 Stunden bei leichtem Andruck in der Presse bleiben. Dadurch wird ein unerwünschtes Wölben des Buches verhindert.

▌BEISPIELE

Das Medium Buch wird selbst zum Objekt der Darstellung und mittels der Verfremdung aus seinem medialen Gebrauchszusammenhang gezogen und verändert. Somit wird das Buch an sich selbst Mittelpunkt der Aussage.

Buchobjekte: *Das Naturbuch (links); das Buch der Erinnerungen (rechts); das Buch der Spiele (links unten); das Buch der Abenteuer (rechts unten)*

Anregungen für die Bearbeitung von Lernsituationen

Praxissituation – für Kinder

Das Team der Einrichtung ist sich einig, dass Kinder aller Altersstufen in ihrem Leseverhalten gefördert werden müssen. In Lernsituationen können entsprechende Handlungssituationen zum Thema „Buch" mit Fragestellungen erarbeitet werden:

- Welche Bedeutung hat heute das Medium Buch für Kinder und Jugendliche neben anderen Entwicklungen wie beispielsweise Hörbuch, MP3, Smartphone oder Internet?
- Mit welchen Aktivitäten lässt sich im Kindergarten das Thema Buch unterstützen? – Bilderbuchbetrachtung, Buchbasar, Besuch eines Buchverlages?
- Welche Rolle spielt das Lesen oder die Beschäftigung mit Büchern bei den Kindern und deren Eltern in der Gruppe?
- Wie könnte ein Elternabend der Einrichtung zum Thema Buch gestaltet werden?
- Ergeben sich Anknüpfungspunkte aus der produktiven Beschäftigung – Herstellung eines Buches – für weitere Projekte?

Praxissituation – für Jugendliche

- Musikbuch: Eine Jugendgruppe beschäftigt sich seit einiger Zeit mit Texten und Liedern verschiedener Musikgruppen. Jeder hat Lieder nach seinen persönlichen Vorstellungen ausgewählt und in die Gruppe eingebracht. Es besteht das Interesse, diese Texte mit Collagen, Fotos und Zeichnungen zu illustrieren und anderen zugänglich zu machen. Die Gruppe beschließt, die Texte und Illustrationen zu fotokopieren und zu einem kleinen Buch zusammenzubinden.

Weitere Anregungen

Für Kinder

- Tastbilderbuch: Eine sehr einfache und schöne Buchform ist das Tastbilderbuch. Die Kinder hören eine Geschichte (oder denken sich eine eigene aus) und stellen die verschiedenen Szenen der Geschichte in Bildern dar. Sie kleben auf wenige kartonstarke Seiten fühlbare Gegenstände und Ausschnitte aus verschiedenen Materialien. Die ausgearbeiteten Blätter und Einbanddeckel werden am Schluss mit einer einfachen Klebebindung zu einem Buch zusammengefügt. Ein aufgesetzter Leinenstreifen bietet hier die nötige Rückenverstärkung.
- Herstellung von Bilderbüchern mit eigenen Texten und Bildern, Illustrationen zu ausgesuchten Gedichten etc.

Besondere Bücher

- Einbinden und Gestalten von persönlichen Tagebüchern
- Fotobuch mit selbst hergestellten Bildern und Texten
- Buchumschläge aus Papieren mit sehr unterschiedlichen Stärken, Oberflächen und Farben entwickeln und dabei mehrere Themen ausprobieren
- Kriterien und Merkmale für ästhetisch ansprechende Bucheinbände formulieren und exemplarisch praktisch ausführen

Buchobjekte

- Die Bezeichnungen der verschiedenen Buchgruppen (Wörterbuch, Sachbuch, Märchenbuch, Schulbuch etc.) sollen wörtlich genommen und bei der Gestaltung des Einbandes so übersteigert werden, dass aus dem Buch ein völlig anderes Objekt wird. Für diese Arbeit können alle möglichen Materialien, z. B. Papier, Ton oder auch Holz, verwendet werden.

Vergleich zu digitalen Büchern

- Entwicklung einer besonderen Buchgestaltung, die sich gegenüber der digitalen Konkurrenz behaupten kann
- die Entwicklung vom analogen Buch zum digitalen Lesemedium (E-Buch) diskutieren und dabei Zukunftsideen skizzieren

Kommentar

Es ist wichtig zu bedenken, dass man das Thema Büchermachen inhaltlich, künstlerisch oder rein handwerklich bearbeiten kann. Manchmal kann das Binden der Seiten und die Herstellung von Einbänden im Vordergrund stehen; manchmal wird sich die Arbeit vom Inhalt – von den Texten und Bildern – leiten lassen. Die Herstellung von Büchern ist gut in der Gruppe und in Zusammenarbeit mit anderen Fächern möglich. Bilderbücher beispielsweise können in Zusammenarbeit mit dem Fach Deutsch/Kinder- und Jugendliteratur entstehen. Da das Buchbinden präzises Arbeiten erfordert und in seinem Ablauf mehrere Einzelschritte beinhaltet, ist diese Technik eher für Jugendliche oder Kinder im Grundschulalter zu empfehlen. Im Hort ließe sich ein Buchprojekt in Verbindung mit der Technik des Druckens (→ Druckgrafik, Printmedien) als Projekt durchführen. Hierbei könnte zu einem frei gewählten Thema ein großes Buch als Gemeinschaftswerk entstehen.

 **Literaturhinweise**

Institut für Buchgestaltung (IFB) des Fachbereichs Gestaltung in der Fachhochschule Bielefeld (http://www.institut-buchgestaltung.de/) [Aufruf am 12.02.2014].
Michalski, Ute/Michalski, Tilman: Werkbuch Papier, Ravensburg, Ravensburger Verlag, 2007.
Thompson, Jason: Kunst aus Büchern. 28 Projekte für spielerisches Recycling, Bern, Haupt Verlag, 2012.
Weston, Heather: Buchbinden – Vom Handwerk zur Kunst, Bern, Haupt Verlag, 2010.
Zeier, Franz: Schachtel, Mappe, Bucheinband: Die Grundlagen des Buchbindens für alle, die dieses Handwerk schätzen: für Werklehrer, Fachleute und Liebhaber, Bern, Haupt Verlag, 2010.

Spielfiguren

Neben der Modelliermasse wurden bei den drei Figuren Stoffe, Naturmaterialien und Kunsthaar verwendet.

Einführung

Bei der Herstellung von Spielfiguren reicht die Bandbreite von einfachen Fingerpuppen aus Papier bis hin zu sorgfältig gestalteten Marionetten aus einer Vielzahl von unterschiedlichsten Materialien. Dazu kommen Kulissen und all die anderen Dinge, die für ein Marionettenspiel gesammelt, besorgt oder angefertigt werden müssen. Märchen und andere Geschichten, Erlebnisse oder Feste im Jahreskreis können Auslöser für die Planung einer Aufführung sein. In jedem Fall ist die Planung eines Spiels mit Spielfiguren immer eine spannende Angelegenheit für alle Beteiligten.

Mittel und Materialien

Unterschiedliche Mittel und Materialien können bei der Herstellung von Spielfiguren verwendet werden. Daher ist eine Auflistung im Folgenden an der jeweils entsprechenden Stelle zu finden.

Eine Fingerpuppe entsteht

Fertige Fingerpuppen für ein Spiel mit Tieren

Eine Familie entsteht: *Fingerpuppen aus Karton, Wolle und Stoffresten*

Fingerpuppen

Fingerpuppen gehören zu den kleinen Spielfiguren, die sich schnell und mit wenig Material herstellen lassen. Aus etwas Papier bzw. dünner Pappe lassen sich Kopfformen schneiden, die bemalt und beklebt werden können. Eine Pappröhre, die am Hinterkopf befestigt wird bzw. den Hals bildet und in die der Zeige- oder Mittelfinger passt, dient zur Führung der Spielfigur. Als Kleidungsstücke kann man beispielsweise einen Streifen Stoff zu einem Schal knoten, ein Taschentuch zu einem Umhang machen und Ähnliches. Wenn die Figur „sprechen" soll, muss man dem Kopf einen beweglichen

Oder vielleicht doch mit einem Bart?

Unterkiefer (→ Abb. Löwe) geben. Den Unterkiefer kann man mit Briefklammern und Loch-verstärkungen – damit nichts einreißt – am Kopf befestigen. Zwei kurze Gummibänder werden innen angebracht und verbinden den Kopf mit dem Kiefer. Wenn man an einem Faden, der am Unterkiefer befestigt ist, zieht, lässt sich der Mund öffnen. Wenn man los-lässt, wird der Mund durch das Zurückschnellen der Gummibänder wieder geschlossen.

Als Spielbühne reicht eine große Pappe, aus der, passepartout-artig, ein Fenster herausge-schnitten wird. Ebenso kann ein gespannter Stoffstreifen die Begrenzung der Spielbühne bilden.

Handpuppen

Zu den bekanntesten Handpuppen gehören wohl die des Kasperle-theaters. Schon im 19. Jahrhundert konnte man dem Spiel mit den typischen Figuren (Kasper, Großmutter, Polizist und Krokodil) zuschauen.

Handpuppen müssen in jedem Fall so groß sein, dass sie bequem mit Daumen, Zeige- und Mittelfinger geführt werden können. Wie bei allen Spielfiguren ist auf die Gestaltung des Kopfes, z. B. große ausdrucksvolle Augen, eine ausgeprägte Nase, ein breiter Mund etc., besonderer Wert zu legen. Zur Herstellung des Kopfes gibt es verschiedene Möglichkeiten.

Zum Beispiel:

- Schnitzen des Kopfes aus extrem leichten und gut bearbeit-barem Balsaholz (aus dem Baumarkt)
- Formen des Kopfes aus einer lufttrocknenden Knetmasse. Damit der Kopf nicht zu schwer wird, kann eine Kugel aus Aluminium-folie oder Zeitungspapier als Grundform dienen.
- Herstellen des Kopfes aus Pappkugeln, Zeitungspapier und Tapetenkleister (Pappkugeln aus dem Dekorationsladen)

Grundfähigkeiten im Schneidern und Nähen wären hier wün-schenswert, sind aber sicherlich keine Voraussetzung bei der Her-stellung von Handpuppen. Auch durch einfaches Zusammenstecken, Knoten, Kleben oder Einarbeiten von Materialien lassen sich fanta-sievolle Kleidungsstücke herstellen. In jedem Fall ist es wichtig, dass man der Handpuppe einen starken Gesichtsausdruck gibt, um so einen „Typen" zu machen, eine für das Spiel überzeugende und unverwechselbare Figur.

Handpuppe aus Schaumstoff, Wolle und Stoffen

Auch aus dünnem Holz gesägte Figuren oder Tiere können hinter einer Leinwand wie Stabpuppen bewegt werden. Dazu kann man eine eigene Geschichte erfinden.

Stabpuppen

Das asiatische Schattenspiel mit Stabpuppen hat in Ländern wie China, Thailand, Indien oder auf Bali eine lange Tradition. Hauptsächlich Märchen, Lebensweisheiten, Liebes- und Leidensgeschichten oder Geschichten aus der Tierwelt (vergleichbar den Fabeln von La Fontaine) sind die Inhalte der Stücke für Kinder und Erwachsene. Traditionell werden dort die Figuren aus Leder gefertigt. Nach dem Trocknen und Schaben des Leders werden die einzelnen Figuren sorgsam geschnitten und mit feinen Details bemalt. Zur Führung der Figur dienen lange Holzstäbe, die an den Händen und am Kopf befestigt sind.

„Klassische" Stabpuppe aus Karton

Stabpuppen für das Schattenspiel lassen sich auch aus festerem Karton herstellen. Bewegliche Gelenke an Armen und Beinen können mit Briefklammern und Lochverstärkungen erreicht werden.
Weiterhin benötigt man als Spielfläche ein großes Tuch, z.B. ein Bettlaken, das stramm gespannt wird, und eine starke Lichtquelle, z.B. Glühbirnen mit hoher Wattzahl oder einen Diaprojektor, die sich zwischen Puppen und Spielenden befindet. Im traditionellen Schattenspiel ist dies eine Öllampe. Durch das Flackern des Lichts kommen so besondere Beleuchtungseffekte hinzu.
Wichtig ist, dass die Figuren beim Spielen immer dicht an der Leinwand geführt werden, damit sie nicht unscharf erscheinen.

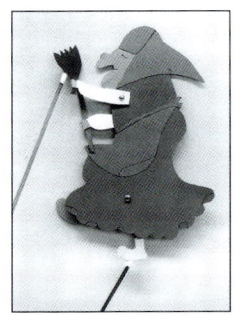

Stabpuppe „Hexe" aus Karton

Marionette aus Pappmaschee, Gipsbinden und Wolle, mit Plakatfarben bemalt

unten links:
Hier sieht man die Grundform aus Aluminiumfolie.

unten Mitte:
Die Bemalung mit kräftigen Farben macht die Figur besonders auffällig.

unten rechts:
Bei dieser Figur wurde auch das Haar aus Modelliermasse hergestellt. Dazu wurden dünne „Würste" aus der Masse um einen Stift gewickelt.

Modellierte Figuren

Figuren dieser Art werden mit den Händen auf einer Spielfläche (Bühne) bewegt. Zuvor wird für die beteiligten Figuren eine Geschichte ausgewählt oder erfunden. Um die Figuren zu bewegen, eignet sich beispielsweise ein großes Stück Stoff als Bühnenhintergrund. In dem straff gespannten Stoff sind Schlitze, durch die man mit der Hand greifen kann, um die Figuren zum Laufen zu bringen. Die Figuren bestehen aus Modelliermasse, die um einen Kern aus Aluminiumfolie geformt wird. Nach dem Trocknen werden die Figuren bemalt und eingekleidet.

***Marionette:** Kopf, Hände und Füße wurden aus lufttrocknender plastischer Masse geformt*

Marionetten

Marionetten gehören zu den Spielpuppen, die den meisten Arbeitsaufwand erfordern. Wie bei allen anderen Puppen ist auch hier die Gestaltung des Kopfes von besonderer Bedeutung. Es wäre sinnvoll, vor der Herstellung des Kopfes einige farbige Skizzen (Vorder- und Seitenansicht im Maßstab 1:1) auf Papier zu machen. Solche Skizzen sind eine gute Hilfe, um sich das Endergebnis vorstellen zu können. Ähnlich wie bei der Handpuppe lässt sich der Kopf aus Holz schnitzen, aus plastischer Knetmasse formen, aus Pappteilen zusammenkleben oder aus Watte, die mit Stoff überzogen wird, anfertigen. Holz oder lufttrocknende Knetmassen eignen sich auch zur Herstellung der Hände und Füße. Das „Innenleben" der Figur, sozusagen das Skelett, kann aus Rundstäben gebaut werden.

„Froschkönig"
Bei dieser Marionette wurde Pappmaschee um ein Skelett aus Holzstäben modelliert. Ringösen bilden die Verbindungen an den Gelenken. Nach dem Bemalen wurde der Froschkönig mit Stoff, Perlen und einer Krone ausgestattet. Fünf dünne Fäden aus Nylon (am Kopf, an den Händen und an den Knien) stellen die Verbindung zum Spielkreuz her.

Man braucht Holzstäbe für Schultern, Körper, Hüfte, Ober- und Unterarme und Ober- und Unterschenkel.

Vor dem Zersägen der Rundstäbe sollte man zuerst entsprechend lange Streifen aus Papier schneiden, um zu kontrollieren, ob der Körper in einem guten Verhältnis zum Kopf steht. Dabei kann der Kopf durchaus etwas „übergroß" erscheinen, da er der wichtigste Teil der Figur ist und gerade durch ihn die Gesamtwirkung geprägt wird.

Die Gelenkverbindungen kann man mit Lederstücken oder ineinandergreifenden Ringösen bilden. Um dem Körper Volumen zu geben, lässt er sich mit Watte oder Schaumstoff und Klebeband aufpolstern.

Wie bei den Handpuppen ist auch bei den Marionetten für die Herstellung der Kleidung nicht unbedingt schneiderisches Können Voraussetzung. Auch durch lockeres Umhüllen, Anknoten oder Andrahten von Stoff, z.B. von weißen Stoffstreifen für eine Geisterfigur, lassen sich fantasievolle Bekleidungen herstellen.

Geführt wird die Marionette an fünf dünnen Nylonfäden, die wiederum an einem Spielkreuz befestigt sind. In der Regel sind die Nylonfäden mit den Händen, den Knien und dem

Kopf der Marionette verbunden, um so die hauptsächlichen Spielbewegungen ausführen zu können. Wichtig ist, darauf zu achten, dass die Fäden eine ausreichende Länge haben, damit die Figur bequem geführt werden kann.

Für das Marionettenspiel braucht man weiterhin Kulissen und eine Bühne. Die Bühnen-bilder für die einzelnen Szenen lassen sich mit Dispersionsfarben auf die Rückseite von unbeschichteten Tapetenrollen, auf große Pappen oder weiße Laken malen.

Eine Bühne, falls keine professionelle Spielbühne zur Verfügung steht und auch nicht gebaut werden kann, lässt sich aus Stangen, zwei Doppelleitern, einer stabilen Holzplanke und Bettlaken improvisieren.

Herstellung bzw. Bemalung der Köpfe von Spielfiguren (→ Malerei und weitere plastische Werkstoffe).

Anregungen für die Bearbeitung von Lernsituationen

Praxissituation – für Kinder

Fingerpuppenspiel: In einer Einrichtung werden mit den Kindern Bilderbücher gelesen und besprochen. Daraus entsteht die Idee, selbst einmal eine Geschichte mit Spielpuppen auf-zuführen. Ein bekanntes Märchen, zum Beispiel Schneewittchen, kann hier Anlass sein, um die Geschichte durch eigene Fingerpuppen „zum Leben zu erwecken". Mit etwas Karton, Farbe und Watte lassen sich schnell höchst wunderliche Zwerge anfertigen. Es wäre sinn-voll, das Märchen zu vereinfachen bzw. zu kürzen, um eine einfache Spielhandlung zu erhalten.

Praxissituation – für Jugendliche

Eine Musikband: In einer Freizeiteinrichtung wird von den Jugendlichen viel Musik gehört. Daraus entsteht die Idee, eine eigene Band „ins Leben zu rufen" und eine Aufführung zu organisieren. Eine Musikband, z. B. eine Hip-Hop-Band, wird in Form von Marionetten her-gestellt. Ebenso werden Instrumente (Gitarren, Schlagzeug etc.) aus Pappe, Papprollen oder anderen Materialien angefertigt. Nach Fertigstellen der Figuren, Malen der Kulissen und Auswahl der Musikstücke kann mit den Proben begonnen werden.

Ziel ist hier eine Aufführung vor Publikum. Dabei kann der ganze Rahmen des Konzerts mit Plakaten, Eintrittskarten, bemalten T-Shirts etc. mitgestaltet werden.

Weitere Anregungen

Je nach Planung können die Spielfiguren als Finger-, Hand-, Stabpuppen oder Marionetten hergestellt werden. Bei den Aufführungen kann ein Kamerateam das Spiel auf Video auf-nehmen (→ Film/Video).

Spielthemen
- Der sprechende Zoo – Gespräche zwischen Tieren und Publikum
- Der Zirkus ist da – Akrobaten, Clowns, Tiere etc. als Spielfiguren herstellen und ein Pro-gramm (einzelne Nummern) entwickeln und einüben

- In einem fernen Land – eine Geschichte von Fabeltieren, seltsamen Gewächsen und anderen Unglaublichkeiten
- Bilder einer Ausstellung – Spielpuppen besuchen eine Bilderausstellung und zeigen ihre Reaktionen auf die Kunstwerke (ein Museumsbesuch könnte ein guter Anlass sein, um ein Spiel zu entwickeln)
- In 80 Tagen um die Welt – ein Puppenspiel über jemanden, der auszog, um die Weltwunder zu finden
- Der unendliche Weltraum – eine märchenhafte Reise zu grünen Männchen und anderen Sternenvölkern
- ein Thema für ein Figurenspiel nach freien Begriffsassoziationen entwickeln: Begegnung – Abschied – Freude – Trauer – Auflehnung etc.

Anlässe
- eine aktuelle Zeitungsmeldung
- Planung eines Puppenspiels zu Festen oder anderen Anlässen (beispielsweise eine kleine Weihnachtsgeschichte)
- Umsetzung einer Kinderbuchgeschichte in ein Puppenspiel
- Erfinden einer eigenen Geschichte, zeichnerische/malerische Umsetzung der Geschichte in der Art eines Comics und weitere Umsetzung in ein Puppenspiel
- einen Krimi erfinden (oder nach einer Vorlage arbeiten) und eine spannende Geschichte in ein Puppenspiel umsetzen

Experimentieren
- Figuren unter Einbeziehung und Berücksichtigung anderer Themenbereiche aus diesem Buch entwickeln (beispielsweise Metall, Holz, Objekte oder Collage)
- eine Dramaturgie für ein Figurenspiel skizzieren
- über mögliche Kombinationen von Figurenspiel und Medien nachdenken und ggf. eine Kombination umsetzen

Kommentar

Kooperation und Koordination sind bei der Einstudierung eines Puppenspiels zwei wichtige Stichworte. Das heißt, ein Stück durchzuplanen, einzuüben und es schließlich zur Aufführung zu bringen ist immer eine Arbeit, bei der alle Gruppenmitglieder engagiert und eng zusammenwirken müssen. Dabei sind Abstimmungen untereinander und eine genaue Aufgaben- und Rollenverteilung von besonderer Bedeutung.
Um den Erfolg eines Spiels zu gewährleisten, muss von Anfang an eine hohe Motivation in der Gruppe der Kinder oder Jugendlichen gegeben sein bzw. erreicht werden. Diese Motivation kann aber nur entstehen, wenn in einem ausführlichen Vorgespräch eine zufriedenstellende und klare Aufgabenverteilung getroffen wird. Jedes Gruppenmitglied sollte das

Gefühl haben, dass es durch seinen Beitrag letztlich den Erfolg der Gesamtarbeit bewirkt. In einem Vorgespräch muss beispielsweise geklärt werden:

Welches Stück soll aufgeführt werden? Welche Figuren sollen auftreten? Welche Größe sollen die Figuren haben? (Die Figuren müssen zueinander passen!) Welche Kulissen sind herzustellen? Welche Art von Beleuchtung wird benötigt? Welche Musik muss zusammengestellt werden?

Wenn man als Erzieherin oder als Erzieher mit einer größeren Gruppe von Kindern oder Jugendlichen arbeitet, ist auch zu überlegen, ob nicht eine Aufteilung in zwei Gruppen mit zwei unterschiedlichen Aufführungen sinnvoll wäre, da nur drei bis vier Puppenspieler gleichzeitig auf der Bühne agieren können. Aber dies ist sicher vom geplanten Stück abhängig zu machen. Wenn alle beteiligt sein sollen, ist zum Beispiel eine Zirkusvorstellung ein gutes Thema, da hier alle nacheinander ihre „Nummern" zeigen können.

Bei der Planung und Durchführung des Puppenspiels fällt der Erzieherin oder dem Erzieher wenn das Vorgespräch abgeschlossen ist und alle Aufgaben klar verteilt sind, im Wesentlichen die Rolle der „Produktionsleitung" zu. Dieses bedeutet, Ansprechpartnerin bzw. -partner zu sein bei:
Fragen zur Gestaltung und Bemalung der Spielfiguren – Fragen zu technischen Problemen, wie beispielsweise der Funktionsfähigkeit der Spielfiguren – Gestaltung der Kulissen – Auswahl der Musik – Hilfe beim Einüben der Texte Hilfe bei den Proben etc.
Ebenso sind die Erziehenden hier gefordert, die Motivation in der Gruppe positiv zu beeinflussen und gegebenenfalls gezielte Hilfestellung zu leisten. Insgesamt gesehen ist die Planung und Durchführung eines Puppenspiels eine Arbeit, die bei Kindern und Jugendlichen Fähigkeiten zur Selbsttätigkeit im Rahmen einer Teamarbeit entwickeln hilft, unterschiedliche Aspekte sozialen Lernens beinhaltet, die Freude am Spiel fördert und in hohem Maß das Gefühl von Erfolgserlebnissen vermittelt.

 **Literaturhinweise**

Gmelin, Marlene/Schmelz, Detlef: Marionetten/Marionettes: Kunst, Bau, Spiel/Art, Construction, Play, Künzelsau, Swiridoff Verlag, 2013.
Möller, Olaf: Große Handpuppen ins Spiel bringen: Technik, Tipps und Tricks für den kreativen Einsatz in Kindergarten, Schule, Familie und Therapie, Münster, Ökotopia Verlag, 2011.

Masken

„Internationaler Kindertag" – Kinder mit selbst gefertigten Masken

Einführung

Masken haben immer eine doppelte Funktion. Einerseits machen sie die Person, die sich dahinter verbirgt, anonym. Andererseits stellt die Maske, meist in einer gesteigerten und übertriebenen Form, einen Typ, eine bestimmte Figur oder eine damit verbundene Symbolik dar. Sehr schnell wird von Kindern, in Bezug auf Verhalten und Gestik, der dargestellte Maskentyp in eine Rolle eingebunden, z. B. der Löwe ist wild, die Katze schnurrt etc. Im Unterschied zum Spiel mit Spielfiguren, bei denen man im Hintergrund bleibt und lediglich „die Fäden zieht", wird man beim Spiel mit Masken selbst zur Schauspielerin oder zum Schauspieler. Je nach geplantem Stück kann der notwendige Aufwand für eine Aufführung sehr umfangreich und zeitintensiv sein. Neben diesem Verwendungszweck in einem Spiel kann eine Maske aber auch als Objekt gesehen werden, welches bemalt und, wie ein Bild, an die Wand gehängt wird. Insgesamt werden mit dem Thema „Masken" Situationen aufgegriffen, die hauptsächlich zum Bereich der „Feste und Anlässe – allgemein" bzw. „Feste im Jahreskreis" gehören.

Mittel und Materialien

Bei der Maskenherstellung können verschiedenste Materialien verwendet werden. Daher sind Auflistungen im Folgenden an den entsprechenden Stellen zu finden.

■ Verfahren/Beispiele

Masken aus Papptellern

Masken aus Papier

Einfache Papiermasken lassen sich aus allen festeren Papieren herstellen. In das Papier, beispielsweise festes braunes Packpapier, werden Löcher für Augen, Nase und Mund geschnitten. Ein Gummiband wird an den Seiten befestigt und fertig ist die Maske. Die Maske kann dann noch bemalt oder beklebt werden. Filzstifte oder Plakatfarben sind dafür gut geeignet. Zum Bekleben kann man Farbpapiere, Folien, Stoffstreifen, bedruckte Papiere und anderes verwenden.

Masken aus Pappe

Aus einem Stück dünner Pappe lässt sich eine Gesichtsmaske anfertigen. Die Pappe wird, entsprechend der Gesichtsgröße, in ovaler Form zurechtgeschnitten und bekommt Löcher für Augen, Nase und Mund. Damit die Maske auch getragen werden kann, werden rechts und links Löcher gebohrt und ein Gummiband hindurchgezogen. Um ein Einreißen zu verhindern, sollte man Lochverstärkungen (aus dem Schreibwarenhandel) aufkleben. Ebenso sind Pappteller für die Maskenherstellung gut zu gebrauchen. Diese können beklebt oder bemalt werden.

Kinder stellen ihre eigenen Masken her

Maske aus Gipsbinden

Maske aus Pappmaschee

Masken aus Gips

Um eine Maske aus Gips vom Gesicht abzuformen, benötigt man Gipsbinden (aus der Apotheke), Gesichtscreme (Fettcreme), dünne Haushaltsfolie, ein Handtuch, eine Schale für Wasser und eine Schere. Die Herstellung einer Gipsmaske ist immer Partnerarbeit. Der eine legt sich auf einen Tisch und versucht, sich für die folgende Arbeitsphase zu entspannen. Der andere formt die Maske vom Gesicht ab. Zunächst müssen die Gipsbinden in 1 bis 2 cm breite Streifen geschnitten werden. Dann wird das Gesicht gut eingecremt und eine Bahn Plastikfolie, in die ein kleines Loch für die Nase geschnitten ist, aufgelegt und sorgfältig angedrückt. Durch die Creme haftet die dünne Folie gut auf der Gesichtshaut. Auch kommt so der Gips nicht mit der Haut in Berührung, was sonst bei einigen, die empfindlich reagieren, zu leichten allergischen Rötungen führen könnte.

Mit dem Handtuch werden Haare und Ohren abgedeckt, damit kein Gipswasser hineintropfen kann.

Als Nächstes werden die gipsgetränkten Mullstreifen kurz durch das Wasser gezogen und sofort verarbeitet. Dabei ist zu beachten: Die Gipsstreifen müssen sorgfältig ineinander verrieben werden, damit eine gute Verbindung entsteht. Man beginnt am besten mit der Stirnpartie und arbeitet dann abwechselnd links und rechts. Auf diese Weise hat man eine gute Kontrolle der Gesamtarbeit. Die

Masken werden mit Farben und anderen Materialien gestaltet

Maske sollte aus etwa drei Lagen Gipsstreifen bestehen, damit es eine stabile Form wird. Die fertige Maske trocknet sehr schnell. Nach etwa zehn Minuten kann sie vom Gesicht abgenommen werden. Sollte der Rand der Maske zu unregelmäßig sein, kann er mit der Schere zurechtgeschnitten werden.

Die fertige Maske lässt sich auf verschiedene Arten weiter bearbeiten, zum Beispiel durch Bemalen, Bekleben und Einarbeiten von Objekten (Pappstreifen, kleine Äste, Holzperlen, Folienstücke etc.). Wer zum Bemalen wasserlösliche Farben oder Make-up nimmt, sollte die Maske mit Klarlack (Sprühlack) überziehen.

Masken aus Pappmaschee

Da eine Kopfmaske über den Kopf gestülpt wird, muss sie entsprechend groß sein und unten eine kreisrunde Öffnung haben. Am einfachsten bekommt man die Grundform mit einem Luftballon, der auf die gewünschte Größe aufgeblasen wird. Um den Ballon werden mit Pappmaschee (Zeitungsschnipsel, die über Nacht mit Tapetenkleister eingeweicht wurden/oder klein gerissener Eierkarton – damit bekommt man eine grobe Oberfläche) mehrere Schichten geformt, die nach dem Trocknen eine stabile Hülle bilden. Bei dieser Arbeit lassen sich Pappstreifen, Pappschachteln oder Pappkugeln einarbeiten, um Gesichtspartien (Ohren, Nase, Mund, Augen etc.) ausdrucksvoll zu gestalten. Auch Textilien, Federn und anderes können hier verwendet werden.

Für eine Bemalung der Maske eignen sich besonders Dispersionsfarben oder Plakatfarben. Die fertige Maske sollte zuerst vollständig mit Weiß übermalt werden, damit das bedruckte Zeitungspapier verdeckt wird (außer man will diese Wirkung bewusst erhalten!). Erst wenn alle Malarbeiten beendet sind, kann der Ballon zerstört werden bzw. unten eine Öffnung hineingeschnitten werden.

Besonders bei einer Kopfmaske aus Zeitungspapier ist dies zu beachten, da die Farbe das Papier aufweichen kann und Teile so leicht eingedrückt werden oder von selbst nachgeben.

Zuletzt muss genau ausgemessen werden, wo die Schlitze für Augen, Nase, Mund und Ohren sein müssen. Mit einem Cuttermesser kann man diese dann sauber hineinschneiden.

Die fertigen Kopfmasken wirken groß, wuchtig und schwer. Sie sind aber, nachdem alle Feuchtigkeit weggetrocknet ist, erstaunlich leicht. Damit die Maske beim Tragen auch gut sitzt, kann man sie innen mit einigen Schaumstoffstücken auspolstern.

Masken aus Pappmaschee und anderen Materialien

TIPPS:

- Es ist sinnvoll, für die Masken zuerst farbige Entwürfe auf Papier zu machen. Damit erspart man sich größere Änderungsarbeiten auf den Originalmasken.
- Wenn die Masken in einem gemeinsamen Spiel verwendet werden, sollte man sich zuvor über Maskentypen, Größen, Farbgebungen etc. einigen.
- Da besonders Kopfmasken eine längere Trocknungszeit brauchen, sollte man eine sinnvolle Zeitplanung aufstellen. Zum Beispiel könnten während der Trocknungszeiten Kleidung für das Spiel, Kulissen und weiteres Zubehör hergestellt werden.

Anregungen für die Bearbeitung von Lernsituationen

Praxissituation – für Kinder und Jugendliche

Die Kinder (oder Jugendlichen) einer Einrichtung besuchen eine Zirkusvorstellung. Der Besuch bleibt ihnen in lebhafter Erinnerung. Am nächsten Tag wird beschlossen, dass eine eigene Zirkusvorstellung organisiert werden soll. Einzelne Aufführungsnummern und die dazu gehörigen Typen werden besprochen. Es bietet sich an, die Masken aus verschiedenen Materialien herzustellen. Aus weißen Papptellern können beispielsweise durch Schneiden mit der Schere, Bemalen mit Filzstiften und Bekleben mit Farbpapieren fantasievolle Tier-, Clowns- und Akrobatenmasken entstehen.

Weitere Anregungen

Beispielsweise könnte auch ein Zoobesuch, ein bestimmtes Fest im Jahreskreis oder ein Rollenspiel Anlass für die Gestaltung von Masken sein.

Masken aus Papier, Pappe und Karton

- Anlässe für einfache Papiermasken: „Wem gehört dieses Spielzeug? – ein gespielter Streit, „Betrachten eines Schaufensters" – Reaktionen auf das Ausgestellte zum Ausdruck bringen
- Papiermasken zu weiteren Anlässen, wie z. B. Karneval, herstellen
- unterschiedliche Gemütszustände mit verschieden breiten und farbigen Filzstiften auf Papptellern darstellen
- Freude, Trauer, Zorn, Verblüffung etc. mit einfachen Papiermasken darzustellen

Masken aus Gips und Pappmaschee

Mögliche Spielthemen:

- eine Kinderbuchgeschichte (oder einen Teil/ein Kapitel) in ein Maskenspiel umsetzen
- ein aktuelles Ereignis, z. B. eine Zeitungsnachricht, aufgreifen und daraus ein Spiel entwickeln
- eine eigene Geschichte erfinden, eine Aufführung planen, dazu Masken herstellen und das Spiel mit der Videokamera aufnehmen
- eine Szene, ein kurzes Spiel oder einen Dialog für angefertigte Masken überlegen und spontan aufführen
- ein Maskenspiel ohne Worte entwickeln
- Reaktionen beim Betrachten von Bildern, die anziehend oder abstoßend wirken können, durch Masken zum Ausdruck bringen

Die wichtigsten Überlegungen bzw. Einzelschritte sind hier:

1. Eine Idee, ein Ereignis, eine Situation, ein Erlebnis, etwas Gelesenes oder anderes als „Aufhänger" für ein Spiel aufgreifen.
2. Ein Spielkonzept (eine Geschichte) entwickeln/erfinden oder eine vorhandene Vorlage verwenden/umarbeiten.
3. Eine Aufgaben- und Rollenverteilung festlegen.

4. Texte für die verschiedenen Rollen schreiben oder – für ein Spiel ohne Worte (= Pantomime) – eine ausdrucksvolle Gestik und Mimik entwickeln.
5. Masken, Kulissen, Kleidung, Gegenstände, Schminke und sonstiges Spielmaterial herstellen bzw. beschaffen.
6. Eine Musik zu dem Spiel zusammenstellen oder selbst komponieren, z. B. Klänge, Geräusche, die mit verschiedenen Haushaltsgeräten erzeugt werden.
7. Einüben, Probieren, Improvisieren und (falls nötig) Ändern der Spielgeschichte.
8. Aufführung des Spiels.
9. Gespräche und einen Erfahrungsaustausch führen.

Auch ein umgekehrter Weg wäre denkbar: Es wird von jeder und jedem eine Maske nach ganz persönlichen Vorstellungen und Vorlieben hergestellt. Sind alle Masken fertig, so wird dazu eine eigene Geschichte erfunden, in der alle eine Rolle übernehmen. So könnte eine eigene, fantasievolle und fantastische Geschichte entstehen.

Kommentar

Wie die Aufgabenbeispiele zeigen, muss bei dem Thema Masken/Maskenherstellung einiges beachtet werden. Ähnlich wie beim Thema Puppenspiel (→ Spielfiguren) ist hier Bedingung, dass zuerst eine in sich durchdachte und stimmige Gesamtplanung aufgestellt wird. Ebenso ist für den Gesamterfolg eines Spiels Voraussetzung, dass alle Beteiligten mit Interesse und persönlichem Einsatz mitmachen. Je nach Neigung, Bereitschaft und Fähigkeiten kann die Erzieherin oder der Erzieher eine sinnvolle und den Kindern/Jugendlichen angemessene Aufgabenverteilung vornehmen. Eine Förderung der persönlichen Sprach-, Ausdrucks- und/oder Darstellungsfähigkeiten der Kinder/Jugendlichen sollte dabei beachtet werden.
Um mit dem Thema „Spiel/Maskenspiel" zu beginnen, ist es sinnvoll, zunächst mit kurzen Spielszenen anzufangen, z. B. mit einem kurzen Pantomimenspiel. Einerseits ist der Gesamtaufwand dafür nicht sehr groß. Andererseits kann so die Freude am Spiel/Rollenspiel langsam geweckt werden und die Erzieherin oder der Erzieher erfährt, wie die Kinder/Jugendlichen eine Aufgabe bewältigen.

 Literaturhinweise

Albrecht-Schaffer Angelika: Theaterwerkstatt für Kinder: 100 und eine Idee rund ums Theaterspielen, München, Don Bosco Verlag, 2008.
Klink, Gabriele: Kindertraum – Bühnenraum: Darstellende Spiele, Stegreiftheater und mehr, Braunschweig, Schubi Lernmedien, 2012.
Thiesen, Peter: Drauflosspieltheater: Ein Spiel- und Ideenbuch für Kinder- und Jugendgruppen, Schule und Familie, Weinheim, Beltz Verlag, 2013.
Vlcek, Radim: Praxis Buch Workshop Improvisationstheater: Übungs- und Spielesammlung für Theaterarbeit, Ausdrucksfindung und Gruppendynamik, Donauwörth, Auer Verlag, 2013.

Objekte

Einführung

Erweitert man die künstlerische Form der Collage um eine Dimension, so gelangt man zu räumlichen Darstellungen, die in den Gestaltungsprinzipien mit den Arbeitsweisen der Collage verwandt sind und als Objekte bezeichnet werden.

Zu ihrer Herstellung werden Gegenstände oder Dinge des alltäglichen Gebrauchs verwendet. Dabei geht es um die Umgestaltung oder Umbenennung dieser Dinge. Welche Bedeutung haben sie und wie werden sie im täglichen Gebrauch wahrgenommen:

„Das Schokohandy", vollständig aus Ton geformt und bemalt

Jeder Mensch misst einem Ding auch seine ganz persönliche Bedeutung zu und verbindet mit ihm eine Geschichte.

Auf dem Weg der Verwandlung zu einem Objekt verliert das vorgefundene Alltagsprodukt – beispielsweise ein serienmäßig hergestellter Flaschentrockner, eine Schneeschaufel oder ein Fahrradsattel – seine ursprüngliche Bedeutung. Aus Dingen werden Objekte, wenn die Gegenstände als Material benutzt oder anders bezeichnet werden, als es ihren Eigenschaften und ihrer Funktion entspricht. Indem man alltägliche Dinge in einen anderen Bedeutungszusammenhang hineinbringt, den dieser Gegenstand in der Realität so nicht hat, oder ihn beispielsweise in einem anderen Material nachbildet, verfremdet man diesen Gegenstand. Beim Betrachten sieht man die Spuren des früheren Gebrauchs und erkennt zugleich die neue, angenommene Bedeutung der Gegenstände.

 Mittel und Materialien

Jedes Material und jeder Gegenstand kann für die Herstellung von Objekten verwendet werden. Der Ausgangspunkt ist also eine möglichst reichhaltige Sammlung an Fund- und Reststücken von unterschiedlichsten Materialien: Holz – Metallteile – Draht – bunte Papiere und Pappen, Zeitungen und Fotos – Stein – Gips – Naturmaterialien etc. Schrottplätze sind bevorzugte Orte, um interessante Dinge für die Herstellung von Objekten zu finden. Aber auch Strandgut kann hervorragend zu eigensinnigen Figuren montiert werden.

Werkzeuge: Entsprechend müssen für die Bearbeitung der Materialien die geeigneten Werkzeuge verwendet werden: Sägen, Scheren, Hämmer, Bohrer, Feilen etc. (→ Holz, Metall, Collage), als Zubehör werden noch Nägel, Kleber, Schrauben, Bindfäden etc. benötigt.

Die Objektkunst entstand zu Beginn des 20. Jahrhunderts im Zusammenhang mit der all-gemeinen Neuorientierung der Kunst: Die Kubisten begannen, Materialmontagen herzu-stellen (→ Collage), und Marcel Duchamp schuf aus Alltagsgegenständen sogenannte *Ready-mades*. Ende der 1950er-Jahre wurde die Objektkunst wieder entdeckt, beispielsweise in der **Pop-Art**. Zur Objektkunst gehören u. a. Arbeiten der Teilbereiche **Akkumulation, Assemblage**[4], **Objet trouvé, Ready-mades** oder **Environment.**

Objet trouvé

Objekte, die aus gefundenen Gegenständen, Maschinenteilen oder Abfallprodukten ver-schiedener Materialien bestehen, bezeichnet man als *objet trouvé* (= Fundstück). Die Geräte, Werkzeuge, Metalldosen etc. werden sowohl als Einzelstück als auch in Kombina-tion mit anderen Reststücken zum Objekt verarbeitet. Dabei können die verfremdeten Fundsachen deutliche Spuren des ursprünglichen Gebrauchs aufweisen oder sich immer noch, z. B. durch Oxydation des Metalls, verändern.

Ready-made

Im Gegensatz dazu werden mit dem Begriff *Ready-made* (= gebrauchsfertig, Konfektions-ware) Objekte bezeichnet, die aus serienmäßig hergestellten Alltagsgegenständen bestehen, die aus ihrem räumlichen und funktionellen Zusammenhang herausgenommen, wenig oder gar nicht verändert und als Ausstellungsobjekt zum Kunstwerk erhoben werden.

Der Erfinder dieser Objektkunst ist Marcel Duchamp, der französi-sche Künstler. Er wurde 1887 in Blainville geboren und starb 1968 in Neuilly-sur-Seine; er gehörte zur New Yorker Dada-Bewegung. 1917 schockierte er bei der Jahresausstellung der New Yorker Künstler-vereinigung, indem er unter einem Pseudonym ein gewöhnliches mit *R. Mutt 1917* signiertes und auf die Rückseite gestelltes Pissoir-becken einreichte. Das *Ready-made* trug den Titel *Fountain* (= Springbrunnen). Es kam jedoch nie zur Ausstellung dieses Objek-tes. Die Künstlervereinigung empfand diesen Installationsgegen-stand als vulgär und verhinderte die Präsentation. Insofern erfüllten die *Ready-mades* nicht nur das Ziel zu schockieren, das Kunstpublikum zu provozieren, sondern auch die allgemeine Vor-stellung von Kunst infrage zu stellen. Dieses Ziel wollte Marcel Duchamp auch mit dem *Ready-made Fahrrad-Rad* erreichen:

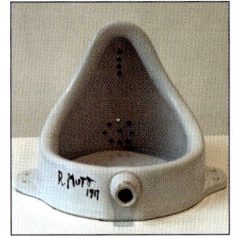

Zwei Ready-mades von Marcel Duchamp: „Fountain by R. Mutt, 1917" (oben) und „Fahrrad-Rad", 1913 (nächste Seite)

„Schon 1913 hatte ich die glückliche Idee, das Rad eines Fahrrades auf einen Küchensche-mel zu montieren und es drehend zu beobachten. [...] Etwa um die gleiche Zeit kam mir das Wort Ready-made in den Sinn, um diese Art von Manifestationen zu bezeichnen. Einen Punkt möchte ich besonders betonen, nämlich, dass die Wahl dieser Ready-mades niemals von ästhetischem Genussempfinden diktiert war. Die Wahl beruhte auf einer Reaktion visueller Gleichgültigkeit bei völliger Abwesenheit von gutem oder schlechtem Geschmack.

---

4 Siehe Kapitel „Collage"

[...] Noch eine Schlussbemerkung zu diesem circulus vitiosus: Da alle Tuben mit Farbe, die der Künstler benutzt, industrielle und fixfertige Produkte, also Ready-mades sind, müssen wir folgern, dass alle Gemälde der Welt ‚Ready-mades aided' (unterstützte oder gemachte Ready-mades) sind."[5]

Verfremdungen

Künstlerinnen und Künstler verwenden für die Herstellung künstlerischer Objekte häufig Alltagsgegenstände – beispielsweise einen serienmäßig hergestellten Flaschentrockner, eine Schneeschaufel oder einen Fahrradsattel –, die bis zu ihrer Verwandlung in ein Kunstobjekt in der ursprünglichen Funktion benutzt worden sind. Durch die künstlerische Bearbeitung, wie leichte Veränderungen, Hinzufügung eines Titels etc., wird die ursprüngliche, funktionale Bedeutung der Gegenstände in eine symbolische verändert. Man kann auch sagen, die Gegenstände werden verfremdet.

Die Verfremdung eines Gegenstandes entsteht durch
- *Assoziation:* Verknüpfung von entgegengesetzten Materialien
- *Steigerung:* Überhöhung von Bedeutungen
- *Hinzufügung:* Umfunktionierung von Dingen
- *Destruktion:* Zerstörung und Herauslösen von Materialteilen
- *Umdeutung:* Erzeugung eines neuen Zusammenhangs
- *Ironisierung:* Darstellung in einem anderen Material.

Durch die Veränderung wird deutlich, dass die neue Erscheinungsweise des Gegenstandes keineswegs der Realität entspricht. Welche neue Bedeutung das entstandene Werk nun annimmt, lässt sich nicht immer eindeutig ausmachen, sondern hängt vom subjektiven Blickwinkel beim Betrachten und von der individuellen Interpretation ab.

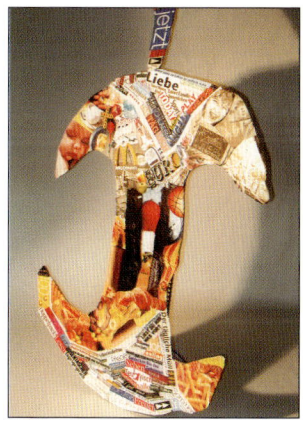

Variationen zum Thema „Apfel"

---

5 Marcel Duchamp, zitiert nach Eid, K./ Ruprecht, H.: Collage und Collagieren, S. 83

Porträtwürfel: Fotoporträts und Porträtzeichnungen aus den verschiedenen Perpektiven wurden so auf die jeweils sechs Seiten der insgesamt acht miteinander verbundenen Würfel geklebt, dass beim Drehen und Klappen der Würfel in eine andere Position immer wieder neue Bildkompositionen zu sehen sind.

Buchobjekt: „Frischer Saft für müde Birnen", Verfremdung eines handelsüblichen Getränkekartons (Tetrapak)

Akkumulation

Akkumulation heißt Anhäufung von gefundenen, gesammelten oder gekauften gleichartigen Gegenständen, die in einen bestimmten räumlichen Zusammenhang gebracht werden. Jedes Ding stellt für sich ein *objet trouvé* dar, das als Sammlung in einem Objektkasten, Rahmen, Gefäß, Aquarium, einer Kiste oder lediglich aufgestapelt auftritt. Die Intentionen reichen bei diesen Objektarbeiten von der bloßen Anhäufung interessanter Gegenstände, die durch ihre Form oder Farbe einen besonders großen optischen Reiz aufweisen, bis zur Steigerung einer inhaltlichen Aussage durch die Ansammlung und Komprimierung von Fundsachen. Die Häufung alltäglicher Gegenstände provoziert dabei auch Assoziationen zu realen Problemen, wie z. B. den Umgang mit gesellschaftlichen Ressourcen.

Objektarbeit „Konsumwirtschaft" (Verpackungen, farblich sortiert)

ANDREAS SIEKMANN: „*Trickle down. Der öffentliche Raum im Zeitalter seiner Privatisierung*". *Die Arbeit thematisiert das Problem des City-Marketings: Eine große Anzahl von Kunststofffiguren werden mit piktogrammartigen Computerzeichnungen bemalt, anschließend in einem Press-Container zerstört und zu einer Kugel zusammengebunden. „Mich interessiert dabei besonders die ideologische Umkonnotierung[6] von öffentlichem Raum/Öffentlichkeit unter einer fortgesetzten Effizienzethik. Der öffentliche Raum wird zu einer Marktgröße. Dies betrifft auch die Funktionsweise von Kunst im öffentlichen Raum."[7]*

Raumobjekt (Installation/Environment)

Objekte, die den Raum, in dem sie aufgestellt oder gezeigt werden, in die Gestaltung miteinbeziehen, werden **Installation** oder **Environment** (engl. = Umgebung) genannt. Bei beiden Formen soll die visuelle, akustische und taktile Wahrnehmungsfähigkeit der Betrachtenden gleichermaßen angesprochen werden.

Das Environment inszeniert eine Geschichte mit politischem oder alltäglichem Hintergrund in einem Raum. Die Installation dagegen knüpft eher an die vorgefundene räumliche Situation an und füllt diesen als dreidimensionales Kunstwerk aus. Installationen werden nicht nur in Museen oder Gebäuden ausgestellt: Die Auseinandersetzung mit der Beziehung von künstlerischem Objekt und Umgebung kann auch in einer Landschaft (Land Art), im städtischen Raum (Kunst im öffentlichen Raum) oder im Zusammenhang einer architektonischen Vorgabe stattfinden. In diesem Zusammenhang sind besonders die Arbeiten des Künstlerpaares CHRISTO (geb. 1935) und seiner Frau JEANNE-CLAUDE (1935–2009) zu nennen. Einige Beispiele ihrer Arbeit sind: Die Verhüllung des Reichstages in Berlin im Juni 1995, „The Gates" im Central in New York Park (2005) oder die Rauminstallation „Big Air Package" (2013) im Gasometer Oberhausen.

Ein anderes Beispiel ist die Installation „Pi" des kanadischen Künstlers KEN LUM (geb. 1956 in Vancouver) in der Nähe des Wiener Karlsplatzes (→ Abbildung S. 276) Diese Arbeit wird auch als Medieninstallation bezeichnet. Der Aspekt Bewegung kann ebenfalls eine Rolle

---

6 Konnotation = die Grundbedeutung eines Wortes begleitende zusätzliche Vorstellung
7 Franzen, B./König, K./Plath, C. Skulptur-Projekte Münster 07, S. 231

spielen: Entweder wird bei manchen Installationen die Betrachterin oder der Betrachter aufgefordert, das Objekt in Bewegung zu setzen oder zu verändern oder das Objekt ist von sich aus permanent in Bewegung (Beispiele: Mobiles von ALEXANDER CALDER, Maschinenplastiken von JEAN TINGUELY).

Die Rauminstallation „Meinungsfreiheit"

besteht aus einem Videoauge (Monitor) mit einer an 160 Fäden aufgehängten und mit Zeitungsausschnitten beklebten Holzfigur. Für die Wahrnehmung dieses Objektes hat auch die gesamte Raumsituation eine Bedeutung. Man kann um das Objekt herumgehen, den Monitor oder die hängende Holzfigur aus unterschiedlichen Perspektiven beobachten. Es wurden hier Holz, Zeitungen und Wollfäden verwendet. Dazu kam der Einsatz des Mediums Video für das „Monitorauge", das abwechselnd die Betrachterin oder den Betrachter und die hängende Figur ansieht, wodurch eine besondere Spannung für die Besucherinnen und Besucher des Ausstellungsraums entsteht.

„Meinungsfreiheit": Rauminstallation mit Videoauge und Holzfigur

Anregungen für die Bearbeitung von Lernsituationen

Praxissituation – für Kinder und Jugendliche

Die Produktion von „Objekten" ist für das kreative Handeln insofern hervorragend geeignet, da bei dieser künstlerischen Ausdrucksform einerseits der Spielraum im Hinblick auf Materialverwendung und -kombination besonders weit gefasst ist, andererseits dadurch ein Assoziationsreichtum entwickelt werden kann. Kreatives Handeln braucht Freiheit im Ausprobieren und Experimentieren – kreatives Handeln als Materialbearbeitung entspricht dem Probehandeln in Lernsituationen.

Die Kanistermasken des afrikanischen Künstlers ROMUALD HAZOUMÉ waren Teil seiner Installation „Dream" auf der documenta 12 in Kassel.

„Kettenreaktion", Dominosteine aus Ton auf einer Holzplatte

„Aus der Form gefallen", Ytongstein und Papier

- Eine Lernsituation zum Thema „Zeitgeist" beispielsweise kann verknüpft werden mit einem Besuch auf einem Schrottplatz. Das Sammeln von Metallteilen, Blechresten, Geräteteilen und anderen Wertstoffen könnte dazu animieren, die Fundsachen assoziativ zu einem Objekt zu kombinieren.
- Fantasietiere: Das sogenannte wertlose Material (Verpackungen) aus Kaufhäusern und Supermärkten, das viele vorgefertigte Formen und Strukturen aufweist, bietet experimentell und für die Förderung der Assoziationsfähigkeit eine Menge an Möglichkeiten. Aus diesen vorgefundenen alltäglichen Materialien können Fantasietiere oder Flugobjekte aus fernen Welten montiert werden.

Kanistermaske, mit verschiedenen Materialien farbig gestaltet

Weitere Anregungen

Verfremdungen
- Verfremdung von Schuhen, Stühlen, Bürsten, Brillen, alten Türgriffen, die mit anderen Materialien kombiniert und verändert werden
- Verfremdung eines Haushaltsgerätes mit verschiedenen Materialien (oder beispielsweise als „gehäkelte" Nachbildung)
- Verfremdung eines kleinen Gebrauchsgegenstandes, z. B. Bleistiftspitzer, durch maßstäbliche Vergrößerung. Dieses Objekt kann in Gips, Ytongstein oder mit Draht, Zeitungspapier und Kleister hergestellt werden.

Objekte
- Herstellung eines Objet trouvé oder eines Ready-mades, das anschließend mit einem fantasievollen Titel versehen und entsprechend präsentiert wird
- Gestaltung von Objektkästen aus alten Gemüsekisten vom Wochenmarkt mit unterschiedlichen Materialien oder Fundsachen
- Objekte aus Naturmaterialien zum Thema „Ökologie"
- Objekte aus Verpackungsfolien
- Objekte aus alten Fensterflügeln
- Figuren aus Metallteilen vom Schrottplatz, Holzresten aus der Tischlerei oder anderen Fundsachen
- Verpackungsobjekte: Gebrauchsgegenstände, z. B. Stühle, werden in Folien, Papiere, Mull- oder Gipsbinden eingepackt
- Widersprüche, Gegensätze und Kontraste in einem Objekt ausdrücken
- Mobiles aus farbigen Kartonteilen und dünnen Metallstangen
- verschiedene Sprachbilder suchen und deren Bedeutungsebenen in einem Objekt kombinieren

Räume und Situationen
- Rauminstallation mit verschiedenen Materialien zu einem freien Thema unter Einbeziehung des Mediums Video
- die Geschichte und die Funktion eines Raumes in einem Gebäude erkunden und mit einer Installation darstellen
- eine absurde Situationen in einem Environment erzählen
- ein Publikum mit absurden Objekten konfrontieren und die Zuschauerinnen und Zuschauer zu kreativem Tun anregen

Kommentar

Die Herstellung von Objekten setzt eine intensive Auseinandersetzung mit der Welt der alltäglichen Dinge voraus. Der Umgang mit dem vorliegenden Material kann intuitiv beginnen, systematisch fortgeführt werden oder aber auch stimulativ von einem ganz bestimmten Fundstück ausgehen. Die Bedeutung/Aussage des Objektes kann sich zu Beginn der Arbeit oder aber erst während des Verfremdungsprozesses selbst entwickeln und sich in einem treffenden (oder absurden) Titel ausdrücken. Wenn man sich umsieht, so stellt man schnell fest, dass eine große Menge an scheinbar wertlosem Material – Pappen, Folien etc. – zur Herstellung von Objekten zur Verfügung steht.

Objekte können immer auch eine Form der Kritik an unserer Gesellschaft darstellen, in der hochwertiges Material für Einmalverpackungen und kurzlebige Produkte verbraucht und anschließend weggeworfen wird bzw. in der Wertstofftonne landet. Über den kreativen Umgang mit diesen Materialien lässt sich u. a. auch die erfahrene gesellschaftliche Wirklichkeit der „Wegwerfkultur" thematisieren. Insofern können Erzieherinnen und Erzieher über den künstlerischen Sinn hinaus auch einen bewussten Umgang mit Dingen und Materialien bei Kindern und Jugendlichen fördern, indem gezeigt wird, dass sich aus „altem" Material etwas Neues schaffen lässt.

 **Literaturhinweise**

Fast, Friederike u. a.: BOOSTER: Kunst Sound Maschine, Bielefeld, Kerber Verlag, 2014.

Lauinger, Martina: Alles Schrott? Ein Werkbuch zum Gestalten mit Altmetall, Bern, Haupt Verlag, 2013.

Nachtigäller, Roland: Ruhe-Störung: Streifzüge durch die Welten der Collage, Bönen/ Westfalen, Druckverlag Kettler, 2013.

Phillips, Sam: Moderne Kunst verstehen: Vom Impressionismus ins 21. Jahrhundert, Leipzig, Seemann Henschel, 2013.

1. Erläutern Sie den Unterschied zwischen einer Plastik und einer Skulptur.

2. Beschreiben Sie, welche Voraussetzungen bei der Verarbeitung von Ton berücksichtigt werden müssen.

3. Erläutern Sie, was man unter Aufbaukeramik versteht.

4. Beschreiben Sie wichtige Merkmale des Werkstoffs Gips. An welche Voraussetzungen muss man bei der Verarbeitung denken?

5. Begründen Sie, warum sich der Blasenbeton/Gasbeton besonders gut für die kreative Arbeit im sozialpädagogischen Arbeitsfeld eignet. Welche Eigenschaften des Blasenbetons sind bei der Umsetzung von Formideen zu berücksichtigen?

6. Nennen Sie die Grundwerkzeuge, die für die Arbeit mit Holz wichtig sind. Beschreiben Sie den Werkstoff Holz und seine verschiedenen Sorten.

7. Erläutern Sie, welche grundlegenden Verfahren es für die Arbeit mit Holz gibt und was jeweils berücksichtigt werden sollte.

8. Welche Metallsorten haben Sie kennengelernt? Nennen Sie die Eigenschaften der verschiedenen Metallsorten.

9. Wie lassen sich Metallbleche miteinander verbinden? Beschreiben Sie die Verfahren.

10. Nennen Sie zu einzelnen Papiersorten mögliche Verfahren und kreative Techniken.

11. Beschreiben Sie, aus welchen Komponenten ein Buch besteht.

12. Beschreiben Sie den Vorgang der Herstellung eines Bucheinbandes. Was versteht man unter einer „Kaltklebebindung"?

13. Welche verschiedenen Spielfiguren haben Sie kennengelernt? Beschreiben Sie die Herstellung einer Marionette.

14. Was ist bei der Herstellung einer Gipsmaske durch Abformen eines Gesichtes zu beachten? Beschreiben Sie dieses Verfahren.

15. Erläutern Sie, was man unter einem *Ready-made* versteht.

16. Die Verwandlung von Alltagsgegenständen in Kunstobjekte geschieht durch das Prinzip der Verfremdung. Erklären Sie, was man darunter versteht.

17. Erläutern Sie, wodurch sich Rauminstallationen von anderen künstlerischen Ausdrucksformen unterscheiden.

4.3 Kommunikationsmedien

Fotografie

Nächtliche Impressionen von der Walt Disney Concert Hall, erbaut von dem amerikanischen Architekten FRANK O. GEHRY

Einführung

Die Fotografie ist ein Bestandteil unseres Alltags und begegnet uns in unzähligen Erscheinungsweisen: als Werbe-, Presse- oder Erinnerungsfoto. Mit dem Auge des Fotoapparates können wir einen Ausschnitt der Wirklichkeit erfassen und diesen Moment durch die Belichtung des Films oder des Bildchips konservieren. Das entstandene Foto lässt sich vergrößern und beliebig oft kopieren – analog oder digital. In seinem Essay „Kleine Geschichte der Fotografie" von 1937 beschreibt der Philosoph Walter Benjamin die kreativen Gestaltungsmöglichkeiten der Fotografie als abhängig von den Gesetzen der fotografischen Technik:

Fotografische Gestaltungsmöglichkeiten: bunter Herbstbaum, Farbfoto (oben), Blattstrukturen, Nahaufnahme in Schwarzweiß (unten)

„Und doch ist, was über die Fotografie entscheidet, immer das Verhältnis des Fotografen zu seiner Technik. Camille Recht hat es in einem hübschen Bilde gekennzeichnet. ‚Der Geigenspieler', sagt er, ‚muss den Ton erst bilden, muss ihn suchen, blitzschnell finden, der Klavierspieler schlägt die Taste an: der Ton erklingt. Das Instrument steht dem Maler wie dem Fotografen zur Verfügung. Zeichnung und Farbengebung des Malers entsprechen der Tonbildung des Geigenspiels; der Fotograf hat mit dem Klavierspieler das Maschinelle voraus, das einschränkenden Gesetzen unterworfen ist, die dem Geiger lange nicht den gleichen Zwang auferlegen.' [...]"[1]

 Mittel und Materialien

Durch die Digitalfotografie ist es möglich geworden, dass das Bild direkt nach der Aufnahme verfügbar ist, mit einem Bildbearbeitungsprogramm bearbeitet und den verschiedenen Verwendungen zugeführt werden kann – zu jeder Zeit und an jeden Ort. Die Frage nach Original und Kopie, nach Negativ und Abzug stellt sich nicht mehr oder zumindest anders: Im Zeitalter der digitalen Reproduzierbarkeit ist die Fotografie als Datei in unendlicher Kopie, aber mit einer jeweils eindeutigen Identität vorhanden.

Wir beschreiben in diesem Kapitel einige Aspekte und Möglichkeiten des digitalen Fotografierens und der Bildbearbeitung einschließlich der experimentellen Bildgestaltung am PC.

Die Fotokamera

Die digitale Kompaktkamera
Einige technische Merkmale der digitalen Kompaktkamera
Canon PowerShot SX280 HS:

Canon PowerShot SX280 HS

- Bildsensor: 12,1 Megapixel CMOS-Sensor
- Bildprozessor: DIGIC 6 mit leistungsstarker DIGIC-Signalverarbeitung
- Objektiv: 20-fach optischer Zoom; Brennweite 4,5 – 90,0 mm (äquivalent zu KB: 25 – 500 mm)
- Scharfstellung: Gesichtserkennung, zentraler Spot-Autofokus (Mitte), Naheinstellgrenze ca. 5 cm (Weitwinkel) ab Objektivvorderseite im Makromodus
- Dateiformat: Fotos JPEG-Komprimierung, Movie MPEG4-AVC (H.264), Audio: MPEG2 AAC-LC (Stereo)
- Videoaufzeichnung: (Full-HD) 1.920 × 1.080 Pixel, Superzeitlupen-Movie (L) 640 × 480, 120 B/s, (M) 320 × 240, 240 B/s, Miniatur-Effekt (HD, L) 6 B/s, 3 B/s, 1,5 B/s
- Reihenaufnahmen: ca. 3,8 B/s, AF: ca. 5,1 B/s, bis zu 7 Aufnahmen
- Verschlusszeiten: 1-1/3.200 Sekunden
- Monitor: LCD-Monitor Typ 3,0 Zoll TFT
- ISO-Empfindlichkeit[2]: AUTO, 80-6.400
- Speichermedium: Typ SD, SDHC, SDXC
- Schnittstellen: USB Hi-Speed, HDMI-Ministecker, Audio-/Videoausgang (PAL/NTSC), WLAN
- Sonstiges: GPS

---

1 Benjamin, Walter: Kleine Geschichte der Photographie, in: Ders.: Das Kunstwerk im Zeitalter seiner technischen Reproduzierbarkeit, Frankfurt am Main 1974, S. 80
2 ISO = International Organization for Standardization

Die digitale Spiegelreflexkamera

Digitale Kompaktkameras sind heute mit vielen Funktionen ausgestattet, die in der „analogen Zeit" vielfach nur Spiegelreflexkameras vorbehalten waren, beispielsweise direkt durch das Objektiv das Motiv anvisieren zu können. Für Digitalkameras ist das eine Selbstverständlichkeit. Darum ist bei Kompaktkameras der optische Sucher seit einiger Zeit auch weggefallen.

Der entscheidende Vorteil der Spiegelreflexkamera liegt aber immer noch in der Möglichkeit, Wechselobjektive mit unterschiedlichen festen Brennweiten oder als Zoomobjektive einsetzen zu können. Die Kamera kann so für verschiedene Einsatzbereiche umgerüstet werden, um die fotografischen

Die digitale Spiegelreflexkamera Canon EOS 70D. Diese Kamera verfügt über einen CMOS-Bildsensor mit 20 Megapixeln.

Aufgaben zu erfüllen. Alle Digitalkameras verfügen heute über eine Videofunktion in HD-Qualität (= High Definition). Die Aufnahmekapazität der Speicherkarten ist inzwischen auch in der Lage, entweder eine große Menge Fotos oder längere Videoaufnahmen zu speichern.

Der wesentliche Vorteil der digitalen Fotografie ist, dass die Bilder direkt nach der Aufnahme auf dem Kameradisplay oder am PC-Monitor angesehen, bewertet und bei Bedarf kopiert, verschickt oder natürlich auch gleich wieder gelöscht werden können. Mit einem Bildbearbeitungsprogramm lassen sich die digitalen Fotos am PC für die gewünschte Verwendung bearbeiten.

Einige technische Merkmale der digitalen Spiegelreflexkamera Canon EOS 70D:

- Bildsensor: 20,2 Megapixel CMOS-Sensor
- Bildprozessor: DIGIC 5+ mit leistungsstarker DIGIC-Signalverarbeitung
- Objektiv: kompatibel zu allen Canon EF/EF-S-Objektiven, Brennweite abhängig vom Objektiv, Brennweitenumrechnungsfaktor 1,6-fach
- Scharfstellung: 19-Punkt-Autofokus-System (alles Kreuzsensoren), ruhiger kontinuierlicher Autofokus bei Videoaufnahmen
- Dateiformat: gleichzeitige Aufnahme von RAW und JPEG: Fein, Normal (Fotos), MOV (Full HD, 1.920 × 1.080 Pixel), Ton: PCM (Aufnahmepegel kann manuell eingestellt werden)
- Reihenaufnahmen: bis zu 7 Bildern pro Sekunde in voller Auflösung – ideal zur Aufnahme von sich bewegenden Motiven
- Verschlusszeiten: 30-1/8.000 s (halbe oder Drittelstufen), Langzeitbelichtung
- Monitor: dreh- und schwenkbares Touchscreen-LC-Display (3,0 Zoll) für kreative Aufnahmen
- ISO-Empfindlichkeit: Auto (100-12.800 für Fotos), Auto (100-6.400 für Video-Aufzeichnungen)[3]
- Sucher: Typ Dreikantprisma
- Livebild-Funktion: Scharfeinstellung im Nachführ-Autofocus
- Speichermedium: SD-, SDHC- oder SDXC(UHS-I)-Karte
- Schnittstellen: USB-Hi-Speed, Videoausgang (PAL/NTSC) (in USB-Anschluss integriert), HDMI™-mini-Ausgang, externes Mikrofon (3,5-mm-Miniklinke, Stereo)

---

3 Die ISO-Angabe (= International Organization for Standardization) für die Filmempfindlichkeit verbindet die Zahlenwerte von ASA (= American Standards Association) und DIN (= Deutsche Industrienorm) – Beispiel: ISO 100/21°.

Objektive für die Spiegelreflexkamera

Man unterscheidet folgende Objektivkategorien:

Teleobjektiv: zwischen 50–500 mm. Das Teleobjektiv drückt die Entfernungen optisch zusammen (kleiner Schärfentieferaum).

Normalobjektive: 50 mm

Weitwinkelobjektive: zwischen 16–36 mm. Das Weitwinkelobjektiv erzeugt den Eindruck von extremer Weite (großer Schärfentieferaum). Um für digitale Spiegelreflexkameras, die keinen Vollformat-Bildsensor (24 × 26 mm) haben, die tatsächliche Brennweite angeben zu können, müssen die Brennweiten mit Faktoren zwischen 1,5 bis 1,7 multipliziert werden ($\rightarrow$ technische Angaben Canon EOS 70D)

Zoomobjektive: stufenlose Brennweiten zur stufenlosen Einstellung des Bildausschnitts (beispielsweise von 70–200 mm).

Canon Zoom-Objektiv EF 70-200 mm

Verschlusszeit, Blende und Schärfentiefe

Die Verschlusszeit gibt an, in welcher Zeit das Licht auf den Film oder Bildchip strömen soll.

Zeitwerte: B (beliebig lange Verschlusszeit für Langzeitaufnahmen) • 1 • 1/2 • 1/4 • 1/8 • 1/15 • 1/30 • 1/60 • 1/125 • 1/250 • 1/500 • 1/1000 Sekunde etc.

Die Blendenöffnung steuert die in einer bestimmten Zeit in die Kamera einströmende Lichtmenge.

Blendenwerte: 22 • 16 • 11 • 8 • 5.6 • 4 • 2.8 • 1.7

Bei gleich bleibender Lichtmenge gilt:
Je länger die Verschlusszeit, desto kleiner die Blende und umgekehrt.
Die Einstellungen von Blende und Zeit werden bei vielen Kameras automatisch vorgenommen und ermöglichen dadurch Schnappschüsse in spontanen Situationen. Oft ist aber die manuelle Einstellung vorteilhafter. Leichtes Unter- oder Überbelichten kann in einigen Fällen die Bildwirkung entscheidend beeinflussen. (Ausprobieren!)

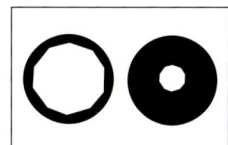

Die Blendenöffnungen im Objektiv der Kamera: links Blende 2.8, rechts Blende 22

Schärfentiefe

Die Blendenöffnung beeinflusst nicht nur die in einer bestimmten Zeit einströmende Lichtmenge, sondern auch die Schärfentiefe. Der Schärfentieferaum ist jener Bildraum, in dem die Bildpunkte als scharf abgebildet empfunden werden. Je kleiner die Blende, desto größer ist der Schärfentieferaum und umgekehrt.

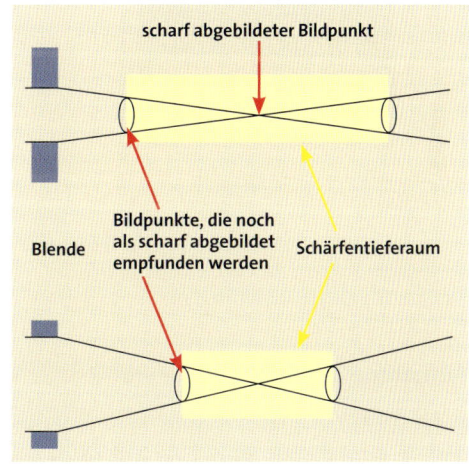

Scharfeinstellungen mit unterschiedlichen Blendenöffnungen:
Verlagerung der geringen Schärfentiefe bei großer Blende auf die Person im Hintergrund ① oder auf die Person im Vordergrund ②. Kleine Blende: Beide Personen sind klar zu erkennen ③.

②

③

Speicherkarten

Digitalkameras arbeiten mit Speicherkarten, sogenannten Flash-Speichern, auf denen Fotos, aber auch Texte, Audio- und Videodateien gespeichert und auch wieder gelöscht werden können. Aus der Vielzahl der verschiedenen Modelle werden für digitale Fotoapparate am häufigsten die **CompactFlash®**- und die **SD™-Speicherkarte** verwendet.

CompactFlash®-Speicherkarte
von SanDisk

Das häufigste Einsatzgebiet dieses Kartentyps ist die digitale Spiegelreflexkamera, besonders im Profibereich; Größe: 42,8 mm x 36,4 mm x 5,0 mm.

SD™ Speicherkarte (SD Memory Card)[4]
von SanDisk

Die SanDisk Extreme Pro SDXC-Speicherkarte wird in digitalen Kompaktkameras, Spiegelreflex-kameras und HD-Camcordern eingesetzt; Größe: 32,0 mm x 24,0 mm x 2,1 mm.

Aufnahme

Die Gestaltung eines Fotos ist technisch bestimmt durch
die Einstellung der Lichtempfindlichkeit (ISO-Empfindlichkeit) an der Digitalkamera
Die Lichtempfindlichkeit richtet sich nach der jeweiligen Aufnahmesituation (Tageslicht am Morgen, Mittag, Abend oder Kunstlicht) und wird gesprechend angepasst. Bei Kunst-licht sollte man eine höhere ISO-Einstellung wählen, wenn man auf den Einsatz eines Blitz-gerätes verzichten möchte.

- **den Ausschnitt bzw. die Brennweite des Objektivs**

  Mit der Auswahl des Objektivs oder der Einstellung des Zoomobjektivs wird der Bildaus-schnitt festgelegt.

---

4 SD™ = Secure Digital Memory Card (sichere digitale Speicherkarte), SDXC(TM) = SD eXtended Capacity (Speicherkarte mit erwei-tertem Fassungs- und Leistungsvermögen)

- **die Entfernungseinstellung**

  Mit Blick durch den Sucher der Spiegelreflexkamera und Drehen am Objektivring wird die Schärfe manuell eingestellt (MF = manuelle Fokussierung). Durch Drücken des Auslösers bis zur Hälfte im AF-Modus wird die Schärfe automatisch eingestellt. Drückt man den Auslöser danach vollständig durch, wird die Aufnahme auslöst.

- **die Zeiteinstellung und die Blendeneinstellung**

  Mit dem Belichtungsmesser im Kameragehäuse wird zu der vorgewählten Verschlusszeit die entsprechende Blende ermittelt, eingestellt (manuelle Einstellung) und umgekehrt.. Die Digitalkameras verfügen in der Regel über weitere Einstellungsmöglichkeiten – halbautomatisch, automatisch etc. Weitere Angaben und Hinweise kann man der jeweiligen Bedienungsanleitung entnehmen. Bei Verschlusszeiten länger als 1/15 Sekunde ist der Gebrauch eines Stativs notwendig, um Verwackelungen zu vermeiden.

▓ Verfahren

Themen der Fotografie

Für die spätere Bearbeitung der Bilder ist es grundsätzlich sinnvoll, beim Fotografieren immer gleich mehrere Aufnahmen von einem Motiv – von einer Landschaft, einem Gebäude, einer Person – zu machen. Mehrere Variationen der Beleuchtung, verschiedene Perspektiven und unterschiedliche Ausschnitte sind für die Bildbearbeitung im Hinblick auf die Verwendung des Fotos wichtig.

Nahaufnahmen: Besonders interessant ist es, mit der Kamera an die Dinge ganz nah heranzugehen. Unglaubliche Details und sehr feine Strukturen können dabei entdeckt werden (Verschlusszeit: 1/3200 Sek., Blendenzahl: 8, ISO-Empfindlichkeit: ISO-400).

Landschaftsfotografie: Perspektive, Bildaufteilung und Verlauf der Horizontlinie sind hier maßgeblich für die Bildgestaltung (Verschlusszeit: 1/1250 Sek., Blendenzahl: 5.6, ISO-Empfindlichkeit: ISO-200). .

Bewegungsfotografie: *Durch die relativ lange Belichtungszeit wird das schnell herabfallende Wasser nicht scharf abgebildet und wirkt wie ein durchsichtiger Schleier oder graue Stofffäden vor dem ruhig und statisch wirkenden Hintergrund des Mühlenrades (Verschlusszeit: 6 Sek., Blendenzahl: 16, ISO-Empfindlichkeit: ISO-100).*

Im Gegensatz dazu lassen sich Bewegungen aber auch „einfrieren". Für solche Momentaufnahmen, wie sie in der Sportfotografie üblich sind, wird eine wesentlich kürzere Belichtungszeit (ab 1/1000 Sek.) gewählt, die es ermöglicht, sehr schnelle Bewegungsabläufe festzuhalten.

Architekturfotografie: *Das Spiel der Formen und Flächen, die Komposition der Gegensätze sind hier wahrzunehmen (Verschlusszeit: 1/400 Sek., Blendenzahl: 11, ISO-Empfindlichkeit: ISO-200).*

Stillleben: *Strukturen und Details: Nahaufnahme eines Blattes*

Schwarzweißporträts *sind auch im „digitalen Zeitalter" der Fotografie sehr beliebt und haben ihren eigenen Reiz, gerade weil die Farbe fehlt. Bei diesen Aufnahmen wurden die Lichtquellen beispielsweise sehr unterschiedlich eingesetzt: seitlich, von unten sowie direkt von vorn und auch zusätzlich noch von hinten.*

Digitale Bildbearbeitung

Die Bilddateien werden mithilfe eines Kartenlesers von der Speicherkarte auf den Computer übertragen. Für die Bildbearbeitung wird das Programm **Adobe® Photoshop®** CS 6 oder CC (als Cloud-Version) gestartet. Eine Alternative dazu ist das frei zugängliche Bildbearbeitungsprogramm **GIMP**.

Adobe® Photoshop® CS 6 und CC bieten vielfache Möglichkeiten, digitales Fotomaterial zu verbessern, zu verändern und auszuwerten. Hier einige Stichworte:

Adobe® Photoshop® CS 6 bzw. CC: Mit diesem Bildbearbeitungsprogramm lassen sich digitale Bilder organisieren, bearbeiten und präsentieren.

1. **Organisieren:** Die aufgenommenen Bilder können mit Stichwort-Tags (Personen, Orte oder Ereignisse) kategorisiert und dadurch schnell aufgefunden und angezeigt werden.

2. **Bearbeiten:** Zahlreiche Werkzeuge stehen für die Bearbeitung der Bildvorlagen zur Verfügung:
   - Belichtung, Farbton, Schärfe, Helligkeit und Kontrast des Bildmaterials können verbessert werden.
   - Auch die Umwandlung von farbigen Fotos in Schwarz-Weiß-Bilder lässt sich mühelos bewerkstelligen. Mit einem Assistenten können die gewünschten Einstellungen vorgenommen werden.
   - Kreative Bearbeitung: Das Programm bietet zahlreiche Filter an, mit denen digitale Fotos per Mausklick in Öl-, Aquarell-, Kohle- oder Pastellmalereien mit unterschiedlichen Papier- oder Leinwandstrukturen verwandelt werden können.

3. **Erstellen:** Das Programm bietet die Möglichkeit, Fotocollagen, Online-Galerien, Layouts für Cover und Bildbände oder Diashows zu erstellen.

4. **Präsentieren:** Die so bearbeiteten Fotos können direkt den unterschiedlichen Nutzungen zugeführt werden: Einbinden in Websites, Folienpräsentationen mit PowerPoint oder Printdateien.

Mit Adobe® Photoshop® CS6 bzw. CC kann man auch schon mit wenigen Vorkenntnissen zu brauchbaren Ergebnissen kommen. Die Schritt-für-Schritt-Anweisungen ermöglichen einen intuitiven Zugang zu dieser Software. Dennoch ist der Blick in ein Handbuch oder in Online-Hilfen oft vorteilhaft.

Bildbearbeitung mit dem Zeichenfilter „Strich-
umsetzung"

Bildbearbeitung mit dem „Zauberstab": Der Hintergrund ist mit dem „Zauberstab" markiert und
anschließend mit dem „Verlaufswerkzeug"
bearbeitet worden.

Schwarz-Weiß-Umwandlung mithilfe des Bildbearbeitungsprogramms Adobe Photoshop® CS 6

Originalbild

Tontrennung, Farbverlauf und Blendenflecke

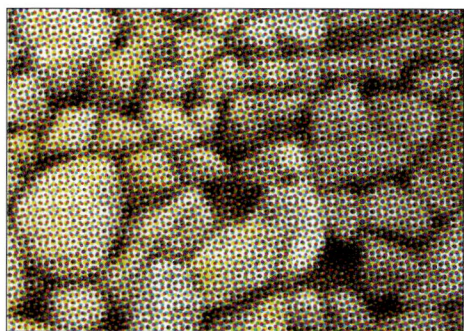

Bildbearbeitung mit Adobe® Photoshop® CS6:
Oben: Originalbild
Rechts oben: Fresco
Rechts: Farbraster

Folgende Filtereinstellungen wurden hier verwendet: links: Originalbild; Mitte: Relief; rechts: Mosaik

Bildauflösung

Die Bildauflösung wird durch die Anzahl der dargestellten oder gedruckten Bildpunkte (*Pixel*) auf einer bestimmten Fläche angeben. Je höher die Auflösung, desto besser die Bildqualität.

Die Anzahl der Bildpunkte wird pro Zeile (horizontal) und pro Spalte (vertikal) angegeben, beispielsweise 1024 x 768 Pixel. Digitalkameras speichern Bilder in

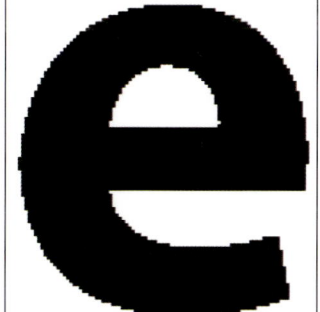
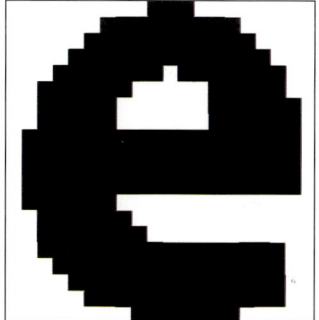

Vergrößerung eines Buchstaben in höherer (links) und geringerer (rechts) Auflösung

der Regel mit 72 oder 96 dpi (= dots per inch). Ausbelichtungen auf Fotopapier erfolgen meist mit 300 dpi. Fotodrucker arbeiten je nach Druckverfahren mit 300 bis fast 3.000 dpi. Ein ausgedrucktes 3,3-Megapixel-Foto beispielsweise mit 96 dpi hätte demnach eine Größe von 54 x 36 Zentimetern – aus der Nähe betrachtet aber von schlechter Qualität, weil die Bilddatenmenge für einen Ausdruck in dieser Größe nicht ausreicht. Die Eingabeauflösung harmoniert nicht mit der Druckauflösung. Ein Bildpunkt des Digitalfotos entspricht nicht dem Druckpunkt eines Fotodruckers. Für einen optimalen Ausdruck ist die Datenmenge der Abbildung an das Auflösungsvermögen des Druckers durch Skalierung mit einem Bildbearbeitungsprogramm anzupassen (die Angabe entnimmt man den technischen Daten des Druckers).

Fotos auf Webseiten erfordern eine geringere Bildauflösung als gedruckte Fotos in Printmedien. Diese erfordern eine Bildauflösung von 300 dpi, um eine akzeptable Qualität für eine bestimmte Abbildungsgröße im Druck zu erreichen. Beispiel: Ein Foto im Format 20 × 13 cm in der Auflösung 100 dpi entspricht einer Auflösung von 787 × 525 Bildpunkten. Wird bei gleichbleibendem Format die Bildauflösung auf 300 dpi erhöht, entspricht das 2362 × 1574 Bildpunkten.

Fotomontage

Beispiel einer Fotomontage: Das Motiv des ersten Fotos wird freigestellt und in die zweite Fotografie montiert.

Anregungen für die Bearbeitung von Lernsituationen

Praxissituation – für Kinder

Das Thema Fotografie könnte beispielsweise in eine Lernsituation, in der die subjektive Wahrnehmung der Umwelt zur apparativen Wahrnehmung mit der Kamera in Beziehung gesetzt wird, integriert werden: Welches Bild von der Welt wird uns durch die Fotografie vermittelt? Wie werden Bilder in den Medien verwendet? Wie entstehen spezifische Bildwirkungen? Mit der Digitalkamera können einfach und schnell (kostengünstig) Fotosequenzen und Beobachtungsreihen mit der Kamera hergestellt und ausgewertet werden. Es könnte ferner ein Motiv aus unterschiedlichen Perspektiven aufgenommen werden und mit gegensätzlichen Texten versehen werden.

- **Fotoreportage** über das Leben in der Kindergarteneinrichtung – Bilder vom Tagesablauf, besonderen Aktivitäten, Situationen in der Gruppe, Gesprächen zwischen Eltern und Erziehenden etc.

Praxissituation – für Jugendliche

- **Porträtaufnahmen** aus verschiedenen Perspektiven in unterschiedlichen Lichtsituationen (Tageslicht/Kunstlicht). Durch den Einsatz von Kostümen und Requisiten könnten unterschiedliche Charaktere dargestellt und fotografiert werden.

Weitere Anregungen

Themengebunden

- Unterschiede zwischen Tag- und Nachtansichten mit der Kamera „ausleuchten"
- Das Phänomen Zeit in Bildern fotografisch sichtbar machen (durch Langzeitbelichtungen beispielsweise)
- Die genaue Beobachtung: große Ereignisse – kleine Begebenheiten
- Der andere Blick: Was entdeckt man jenseits des Weges?
- Die subjektive Sicht: Wie erlebe ich die Wirklichkeit?

Diese Lichtzeichnung wurde mit einer langen Verschlusszeit aufgenommen.

- Fotoreportage: Mit der Digitalkamera werden Fotos zu einem Thema erstellt und auf dem PC bearbeitet. Sie werden für einen Vortrag zusammengestellt und mit Texten (oder eventuell auch gesprochenen Kommentaren) versehen (Besuch in einer Werkstatt, Dokumentation eines Schulfestes etc.).
- Persönliche Dokumentationen: Mein Fototagebuch
- Architektur: Fotografische Beschreibung eines Platzes, eines besonderen Gebäudes in der Stadt, des Schulgebäudes etc.

Experimentieren

- Verfremdung von Fotos mit zeichnerischen Mitteln
- Fotogramme: Diese Bilder ohne Kamera bieten sich als Einstieg in die Geheimnisse der Fototechnik an. Die Kinder können spielerisch mit dem Medium Fotografie bekannt gemacht werden. Voraussetzung ist, dass ein Vergrößerer beschafft werden kann und ein Fotolabor vorhanden ist. Dazu reicht ein provisorisch abgedunkelter Raum.

Fotogramm

- Lichtzeichnung (oder auch Lichtgraffiti): Während des Zeichnens mit der kleinen Lichtquelle bleibt der Verschluss der Kamera, die auf einem Stativ befestigt ist, geöffnet (Langzeitbelichtung). Ein besonderer Clou ist es, wenn zu den abgebildeten Lichtspuren auch die zeichnende Person oder die Umgebung im Bild zu sehen ist. In diesem Fall muss während der Langzeitbelichtung noch ein Blitz gesetzt werden. Als „Zeichenstift" für die Lichtzeichnung eignet sich eine kleine Taschenlampe. Die Kamera sollte auf eine geringe Lichtempfindlichkeit und eine kleine Blende eingestellt werden.

Diskussion
- Manipulationen: Was ist akzeptabel, welche Technik verfälscht?
- Fotografie als Abbild: Dokument – Beweismittel – Erinnerung?

 **Literaturhinweise**

Bonn, Galileo Press, 2014.

Böttcher, Steffen: Abenteuer Fotografie. Aus dem Logbuch eines Fotografen, Bonn, Galileo Press, 2012.

Haarmeyer, Holger/Westphalen, Christian: Canon EOS 70D: Ihre Kamera im Praxiseinsatz,

Mühlke, Sibylle: Adobe Photoshop CS6 und CC. Das umfassende Handbuch, Galileo Press, Bonn 2013.

Schellmann, Bernhard u. a.: Medien verstehen – gestalten – produzieren, 6. Auflage Haan-Gruiten, Verlag Europa-Lehrmittel, 2013.

Bildbearbeitungsprogramme:
Adobe® Photoshop® CS 6 und CC

Video

Einführung

Die Videotechnik hat sich in den letzten Jahren grundlegend verbessert: Mit der Digitali-
sierung ist es auch möglich geworden, Videos
mit dem Handy, Smartphone und mit digitalen Fotoapparaten aufzunehmen. Selbst
kleine Kompaktkameras bieten inzwischen
eine hervorragende Bild- und Tonqualität in
HD-Qualität[5]. Eine spezielle Videokamera ist
für die Videoarbeit nicht mehr unbedingt
nötig. Auch im Profibereich werden gern digi-

*Videoaufzeichnungen sind mit dem Camcorder,
aber auch mit einem Smartphone und einer
Digitalkamera möglich.*

tale Spiegelreflexkameras für die Videoaufzeichnung eingesetzt, weil die Handhabung
einfach und kostengünstig ist – und das bei hoher Qualität.

Die Vereinfachung der Kameratechnik bewirkt auch, dass das Video inzwischen unser stän-
diger, alltäglicher Begleiter geworden ist. „Flächendeckende Wahrnehmung der Welt durch
Kameras"[6] nennen die Medienwissenschaftler MATHIAS MERTENS UND MARTIN STEINSEIFER dieses
Phänomen. Weil Handys weit verbreitet sind und deren Kameras häufig verwendet werden,
prägen diese Bilder unsere Weltsicht. Sie nehmen auch Einfluss auf die Massenmedien und
die Berichterstattung, weil Videoplattformen im Internet für jeden zugänglich sind. Manchmal ist es auch die einzige Möglichkeit, eine Öffentlichkeit herzustellen.

Die jeweiligen Aufnahmegeräte enthalten weitgehend folgende technische Ausstattung:
* Videoaufzeichnung in Full-HD
* Tonaufzeichnung mit einem internen Mikrofon; ein Anschluss für ein externes Mikro-
  fon ist nur bei einigen Camcordern und bei Spiegelreflexkameras und Videokameras
  möglich
* Speicherung auf SD-Karten
* Anschlüsse: USB, HDMI

> ### BEISPIEL
>
> Als Beispiel für einen Camcorder sei hier ein Kameramodell von Canon aufgeführt:
>
> **Einige technische Details des digitalen HD-Camcorders LEGRIA HF M52 von Canon:**
>
> * **Objektiv:** 10-fach Zoom-Objektiv mit Bildstabilisator
> * **Bildsensor:** HD-CMOS-PRO-Sensor mit 2,37 Megapixel (16:9-Modus)
> * **Aufnahmeformat:** AVCHD/MP4
> * **Aufnahmemedium:** 32 GB interner Flash-Speicher, SDXC/SDHC/SD oder Direktspei-
>   cherung auf einer externen Festplatte
> * **Anschlüsse:** externes Mikrofon, USB, DV, AV, S-Video und HDMI, Kopfhörer
> * **Monitor:** 7,5 cm (3,0 Zoll) Touchscreen-LCD

---

5 HD-Video = High Definition Video
6 Martens, M./Steinseifer, M.: Die globale Bildermaschine

Grundkenntnisse der Filmsprache

Ein Film oder Video wird in **Szenen** und **Sequenzen** gegliedert. Das ist mit der Kapitelstruktur eines Romans oder einer Erzählung vergleichbar. Um die Geschichte einer Filmszene den Zuschauerinnen und Zuschauern nachvollziehbar und spannend zu erzählen, wird die Filmhandlung aus möglichst vielen kurzen oder längeren Filmstückchen, die **Einstellungen** genannt werden, zusammengesetzt. Eine Einstellung besteht zum einen aus

- dem **Bildausschnitt** der Kamera (beispielsweise Totale oder Nahaufnahme),
- der **Kameraperspektive,**
- und der **Länge.**

Bei der **Nachbearbeitung des Videomaterials**, dem Schnitt, werden die Einstellungen dann genau in der Reihenfolge montiert, die für die gewünschte Absicht und Wirkung des Films notwendig ist.

Optische Achse und Handlungsachse

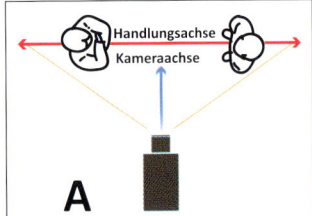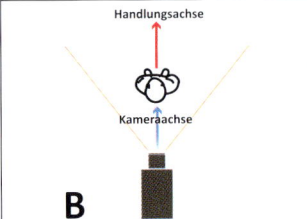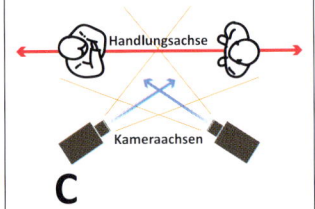

A: Die Kamera beobachtet den Dialog (90°-Winkel); B: subjektive Kamera; C: Die Kameras filmen einen Dialog – von der richtigen Seite der Handlungsachse aus.

Die Blickrichtung der Zuschauerin und des Zuschauers bildet die Kameraachse (optische Achse), die Linie der agierenden Personen die Handlungsachse. Das Verhältnis beider Achsen zueinander bestimmt, in welchem Umfang das Publikum in eine Handlung einbezogen wird:

- Stehen beide Achsen in einem 90°-Winkel zueinander, ist die Kamera, die Zuschauerin bzw. der Zuschauer, an dieser Handlung unbeteiligt (Grafik A).
- Fallen beide Achsen zusammen, wird die Zuschauerin bzw. der Zuschauer aufgrund der besonderen Perspektive unmittelbar in die Handlung einbezogen (subjektive Kamera, Grafik B).
- Ein Dialog wird gefilmt, indem die Gesprächspartner abwechselnd aus der Perspektive des jeweils anderen aufgenommen werden. Kamera- und Handlungsachse bilden ungefähr einen 45°-Winkel (Grafik C). Wichtig ist dabei, dass die Kameras die miteinander redenden Personen nur von der einen Seite der Handlungsachse aufnehmen und nicht abwechselnd von der einen und der anderen Seite, da sonst beim Zusammenschnitt der Großaufnahmen der Eindruck des gemeinsamen Dialogs gestört wird. Für die Zuschauerinnen und Zuschauer würde in diesem Fall der Eindruck entstehen, dass die Gesprächspartner sich nicht ansehen (→ Schuss-Gegenschuss-Verfahren).

Aufnahme einer Dialogszene im Schuss-Gegenschuss-Verfahren

Einstellungsgrößen

Man unterscheidet folgende Einstellungsgrößen (Kennzeichnung für den Bildausschnitt):

1 TOTALE (T)
Übersicht über den Handlungsort.

2 HALBTOTALE (HT)
Die Personen werden in ihrer Umgebung gezeigt.

3 HALBNAH (HN)
Die Personen werden von den Knien aufwärts gezeigt, erste Erkennbarkeit der handelnden Personen (Gestik).

 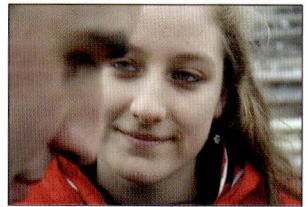 

4 NAH (N)
Brustbild. Der Hintergrund ist noch erkennbar. Die Mimik wird deutlicher.

5 GROSS (G)
Die Mimik steht im Vordergrund. Diese Einstellungsgröße wird häufig in Gesprächssituationen eingesetzt.

6 DETAIL (D)
Ein kleiner Ausschnitt: Die Kamera führt den Betrachter sehr nah an eine Person oder einen Gegenstand heran (starke Wirkung).

Schwenks

Horizontalschwenks (Filmen einer Landschaft entlang des Horizonts) und Vertikalschwenks, z. B. Filmen eines Gebäudes vom Eingang bis zur Dachspitze, sind nur mit dem Stativ möglich. Aus der Hand sollten solche Aufnahmen nur in Ausnahmefällen gemacht werden, da sonst die unruhige Bildführung die Erkennbarkeit von Details beeinträchtigen würde.

Kameraperspektive

Bei der **Untersicht** oder Froschperspektive filmt die Kamera eine Person aus einer niedrigeren Position (Darstellung von Macht und Unterlegenheit). Bei der **Normalsicht** befindet sich die Kamera „auf Augenhöhe". Die **Aufsicht** oder auch Vogelperspektive bezeichnet die erhöhte Kameraperspektive (Vermittlung eines Überblicks, Darstellung von Überlegenheit und Ohnmacht).

Fahrten/Zoom

Man kann mit der Kamera auf unterschiedliche Weise „fahren". Auch aus einem Auto heraus kann ohne Stativ eine wirkungsvolle Fahrt aufgenommen werden. Die Experimentierfreudigkeit der Filmemacher ist hier angesprochen, Ideen für interessante Bewegungsarten der Kamera zu entwickeln. Kleine Verwackelungen werden hingenommen, wenn der optische Eindruck überzeugend wirkt. Die künstliche Fahrt ohne Veränderung des Standpunktes der Kamera wird *Zoom* genannt.

Ton

Grundsätzlich sollten alle Aufnahmen mit O-Ton (= Originalton) aufgenommen werden. Dafür eignet sich das eingebaute Mikrofon des Camcorders. Für Interviews und spezielle Geräusche wird das externe Mikrofon verwendet. Beim Videoschnitt kann später entschieden werden, ob der O-Ton weggelassen oder z. B. durch Musik ersetzt wird.

Licht

Die Camcorder können auch bei schwacher Beleuchtung noch recht brauchbare Bilder liefern. Bei Interviews und Spielfilmszenen sollten allerdings Lampen (Scheinwerfer) eingesetzt werden.

Filmschnitt und Videomontage als Gestaltungsmittel

Jeder Filmschnitt ist eine Manipulation der Filmaufnahme, d. h., das aufgenommene Material wird gekürzt und zusammengefasst. Dabei kommt es bewusst oder unbewusst zu Veränderungen. Dieser Handgriff – Manipulation – ist aber die Voraussetzung dafür, dass aus dem Rohmaterial ein fertiger Film wird. Die Länge der Einstellungen ist abhängig vom Thema und Stil des Films. Während längere Einstellungen eher das Gefühl von Ruhe, Entspannung oder Intensität hervorrufen sollen, wird durch den schnellen Wechsel von kurzen Bildern der Eindruck von Unruhe, Dynamik und Hektik erzeugt.

Man unterscheidet:

erzählende Montage: Kontinuierliche Verknüpfung von bestimmten Handlungsfolgen; Zeitverkürzungen unter Berücksichtigung des Zusammenhangs von Zeit und Raum.

Parallelmontage: Zwei oder mehrere ineinander greifende parallele Handlungsverläufe werden auf einen Spannungshöhepunkt hin geschnitten.

Assoziationsmontage: Bei dieser Schnittmethode werden die Bilder frei oder nach optischgrafischen Gesichtspunkten miteinander kombiniert und in eine Reihe gebracht, z. B.: Sonne – Meer – Urlaub – badende Menschen etc.

Schuss-Gegenschuss-Verfahren: In Dialogszenen werden die Gesprächspartner abwechselnd im Bild gezeigt (ON), manchmal auch im OFF, wenn es auf die Reaktion des Gegenübers ankommt. Um die Gesprächspartner abwechselnd im Bild zeigen zu können, muss die Szene, wenn man nur eine Kamera einsetzen kann, zweimal gedreht werden: Einmal behält die Kamera die eine Person im Bild, bei der zweiten Aufnahme wird das Gegenüber aufgenommen. In der Nachbearbeitung werden die beiden Aufnahmen so montiert, dass der Bildwechsel dem Gesprächsverlauf der Szene entspricht.

■ Verfahren/Beispiele

Videoschnitt mit Pinnacle® Studio 17 Ultimate

1. Schritt: Import des aufgenommenen Videomaterials

Das aufgenommene Videomaterial (Rohmaterial) wird auf die Festplatte des Computers importiert. Im Bereich **„Import"** wird die Quelle ausgewählt, im Bereich „**Importieren nach**" wird der Zielordner für die Speicherung des Videomaterials ausgesucht. Miniaturen zeigen im Vorschaubereich die gefundenen Objekte an. Durch Anklicken der Bildchen werden einzelne Videoclips ausgewählt und durch Drücken der „Import starten"-Taste in den Arbeitsbereich des Videoprojektes kopiert.

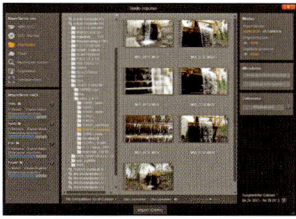

Das Import-Fenster des Video-schnittprogramms Pinnacle® Studio 17 ULTIMATE: Das Rohmaterial wird importiert.

2. Schritt: Bearbeitung und Montage des Videomaterials

Die importierten Videosequenzen und zusätzlich weitere Video-, Foto- oder Audiodateien liegen nun im Arbeitsbereich für die Videomontage bereit und werden wiederum durch Miniaturen angezeigt. Durch Anklicken der Startbilder kann bei Bedarf die Vorschau der jeweiligen Clips gestartet werden.

Die ausgewählten Videoszenen liegen für die Montage bereit.

Die Filmmontage kann beginnen: Die ausgewählten Videostückchen werden in der gewünschten Reihenfolge auf die Timeline gezogen (Drag-and-Drop). Mit dieser Methode lässt sich der „Rohschnitt" des Videoprojektes am schnellsten anfertigen. Die Anordnung der Szenen lässt sich zu jedem Zeitpunkt wieder ändern und korrigieren. Clips können auch nachträglich noch eingefügt und zwischen bereits vorhandene Clips gesetzt werden.

Die **Timeline** enthält mehrere Ebenen (Spuren) für Videoclips mit synchronem Ton, für Video-Effekte, Titelgrafiken, Soundeffekte, Kommentar und Musik des Videoprojektes. Der Player-Schieberegler zeigt die jeweils aktuelle Position auf der Timeline an.

Die Timeline besteht aus mehreren Video- und Tonspuren, auf denen die ausgewählten Videosequenzen zusammengestellt werden.

Durch Klicken und Ziehen mit der linken Maustaste können die Enden eines Videoclips verschoben werden. Durch dieses „Trimmen" kann die Videosequenz gekürzt oder verlängert und exakt auf die gewünschte Länge feingeschnitten werden. Auf dem Monitorbild wird dieser Vorgang beobachtet und kontrolliert.

Schneiden (Trimmen) einer Videoszene auf der Timeline

Weitere Bearbeitungsfunktionen:

- Einfügen von Szenenübergängen: beispielsweise Überblendungen, Ein- und Ausblenden oder Wisch- und Gleiteffekte
- Titel mit dem Titel-Editor gestalten und einblenden
- Szenen mit Musik unterlegen
- Kommentare sprechen und einfügen

3. Schritt: Ausgabe des fertigen Videos

Wenn das Video fertig geschnitten, nachvertont und mit Kommentar versehen vorliegt, kann das Produkt in folgenden Formaten ausgegeben werden: auf eine **DVD**, als **Datei** auf eine Festplatte oder ein anderes Speichermedium (z. B. USB-Stick) oder per **Upload** ins Internet (auf die eigene Webseite oder auf ein Videoportal) gestellt werden. Das „Erstellen" (Export) des Videofilms dauert je nach Format und Ausgabequalität einige Zeit.

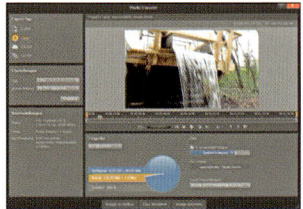

Die dritte Phase: Film erstellen und speichern

Planung eines umfangreicheren Videovorhabens

Für die Planung einer längeren Videosequenz ist ein Storyboard (= gezeichneter Handlungsablauf eines Films) hilfreich. Die Geschichte oder Sequenz wird zunächst als Bilderfolge, die die einzelnen Szenen oder Sequenzen andeuten sollen, entwickelt. Aus dieser Vorarbeit kann später auch ein vollständiges Drehbuch entwickelt werden. Dabei ist folgende Seitenaufteilung hilfreich: Links stehen die Angaben für das Bild, rechts die Angaben für den Ton. Die Einstellungen werden dabei fortlaufend nummeriert und in Szenen eingeteilt. Der Schnitt des Films wird durch die Planung eines Drehbuches wesentlich erleichtert.

Beim Storyboard werden die einzelnen Einstellungen mit einer kleinen Zeichnung skizziert.

Musikvideos

Videoclips oder Musikvideos sind ein sehr beliebtes Genre, da es viel Raum für kreative Ideen lässt. Sie lassen sich relativ einfach pro-

Musikvideo: Schnitt der Videosequenzen nach dem Rhythmus der Musik

duzieren, weil die spontanen oder geplanten Videoaufnahmen über einen ausgewählten Musiktitel gelegt werden. Durch den Musikrhythmus wird der Takt vorgegeben, dem der Bildwechsel folgt.

Knetfiguren-Animation und „Brickfilme"

Für die Produktion einer Figurenanimation wird benötigt:

- Figuren aus einer knetbaren Formmasse (Plastilin oder Knetgummi) oder vorgefertigte Figuren (z. B. Lego oder Playmobil)
- Requisiten und ein „Bühnenbild" (die Studioumgebung), in dem die Figuren auftreten
- eine Digitalkamera mit Stativ
- zwei bis drei Scheinwerfer für die Ausleuchtung der Szene
- ein Storyboard, mit dem vor der Aufnahmephase die Handlung der Videogeschichte entwickelt und schriftlich geplant wird

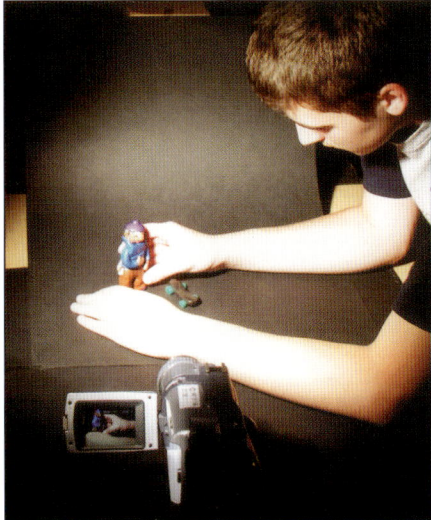

Eine Knetfiguren-Animation wird vorbereitet und mit der digitalen Videokamera aufgenommen

Während der Aufnahmen ist noch Folgendes zu beachten: Die Kamera (auf dem Stativ) wird mit einem statischen Bildausschnitt fest eingerichtet. Um Bildwackler zu vermeiden, wird die Kameraposition dann nicht mehr geändert. Damit die Bewegungsabläufe im fertigen Video möglichst flüssig erscheinen, werden ca. 8 bis 10 aufeinander folgende Bewegungspositionen der Figur mit zwei Einzelbildern aufgenommen. Dabei darf die Veränderung von einer Position zur nächsten nicht allzu unterschiedlich gewählt werden. Das würde zu sprunghaft wirken und den Bewegungsfluss stören.

Vorbereitung einer Position der Knetfigur für eine Aufnahme

„Brickfime" nennt man Videoanimationen mit Legofiguren. Inzwischen hat sich daraus eine eigene Videoszene entwickelt, die regelmäßig Filmfestivals organisiert und veranstaltet (Brickfilmfestival „Steinerei" in Hannover oder Hildesheim).

Figurenanimationen mit Legofiguren („Brickfilm")

Stopptrick

Die Technik ist dieselbe wie bei einer Figurenanimation: Beim Stopptrick werden mit der Digitalkamera Einzelbilder aufgenommen, ohne dabei den Standpunkt und den Ausschnitt zu verändern. Nach jeder Aufnahme wird immer nur ein Bildelement (dies können Gegenstände, Möbel oder wie in dem gezeigten Beispiel Früchte sein) weggenommen oder hinzugefügt, also die Szenerie wird leicht verändert. Anschließend wird die aufgenommene Fotoserie zu einem Video zusammengefügt und abgespielt. Lässt man die Aufnahme

Aufnahme eines Stilllebens mit dem Stopptrick

rückwärts laufen, kann dadurch ein besonderer Effekt erzielt werden: Ein leerer Raum wird möbliert oder eine Obstschale füllt sich beispielsweise.

Greenscreen-Effekt

Der **Greenscreen**- oder auch **Bluescreen-Effekt** kann mithilfe der **Chroma-Key-Funktion** des Schnittprogramms erzeugt werden. Es handelt sich dabei um die Technik, Personen beispielsweise in einer unrealistischen Umgebung agieren zu lassen. Wenn also der Hauptdarsteller im Film einen Weltraumspaziergang unternimmt oder gegen eine Riesenmücke kämpft, handelt es sich um eine Chroma-Key-Aufnahme. Vor einem gleichmäßig blauen oder grünen Hintergrund werden die Personen in der entsprechenden Haltung gefilmt. Separat wird eine Hintergrundaufnahme vorbereitet oder gedreht. In der Nachbearbeitung werden beide Aufnahmen zusammengefügt: Der grüne oder blaue Hintergrund wird in der Szene durch die zweite Aufnahme ersetzt. Beim Schnitt werden der Hintergrund-Clip auf die erste Videospur und der Vordergrund-Clip auf die zweite Videospur (**Overlay-Spur**) der Timeline gezogen. Indem die Steuerelemente des **Chroma-Key-Tools** auf **transparent** gestellt werden, scheint die erste Videoaufnahme durch die zweite durch.

Chroma-Key-Effekt: *Die grünen Bereiche der ersten Aufnahme werden durch Bereiche der zweiten Aufnahme ersetzt.*

Anregungen für die Bearbeitung von Lernsituationen

Praxissituation – für Kinder

Lernsituation „Medienwelt": Die Verarbeitung von Medienerfahrungen ist für Kinder wichtig. Szenen aus Filmen, die sie in den Medien gesehen haben, könnten in einem improvisierten kleinen Studio nachgespielt, mit der Kamera aufgenommen und anschließend besprochen werden. So wäre es auch möglich, verschiedene Variationen einer Spielhandlung aufzunehmen und zu besprechen. Der Camcorder ist aber auch für die Dokumentation der täglichen Arbeit in der Kindergarteneinrichtung hervorragend geeignet, um Tagesabläufe oder besondere Aktionen aus dem Alltag der Gruppe festzuhalten, damit sie später in kommentierter und gekürzter Form den Eltern vorgeführt werden können.

Praxissituation – für Jugendliche

Imagefilm: Um für die Einrichtung in der Öffentlichkeit zu werben, soll ein Imagefilm entwickelt und realisiert werden. Nach der Beschäftigung mit Imagefilmen, Werbespots oder Videoclips (Bildsprache, Schnittrhythmus) könnte eine Videogruppe ein Konzept entwickeln und umsetzen. Der Videofilm über die Einrichtung könnte bei Filmabenden oder anderen Anlässen vorgeführt oder auf die Website der Einrichtung gestellt werden.

Weitere Anregungen

Kamera-Experimente

- Verändern der Farbeinstellung
- Verwenden von Farbfiltern und Spiegeln, subjektive Kamera

Mit Videotechnik experimentieren

- einen Dialog auf unterschiedliche Weise filmen und zusammenschneiden
- Kontraste in einem Video darstellen: Einsamkeit – Geselligkeit; Dunkelheit – Helligkeit; Langsamkeit – Schnelligkeit etc.
- Nähe und Distanz im Film ausdrücken
- das Thema Zeit im Film darstellen
- Aussagen manipulieren: Videofilme mit gegensätzlichen Aussagen aus dem gedrehten Material montieren
- Zusammenschneiden von kleinen Filmausschnitten aus aufgezeichneten Spielfilmen und mit neuen Dialogen synchronisieren

Übertragung von anderen Medien

- Entwicklung eines Bilderbuch-Films durch Abfilmen und Vertonen (Sprache, Geräusche und Musik) einer Bilderbuch-Vorlage
- Videoclip zu einem ausgewählten Musikstück
- Verfilmung eines Hörspiels im Playback-Verfahren

Themengebunden

- den Alltag einer Erzieherin oder eines Erziehers mit der Videokamera begleiten
- eine Befragung zur Berufsmotivation mit der Videokamera durchführen
- ein Videoporträt der Schule aus ungewohnten Blickwinkeln realisieren

Kommentar

Bei der Verwendung eines literarischen Stoffes für eine Videoproduktion sollte darauf geachtet werden, dass der Text nicht zu lang ist und nicht zu viele entlegene Schauplätze und unterschiedliche Jahreszeiten enthält. Der Text muss mit möglichst einfachen Mitteln umsetzbar sein. Filmarbeit ist Teamarbeit. Alle Teilnehmerinnen und Teilnehmer der Filmgruppe – vor und hinter der Kamera – sollten ihre Aufgabe möglichst optimal wahrnehmen können. Dazu sind klare Absprachen notwendig. Häufig müssen auch Kompromisse zugunsten des gemeinsamen Produktes gefunden werden. Die Schnittarbeit erfordert sehr viel Zeit! Filmarbeit ist mühsam und verlangt ein hohes Maß an Disziplin! Längere Produktionen sollten deshalb im Rahmen von Projektwochen durchgeführt werden. Das Medium Video lässt sich in der sozialpädagogischen Praxis in der Arbeit mit Kindern und Jugendlichen vielfältig einsetzen: Spontan gefilmte Rollenspiele beispielsweise bieten gute Anlässe für Diskussionen. Durch das Nachspielen von Fernsehsendungen, z. B. Talkshows, können Fernseherfahrungen aufgearbeitet werden. Besondere Anlässe (Feste, Freizeiten etc.) können mit der Videokamera für spätere Elternabende dokumentiert werden. Videos über die Arbeit einer Einrichtung können in der Öffentlichkeitsarbeit verwendet oder auch als Mittel des Protestes gegen eine angekündigte Kürzung der finanziellen Mittel durch den Träger eingesetzt werden.

 **Literaturhinweise:**

Böcher, Hartmut/Koch, Roland: Medienkompetenz in sozialpädagogischen Lernfeldern, Köln, Bildungsverlag EINS, 2012.

Gethöffer, Julia: Dino Doc, der einsame Saurier. KiTa-Kinder drehen einen Trickfilm, in: Kindergarten heute, 4/2008, S. 14 f.

Jentsch, Markus: Medienprojekte für sozialpädagogische Berufe, Köln, Bildungsverlag EINS, 2011.

Jovy, Jörg: Digital filmen – das große Handbuch: Planen, Aufnehmen, Schneiden, Vorführen, Hallbergmoos, Addison-Wesley Verlag, 2012.

Kandorfer, Pierre: Lehrbuch der Filmgestaltung. Theoretisch-technische Grundlagen der Filmkunde, 7. Aufl., Berlin, Schiele und Schön, 2010.

Klaßen, Robert: Grundkurs Digitales Video: Schritt für Schritt zum perfekten Film, Bonn, Galileo Press, 2011.

Rogge, Axel: Die Videoschnitt-Schule: Für spannende und überzeugende Filme, Bonn, Galileo Press, 2013.

Schellmann, Bernhard u. a.: Medien verstehen – gestalten – produzieren, 6. Auflage, Haan-Gruiten, Verlag Europa-Lehrmittel, 2013.

Printmedien

Hand mit Pinsel: sechs Variationen einer Fotovorlage

Einführung

Die Schrift gehört sicher zu den genialen Erfindungen der Mensch-
heit. Durch die Schrift können das Wort, der Gedanke und das
gesamte Wissen, soweit es in Sprache fassbar ist, festgehalten und
überliefert werden.

Neben dem Sprechen und dem Lesen gehört das Schreiben zu den
wesentlichen Kulturtechniken, die von klein auf erlernt werden.

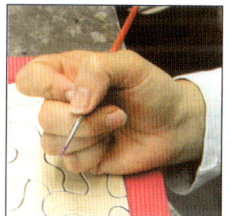

Hand mit Pinsel:
Fotovorlage

Betrachtet man die Schriften der vergangenen Epochen, so zeigt
sich, dass sie auch immer ein Ausdruck ihrer Zeit waren. Beispielsweise spiegeln die kräftigen, eng gesetzten und aufstrebenden
Linien einer gotischen Schrift die religiösen Denkweisen und somit den Geist der Zeit
wider. Die schwungvollen Zierschriften des Barocks wirken dagegen luxuriös, weltoffen,
aber auch oft verspielt und überladen.

Aus heutiger Sicht sollte eine gute Schrift bestimmte Anforderungen erfüllen. Sie sollte
harmonisch wirken, ein ausgewogenes Schriftbild ergeben, gut lesbar sein und in der
Abfolge der Buchstaben die Zeile betonen, um den Lesefluss zu gewährleisten. Sie sollte
aber auch Abwechslung bieten, damit die Augen bei längeren Texten nicht zu schnell
ermüden.

Zeitungen gestalten

Eine Zeitung herzustellen ist Teamarbeit. In der Gruppe muss man zuerst die äußere Gestaltung, Schrifttypen, Farben, Inhalte, Format, Umfang etc. festlegen.

Je nach Interesse und Fähigkeiten können die verschiedenen Aufgaben wie Textherstellung, Beschaffung oder Herstellung von Bildern, Interviews durchführen, Aufnehmen von Werbeanzeigen (um entstehende Kosten zu decken), Möglichkeiten der Vervielfältigung in Erfahrung bringen, Gesamtkostenberechnung etc. im Team aufgeteilt werden.

Bei der äußeren Gestaltung (= Layout) einer Zeitung ist ein durchgängiges Konzept wichtig. Indem man ein Seitenraster entwirft, können Seitenabfolge, Bild- und Schriftgrößen festgelegt werden. Beispielsweise könnte jede Seite mit einer Überschrift beginnen. Es wäre auch denkbar, jeweils ein Bild, eine große Seitenzahl oder Ähnliches an den Anfang zu setzen. Diese Art der Zeitungsherstellung ist die „professionelle" Form. In der Arbeit mit Kindern oder Jugendlichen bietet sich beispielsweise die Herstellung einer Wandzeitung an.

Plakate herstellen

Bei einem Spaziergang durch eine Stadt wird man die unterschiedlichsten Plakate entdecken. Manche werben für Produkte, andere informieren über Veranstaltungen, Ausstellungen, Musikfestivals, Buchmessen und vieles mehr. Wieder andere bringen aktuelles Zeitgeschehen oder politische Ereignisse ins Bild und regen so zum Mit- und Weiterdenken an.

Drei Beispiele für die Gestaltung eines Initials mit Computerschriften und anderen Vorlagen

Elemente für die Gestaltung eines einfachen Plakats: Die Vorlage ganz links wurde mit einem Bildbearbeitungsprogramm mehrfach verändert und mit Hintergrund, Schrift und Glanzlicht ergänzt.

Es gibt gute und schlechte Plakate. Plakate, die man sich länger ansieht, weil sie aufmerksam machen oder der Inhalt interessiert, und solche, die man (fast) gar nicht beachtet, oder sie gefallen so gut, dass sie zu Hause an die Wand gepinnt werden.

Doch was ist ein gutes Plakat? Patentrezepte für die Herstellung eines guten Plakates gibt es nicht. Aber es gibt einige wichtige Grundüberlegungen, die man bedenken sollte, um die erwünschte Wirkung zu erzielen.

Die Elemente der Gestaltung wurden zusammengefügt und beschnitten. Nun könnten auch weitere Zusatzinformationen (Ort, Auftrittszeiten, Daten etc.) dazu gesetzt werden.

Grundsätze für ein gutes Plakat

- Ein Plakat wird aus der Entfernung betrachtet. Also muss das Wichtigste deutlich wahrzunehmen sein. Die Plakataussage sollte auf den ersten Blick klar sein.
- Es sollte ein deutlicher „Blickfang" (ein groß gedrucktes Wort, ein ungewöhnlicher Schrifttyp, ein Bild, eine besondere Farbe etc.) vorhanden sein.
- Es gibt Signalfarben, wie zum Beispiel Rot, die schnell die Aufmerksamkeit erregen. Dennoch wird man eine große rote Fläche nicht lange anschauen können, da die Farbe eine innere Unruhe auslöst. Nach sehr kurzer Zeit suchen die Augen nach einem Ausgleich, einer verhaltenen Farbe (= Ruhe). (Testen Sie sich selbst einmal!)
- Bild und Text sollten in einer logischen Leseabfolge stehen. Von oben nach unten bzw. von links nach rechts.
- Schrift und Bild sowie Formen und Farben sollten in einem spannungsreichen Kontrast zueinander stehen. Eine allzu gleichmäßige Verteilung auf der Gesamtfläche wirkt meistens langweilig und spannungslos.
- Die gewählten Schriftarten, Formen, Farben, Bilder etc. sollten dem Inhalt angemessen sein. (Für ein Kinderbuch wird man eher eine Schreibschrift als eine nüchterne, kühl wirkende Computerschrift nehmen.)
- Ein Plakat sollte nicht überladen sein. Auch hier gilt der Spruch: „So viel wie nötig und so wenig wie möglich." Oder: „Weniger ist mehr."

Sie sollten versuchen, diese Überlegungen bei der Plakatgestaltung mit einfließen zu lassen. Wenn man mit Kindern oder Jugendlichen Plakate macht, bieten sich einige Herstellungsweisen besonders an. So können Schriften mit Schablonen oder breiten Pinseln hergestellt werden. Auch das Ausschneiden von Schriften aus Zeitungen, um Worte, Buchstaben oder kurze Texte danach in neuer Form zusammenzukleben, ist eine brauchbare Möglichkeit (→ Collage).

Übrigens: Das übliche Plakatformat beginnt bei DIN A2 (42 cm x 59,4 cm – Hochformat) (→ Plakataktion, Großflächenplakat 252 x 356 cm).

Die vier Entwürfe wurden mit einem Grafikprogramm hergestellt.

Form und Inhalt

Durch eine gezielte Auswahl der Schriftart, Schriftstärke oder Schriftgröße kann die Gesamtwirkung wesentlich gesteigert werden. Die äußere Form unterstützt auf diese Weise die inhaltliche Aussage.

Zu den vier Entwürfen:

1. Die Schrift (mager oder fett) verdeutlicht die Aussage über den Sinn des Wortes.
2. Die schrittweise Veränderung der Buchstaben stellt einen optischen Ablauf dar, den das Wort in zeitlicher Weise meint.
3. Ein Buchstabe im Wort wird durch eine Abbildung dessen, was man damit verbindet (Licht = Helligkeit, Lichtstrahl, Kerze, Glühbirne, Leuchtturm etc.), ersetzt (→ Textcollage).
4. Zu einer Schrift wird eine zusätzliche Form gesetzt, welche zur Verstärkung der Gesamtaussage beiträgt.

Sicher wird man solche Übungen und Aufgaben nur mit Jugendlichen machen können, da ein gewisses Sprachverständnis und Umsetzungsdenken nötig sind.

Aufgeklebte Buchstaben und Zeichen wurden mit Deckfarben ergänzt bzw. übermalt.

Freie Verwendung von Schrift

(frei = nicht an einen bestimmten Zweck gebunden)

Sieht man Buchstaben, so versucht man meistens, sofort zu lesen. Man sucht mit den Augen nach Verknüpfungen, um einen Sinn oder eine Aussage zu finden. Bei einer freien Arbeit wird man die Verwendung von Schrift im Bild nur langsam mit anderen Augen betrachten können.

Hier sind die Buchstaben nicht als reines Transportmittel für Botschaften/Inhalte zu verstehen. Sie sind vielmehr Bildelemente, die ihre eigene, formale und grafische Aussage haben. So können zwei, drei aufgeklebte Buchstaben die Fantasie anregen, um neue Spannungen oder Kontraste entstehen zu lassen.

Eine freie Arbeit mit Schrift(en) kann auch eine sehr persönliche Aussage sein und beim Betrachten zum Nachdenken über die Herstellerin oder den Hersteller anregen. Ein angefangener Satz, ein abgerissenes Stück aus einem Brief, ein Kalenderblatt, eine Kinokarte, ein Stück Zeitung oder ähnliche bruchstückhafte Alltagsdinge können in der bildhaften Zusammenstellung eine neue Bedeutung annehmen. Ein Hinein-, Hinzu- oder Übermalen kann dabei verbindend, verstärkend oder abschwächend wirken (→ Collage).

Anregungen für die Bearbeitung von Lernsituationen

Praxissituation – für Kinder
Buchstabenlandschaft: Nachdem viele Kinder schon die Buchstaben des eigenen Namens kennen, sollen sie nun auf eine spielerische Art mit weiteren Buchstaben vertraut gemacht werden. Drei oder vier Großbuchstaben, z.B. A – O – L – T, werden aus einer Zeitschrift/ Zeitung ausgeschnitten. Sie sollten etwa 5 cm – 6 cm hoch sein. Die Buchstaben werden auf ein Zeichenblatt geklebt und mit Wachsmalstiften umrahmt, miteinander verbunden, ergänzt, teilweise übermalt etc. So entsteht eine fantasievolle, sehr persönliche Buchstabenlandschaft, bei der die Buchstaben als Auslöser für die Zeichnung zu sehen sind.

Praxissituation – für Jugendliche
Schriftgestaltung: Da die Jugendlichen in einer Freizeiteinrichtung gerne Musik hören, können sie etwa den Namen ihrer Lieblingsband neu gestalten. Mit Farbe und Pinsel, Ölpastellkreide, Zeichenstiften oder auch Paintmarkern wird der Schriftzug mit einer selbst entworfenen Typografie auf Papier dargestellt. Diese Arbeit setzt voraus, dass genügend Material vorhanden ist: Festes Papier oder Pappen, Bleistifte zum Vorzeichnen, Fotomaterial aus Musikzeitschriften und Schriftbeispiele sollten vorhanden sein, um die Fantasie der Jugendlichen anzuregen. Am PC kommt ein geeignetes Grafikprogramm zum Einsatz, um verschiedene Variationen des Bandnamens auszuprobieren.

Weitere Anregungen

Schriftstücke anfertigen
- Einladungskarten in einer Drucktechnik, z.B. im Materialdruck, herstellen (→ Druckgrafik)
- ein Kalender (mit eigenen Bildern) – eine Titelseite für ein Kinderbuch
- eine Urkunde gestalten, Gestaltung von Hüllen für CDs, Gestaltung von Hand- und Informationszetteln
- Zeitungen erstellen
- Gestaltung einer Kindergartenzeitung
- Gestaltung einer Zeitschrift für Jugendliche
- Herstellung einer Wandzeitung – die Wandzeitung könnte beispielsweise die Geburtstage der Kinder/Jugendlichen zum Thema haben. Zu jedem Geburtstag wird von den Kindern/Jugendlichen eine Seite gestaltet. (Für diese Arbeiten können Papierrollen/ Tapetenrollen verwendet werden.)

Plakate herstellen

- Plakate werden zu Anlässen wie: Einladung zu einem Elterntreffen – ein Fest – eine Theateraufführung – eine Kinderbuchwoche etc. hergestellt.
- Großflächenplakate (→ Plakataktion)
- Fotografien betrachten und für eine Plakatgestaltung auswählen

Form und Inhalt

- einen Wortsinn in Schrift und Bild umsetzen
- die Gestaltung eines Einzelbildes in der Art eines Comics (z. B. Thema: „Der Ballon zerplatzte mit einem großen Knall")
- eine Schrift für ein Logo entwickeln
- die Beziehung von Text und Schriftgestaltung überlegen und ein Layout entwerfen

Experimentieren

- schriftähnliches Schreiben nach einem Musikstück
- Buchstaben aus Zeitungen ausschneiden/-reißen und als Bildelemente neu zusammenfügen (→ Collage)
- eine Rauminstallation aus Texten (Gedichten, Zitaten oder Textfragmenten) inszenieren
- Abbildungen, Zeichnungen oder Grafiken zu kurzen Sätzen, Zitaten, Sprüchen oder Aussagen entwickeln
- Situationen wahrnehmen, beschreiben und plakativ mit Texten ausdrücken

Kommentar

Der Alltag wird durch eine Fülle an Gedrucktem und Geschriebenem mitgeprägt. Zeitungen, Illustrierte, Bücher, Plakate, Wandwerbungen und vieles mehr sind selbstverständliche Bestandteile unseres Lebens. Auch in der sozialpädagogischen Praxis gibt es viele Anlässe und Gelegenheiten, bei denen Gestaltungen mit Schrift benötigt werden. Erziehende sollten zweierlei bedenken: Zum einen kommt man oft selbst in die Situation, eine Arbeit mit Schrift machen zu müssen. Zum anderen ist der Bereich „Schrift" ein wichtiges Thema für Kinder und Jugendliche.

Bei allen zweckgebundenen Gestaltungen mit Schrift sind Grundkenntnisse und Grundfähigkeiten notwendig, um eine gute Arbeit zu machen. Wer beispielsweise eine Schrift von Hand schreiben will, braucht eine Vorlage, Anleitung und Übung. Als Erzieherin oder als Erzieher sollte man diese Übung haben bzw. sich damit vertraut machen. Mit jüngeren Kindern wird man wohl eher spielerische Anwendungsformen von Schrift, z. B. Musik in schriftähnliche Linienformen schwungvoll umsetzen, zum Thema machen können.

Jugendlichen dagegen können eher gestalterische Aufgaben wie Plakate entwickeln gestellt werden.

Neben den genannten Möglichkeiten gibt es sehr viele andere Verfahren, um Schriften herzustellen. So zum Beispiel Buchstaben zum Aufreiben, gespritzte und gesprühte Schriften, eine Vielzahl an drucktechnischen Möglichkeiten, Schriften aus Folien und anderes.

Doch da für viele Verfahren der Kostenaufwand bzw. der Aufwand an teuren Maschinen zur Schriftherstellung sehr hoch ist, beschränkt sich die hier getroffene Auswahl auf praxisnahe und kostengünstige Anwendungsmöglichkeiten. Sollten jedoch Computer zur Textherstellung und Bildbearbeitung zur Verfügung stehen, können Kinder und Jugendliche grundlegende Erfahrungen damit sammeln.

Schriftschreiben, schreibähnliche Übungen oder freie Buchstabenmalerei fördern die manuelle Sicherheit und bilden Grundlagen für die eigene Handschrift, welche als Ausdruck der sich entwickelnden Persönlichkeit verstanden werden kann.

 **Literaturhinweise**

Ambrose, Gavin/Harris, Paul: Typografie: Schriftgestaltung, Satzgestaltung bei Drucksachen, visueller Aspekt der Textgestaltung, München, Stiebner Verlag, 2005.

Lach, Denise: Schriftspiele: Experimentelle Kalligraphie, Bern, Haupt Verlag, 2009.

Löhr, Oliver/Nass, Birgit/Schaper, Kristina: Schrift-Bilder: Grundlagen, Techniken, Motive, Freiburg, Christophorus-Verlag, 2010.

Software für die Arbeit am PC:

Adobe Creative Suite® 6

Webdesign

Einführung

Die Herstellung von Internetseiten erweitert die Palette der Ausdruckformen kreativen Handelns um ein weiteres Kommunikationsmedium. Fotos, Texte und Videos können im Internet weltweit, kostengünstig, schnell und leicht präsentiert werden. In diesem Kapitel wird die elementare Herstellung einer sehr einfachen Webseite erläutert.

Die vielen technischen und gestalterischen Möglichkeiten, die für die Herstellung umfangreicherer Webseiten notwendig sind, können in diesem Zusammenhang nicht beschrieben werden. Wir beschränken uns auf einen grundlegenden Anfang. Zahlreiche Anbieter ermöglichen es, Webseiten „in fünf Minuten", ganz ohne technische Kenntnisse, einzurichten. Meistens werden dabei nur die persönlichen Daten, Abbildungen und Texte in vorgefertigte Layouts eingefügt. Die vorgegebenen Designs können grundsätzlich nicht verändert werden.

 Mittel und Materialien:

- **Internetanbieter (Provider):** Um eine Internetpräsenz zu erstellen, benötigt man zunächst einen Provider, bei dem die Website – die Internetseite – „gehostet" (= beherbergt) wird. Auswahlkriterien sind:
- Größe des Speicherplatzes/Traffic
- Anzahl der E-Mail-Adressen
- Möglichkeit der statistischen Auswertung

- **Domain (Internetadresse):** Um weltweit erreichbar zu sein, braucht man eine unverwechselbare Anschrift im World Wide Web: **www.IhrName.de.** Bei der Denic (= Deutsches Network Information Center) in Frankfurt werden durch den Provider die Adressen registriert.
- **Computer:** Für die Erstellung der Webseiten und den Upload (= Übertragung der Seiten auf den Server des Providers) ist ein PC mit Internetanschluss erforderlich.
- **Software zur Erstellung von Webseiten:** Mit jedem Editor lassen sich Webseiten erstellen. Wenn man allerdings nur wenige HTML-Kenntnisse[7] besitzt und die Formatierungen nicht direkt in den Quellcode schreiben kann, sollte man einen Editor mit einer WYSIWYG-Oberfläche[8] einsetzen. **Adobe Dreamweaver®** ist eine sehr umfangreiche Software zur Erstellung von Webseiten, die beim Arbeiten sowohl den Quellcode als auch den Entwurf der Seite sichtbar macht. Ebenso wird mit dieser Software die CSS-Datei[9] für die Steuerung des Designs der Webseite erstellt. Für die Erstellung, Verwaltung und Aktualisierung der Internetauftritte werden häufig CMS-Programme[10] eingesetzt. Hiermit können mehrere Mitarbeitende selbstständig über den Browser Artikel und Fotos in die Website einstellen, ohne über HTML-Grundkenntnisse zu verfügen. Bekannte CMS-Programme sind **Joomla!, TYPO3™** oder **WordPress**.
- **Für die Bearbeitung der Fotos und Grafiken:** Adobe® Photoshop® **CS6** und **CC** bieten zahlreiche Möglichkeiten, das Bildmaterial für die Veröffentlichung im Internet aufzubereiten (Datenkomprimierung). Grafiken können mit **Adobe llustrator® CS6** und **CC** erstellt sowie bearbeitet werden. Im Freeware-Bereich gehört das Programm **GIMP** zu den bekanntesten Bildbearbeitungsprogrammen.

Verfahren (Internetseiten erstellen)

- Im Folgenden geht es um die Erstellung eines einfachen Webauftritts mit HTML/CSS der aus einer einzigen Webseite ohne Kopf- und Fußbereich besteht. Auf den Menübereich für eine Navigation wird auch verzichtet. Zunächst wird eine Idee für einen einfachen Webauftritt entwickelt und skizziert.

---

7 HTML (Hypertext Markup Language) ist die Sprache des World Wide Web (WWW), die Struktur und Inhalt sowie das Verhalten eines Web-Dokuments beschreibt. Es ist eine Standardsprache, die alle Browser verstehen und interpretieren können.
8 WYSIWYG = What you see is what you get
9 CSS (Cascading Style Sheets) ist eine besondere Script-Sprache für die Formatierung von HTML-Seiten.
10 CMS = Content Management System

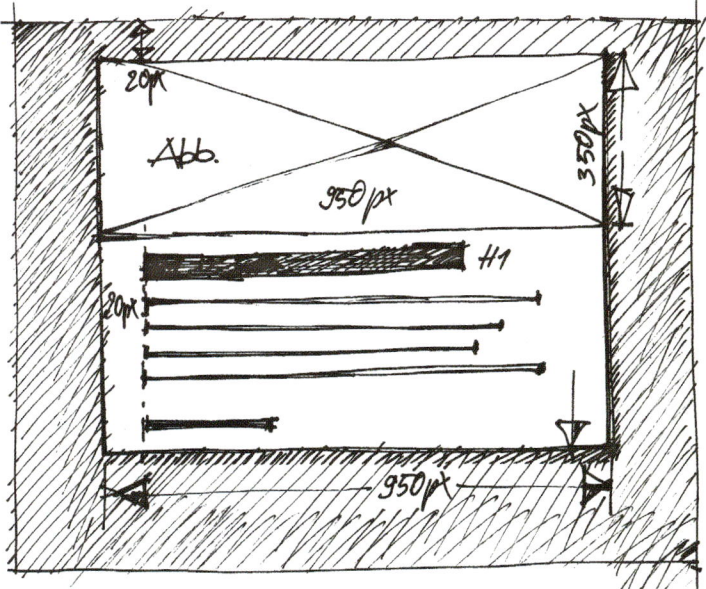

Ideenskizze: Am Anfang steht eine einfache Bleistiftzeichnung

Grundlagen

1. Bezeichnungen
   - **Homepage** = Eröffnungsseite eines Internetauftritts
   - **Website** = Gesamtheit aller verbundenen Seiten eines Internetauftritts
   - **Webseiten** = einzelne Internetseiten einer Website
   - **HTML**[11] = **Hypertext** (Textinhalte werden mit anderen Inhalten vernetzt)
       Text (ASCII[12]-Text wird verwendet)
       Markup (mark-up = Auszeichnungssprache)
       Language (Language = Sprache)
   - **CSS** (Cascading Style Sheets) = ist eine besondere Script-Sprache für die Formatie-rung von HTML-Seiten.

2. Grundkomponenten der Webseite
   - Hintergrund
   - Box-Bereich (... x ... Pixel) mit einer Abbildung im Format ..., einer Überschrift, einem kurzen Textabsatz sowie einem Hyperlink zu einer anderen Webseite

3. Aufbau der Webseite: In der Entwurfsskizze werden die Positionen und Größen der Ele-mente festgelegt. Jede Webseite besteht aus drei Komponenten:
   - **Struktur** (HTML-Code, die Struktur der Seite)
   - **Inhalt** (Content: Texte, Bilder und Grafiken)
   - **Design** (Gestaltung mit Farben und Formen)

---

11 HTML ist eine Auszeichnungssprache, keine Programmiersprache
12 ASCII = American Standard Code for Information Interchange

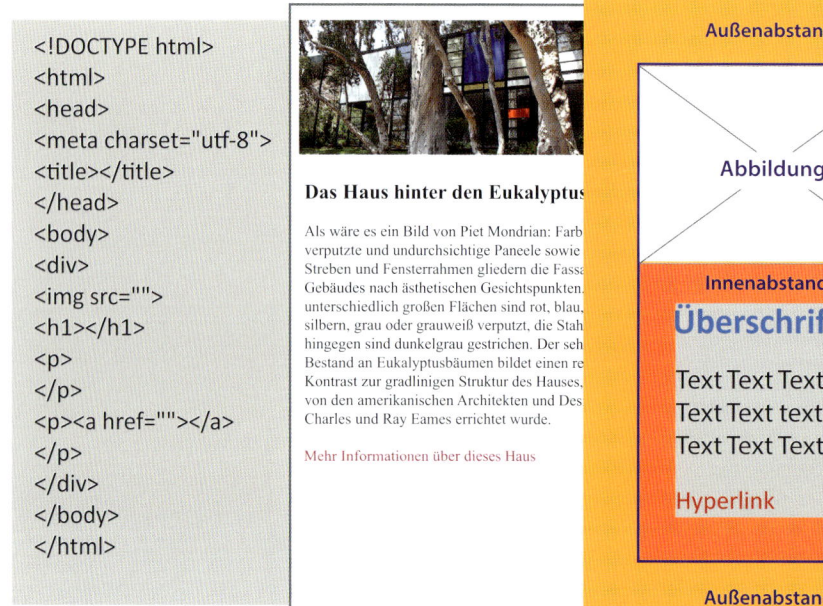

```
<!DOCTYPE html>
<html>
<head>
<meta charset="utf-8">
<title></title>
</head>
<body>
<div>
<img src="">
<h1></h1>
<p>
</p>
<p><a href=""></a>
</p>
</div>
</body>
</html>
```

Struktur (HTML)   Inhalt (Texte/Bilder)   Design (CSS)

Die Ebenen einer Webseite

Umsetzung in Struktur und Inhalt

Der Quellcode kann mit einem einfachen Texteditor geschrieben werden. Wir benutzen die Software **Adobe Dreamweaver®**. Grundlegend für den Quellcode ist die Schreibweise mit Tags (= Markierung, Kennzeichnung). Sie stehen in spitzen Klammern <> und zeigen den Beginn einer Formatierung an. Das Tag in spitzen Klammern mit einem zusätzlichen Schrägstrich </> markiert das Ende.

BEISPIEL

Überschrift

Der Text wird durch die Markierung <H1> am Anfang und durch </H1> am Ende als Überschrift der Größe 1 markiert.

1. Für die Erstellung der Webseite wird eine leere HTML-Datei geöffnet: Der Code des HTML-Dokuments wird mit dem Tag **<html>** eröffnet. Es folgt danach der Kopf der Seite mit dem Tag **<header>**. Hier werden Angaben, die auf der Webseite nicht sichtbar werden, sogenannte Metadaten wie beispielsweise der Titel der Seite oder Stichworte für die Suchmaschinen, eingetragen. Das Tag **</head>** schließt den Kopfbereich.
Das folgende Tag **<body>** eröffnet den später sichtbaren Bereich der Webseite: Hier werden die Inhalte eingefügt, die nachher auf der Webseite einsehbar sind: Texte, Bilder, Grafiken und Videos. Es folgt das Tag **</body>** und das Tag **</html>** als Abschluss der Seite.

2. Der Box-Bereich wird <div></div> für den Inhaltsbereich angelegt. *Div* (= engl. division) bedeutet Bereich. Mit den Tags <div> und </div> markieren wir einen Bereich, in den folgende Elemente eingefügt werden:
   - die Abbildung in dem entsprechenden Format (... x ... Pixel)
   - die Überschrift
   - ein kurzer Text
   - ein Hyperlink

   Das Foto wurde vorher mit einem Bildbearbeitungsprogramm bearbeitet, im gewünschten Format (... x ... Pixel) angelegt und unter einer neuen Dateibezeichnung gespeichert. Für Internetseiten ist wegen einer möglichst kurzen Ladezeit der Seite auch eine möglichst kleine Dateigröße der Fotos erforderlich.
3. Die Elemente werden formatiert. Dazu markieren wir die Elemente *Überschrift* und *Text*:

BEISPIEL:

<H1> .... </H1>

<p> Text Text Text Text </p>

Das Tag **<p>** (= paragraph = Absatz) leitet einen Textabschnitt ein, </p> beendet den Abschnitt.

Das Haus hinter den Eukalyptusbäumen

Als wäre es ein Bild von Piet Mondrian: Farbige Elemente, verputzte und undurchsichtige Paneele sowie schwarze Streben und Fensterrahmen gliedern die Fassade des Gabäudes nach nach ästhetischen Gesichtspunkten. Die unterschiedlich großen Flächen sind rot, blau, schwarz, sibern, grau oder grauweiß verputzt, die Stahlträger hingegen sind dunkelgrau gestrichen. Der sehr alte Bestand an Eukalyptusbäumen bildet einen reizvollen Kontrast zur gradlinigen Struktur des Hauses, das 1949 von den amerikanischen Architekten und Designern Charles und Ray Eames Errichtet wurde.

Mehr Informationen über dieses Haus

Die Webseite ohne spezielle Formatierungen

Die geplante Webseite besteht jetzt aus der **Struktur** (HTML-Gerüst) und dem **Inhalt** (Content) mit den Formatierungsmarkierungen <H1> und <p>. Wie diese Elemente aussehen, wird damit noch nicht beschrieben.

Umsetzung in das Design (CSS)

Für das Design der Webseite wird eine spezielle CSS-Datei angelegt und mit der HTML-Seite verlinkt. Mit **CSS** (=Cascading Style Sheets) wird das Erscheinungsbild der Webseite festgelegt. Um nicht in jede einzelne HTML-Seite die Formatierungen hineinzuschreiben und damit den Quellcode unnötig zu vergrößern, werden die Angaben für das Design in eine verlinkte CSS-Datei ausgelagert. Dies ist eine große Arbeitserleichterung. Änderungen des Designs werden nur in dieser einen CSS-Datei vorgenommen und automatisch auf alle Seiten übertragen.

CSS-Anweisungen

Die CSS-Anweisungen beziehen sich auf einzelne Bereiche oder Elemente (Selektoren) einer Webseite.

BEISPIEL

```
H1 {

        color: #000000;

        size: 15pt;

}
```

Die Überschrift H1 (Selektor) wird durch zwei Angaben innerhalb der geschweiften Klammer definiert: Farbe schwarz, Größe 15 pt. Das Semikolon beendet die Angabe. Diese Definition des H1-Elementes bezieht sich auf die H1-Elemente in allen Absätzen der Webseite.

Um nur einigen Elementen oder nur einem eine bestimmte Eigenschaft zuzuweisen, werden *Klassen-* oder *ID-Markierungen* gebildet. Klassen können sich auf mehrere HTML-Elemente beziehen, ID-Definitionen hingegen nur auf ein Element:

BEISPIEL

- Alle Elemente der Klasse kasten der Webseite sollen grundsätzlich einen roten Hintergrund haben:
```
.kasten {

        background-color: red;

}
```
Der Punkt vor dem Element kasten definiert die Beschreibung als Klasse.

- Soll ein Element mit speziellen Eigenschaften ausgezeichnet werden, wird die ID-Definition verwendet:

      #box {

            background-color: red;

      }

  Die Raute vor dem Element box verweist auf die ID-Definition.
- Um dem Bereich <div></div> der Webseite die ID-Definition *box* zuzuweisen, verwendet man folgende Schreibweise:

      <div id="box"> ... </div>

- Mit dieser Aussage werden dem <div>-Bereich die Eigenschaften der ID-Definiton *box* einmalig zugeordnet.

  Entsprechend wäre es auch möglich, diesem Bereich die Eigenschaften der Klasse *kasten* in folgender Schreibweise zuzuordnen:

      <div class="box"> ... </div>

Beschreibung einer Box mit CSS

Das grundsätzliche Element der Seitengestaltung mit CSS ist eine Box, ein Rahmen, dessen Eigenschaften mit folgenden Bezeichnungen definiert werden:

- margin =
- border =
- padding =
- background-color =
- background-image =

In diesen genau festgelegten Box-Bereich werden die Inhalte (Texte und Bilder) eingestellt und formatiert. Wie die Formatierung gestaltet wird, wird über das CSS geregelt.

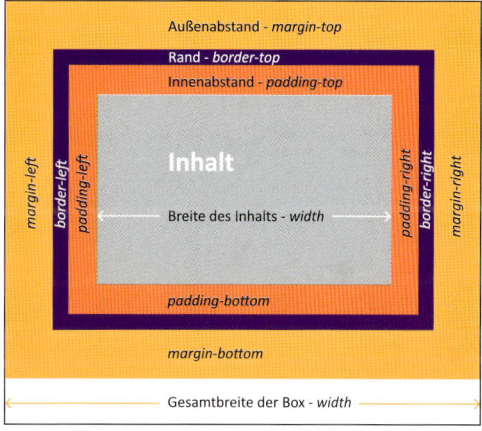

Das Box-Modell von CSS

Farben

Farbdefinitionen werden als sechsstellige Hexadezimalangabe mit jeweils zwei Stellen zwischen 0 und F für die Farbanteile Rot, Grün und Blau angegeben. Die Angabe kann auf drei Stellen verkürzt werden, wenn für jeden Farbanteil die Angaben jeweils gleich sind.

Anwendung

Über die Software wird eine CSS-Datei angelegt und über einen entsprechenden Link im Kopf der HTML-Seite zugeordnet:

      <link href="3466.css" rel="stylesheet" type="text/css"/>

Die CSS-Datei enthält folgende Angaben für die Gestaltung der Webseite:

CSS-Anweisung	Design	Erläuterung

body {
font-family: Arial, sans-serif;
background-color: #737373;
position: relative;
}
	Design der Seite	Schriftart
		Hintergrundfarbe
		Position

#box {
width: 950px;
background-color: #FFF;
position: relative;
margin: 0 auto;
margin-top: 20px;
box-shadow: 5px 5px 16px
#595959;
}
	Gestaltung der Box (des Kastens) für den Inhalt	Breite der Box
		Hintergrundfarbe (Weiß)
		Position
		Außenabstände
		Außenabstand oben
		Schatten, Schattenfarbe

H1 {
color: #036;
padding-left: 20px;
}
	Überschrift H1	Schriftfarbe
		Abstand zum linken Rand

P {
color: #4A4A4A;
padding: 20px;
line-height:30px;
}
	Absatz	Schriftfarbe
		Abstände
		Zeilenabstand

a:link {
text-decoration: none;
font-weight:600;
color: #6A6A6A;
}
a:active, a:focus {
text-decoration: none;
color: #6A6A6A;
}
a:hover {
text-decoration: underline;
color: #6A6A6A;
}
	Hyperlink	Angaben zum markierten Link:
		keine Merkmale wie z. B. fett
		Schriftstärke
		Schriftfarbe
		
		Angaben zum aktiven Link:
		keine Merkmale wie z. B. fett
		Schriftfarbe
		
		Angaben zum benutzten Link:
		keine Merkmale wie z. B. fett
		Schriftfarbe

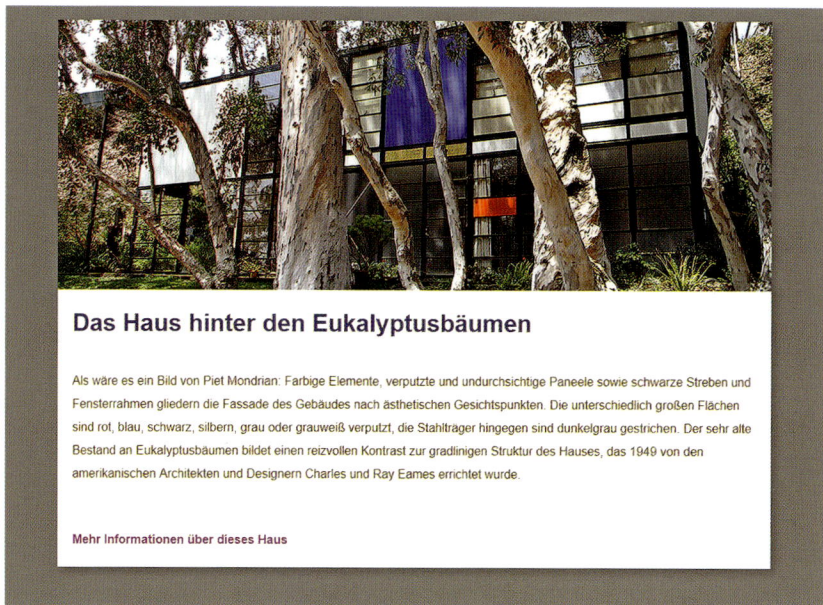

Die fertige Webseite

Einfügen von Verweisen (Hyperlinks)

In einem HTML-Dokument wird ein Wort, eine Textpassage oder ein Bild markiert, um als Link (Verweis) ein anderes Dokument oder eine andere Webseite zu öffnen.

BEISPIEL

In dem Beispiel ist der Ausdruck „Mehr Informationen über dieses Haus" markiert worden. Die Besucherinnen und Besucher der Internetseite sollen mit einem Klick auf dieses Wort die Internetseite „http://www.eamesfoundation.org/" in einem neuen Browserfenster öffnen können. Die Anweisung für diesen Vorgang lautet:

```
<a href="http://www.eamesfoundation.org/" target="_blank">Mehr Informationen über dieses Haus</a>
```

Upload der Webseite

Die HTML-Seite mit einer zugeordneten CSS-Seite für das Design ist nun fertig. Offline kann die Seite kontrolliert und eventuell auch verändert werden. Danach wird sie vom eigenen PC mit einem FTP-Programm auf den Server des Providers übertragen und damit ins Netz gestellt und weltweit zugänglich.

Ausblick

Nicht die vielen und teilweise vielleicht auch überflüssigen Funktionen entscheiden maßgeblich über die Qualität einer Webseite, sondern der Inhalt, die logische Navigation, die intuitive Bedienbarkeit und die gut dargebotene Information. Wichtig sind kurze Ladezeiten, eine gute Erreichbarkeit der „verlinkten" Seiten und ein ansprechendes Design (Farbe, Fotos, grafische Struktur).

Für umfangreiche Webseiten ist der Einsatz von CMS-Programmen (→ Mittel und Materialien) zu empfehlen, da durch die Trennung von Struktur, Design und Inhalt der Webseite ein Team von Autorinnen und Autoren sich nur noch mit der Aktualisierung der Inhalte beschäftigen kann und nicht mehr den Aufbau und das Aussehen der Webseite verändern muss. Der Vorteil ist, dass für die Pflege der Seite keine HTML- und CSS-Kenntnisse erforderlich sind und die Inhalte (Fotos und Texte) in Datenbanken abgelegt und dadurch übersichtlich archiviert werden können. Vieles spricht also für den Einsatz einer CMS-Software. Für kleinere, überschaubare Webseiten reicht aber immer noch eine (selbst geschriebene) HTML/CSS-Seite aus.

Anregungen für die Bearbeitung von Lernsituationen

Praxissituation – für Kinder und Jugendliche
Websites: Die Einrichtung plant einen Internetauftritt. Neben den technischen und gestalterischen Fragen gibt es viele inhaltliche Aspekte, die für die Struktur, die Navigation, und den Inhalt wichtig sind und berücksichtigt werden müssen: Welches pädagogisches Profil hat die Einrichtung? Wer soll die Website gestalten und immer wieder aktualisieren?
Wie professionell soll das Design sein? Wie können die Kinder und Jugendlichen, die Mitarbeiterinnen und Mitarbeiter der Einrichtung an der Arbeit beteiligt werden? Welche Fotos, Zeichnungen und Bilder wären als Illustration für die Webseite gut geeignet? Wer übernimmt anfallende Kosten?

Weitere Anregungen

Erstellung und Gestaltung
- Mit der Digitalkamera werden experimentelle Fotos hergestellt und am PC bearbeitet, anschließend werden Texte geschrieben. Aus einer Kombination des entstandenen Materials werden Kunstwebsites produziert und miteinander verlinkt.
- eine Kunstgalerie für eine Internetseite planen und entwerfen
- ein Intranet für eine Arbeitsgruppe installieren

Dokumentation
- ein Projekt mit einem Webtagebuch (Blog) dokumentieren und begleiten (Tipp: Bei Fotos muss darauf geachtet werden, dass alle abgebildeten Personen auch mit der Veröffentlichung ihres Bildes im Internet einverstanden sind.)
- eine Internetzeitung konzipieren

Diskussionsanlässe
- sich über Internetnutzung, Copyright, Datenschutz und Sicherheit im Netz informieren
- sich über soziale Netzwerke informieren (Was sollte man bei der Anmeldung beachten?)
- Möglichkeiten der Datenspeicherung im Internet (Cloud) untersuchen und nutzen

Kommentar

Die Planung und Gestaltung einer Webseite setzt eine intensive Beschäftigung mit der Internetpräsenz voraus – mit einer klaren Zielformulierung und einer guten Strukturierung der Inhalte (und Verweise) können Schwerpunkte herausgearbeitet und die Konzeption der Webseite verbessert werden.

Für das Design gilt der Grundsatz: Weniger ist mehr. Die Webseite sollte schnell geladen werden können und mit allen üblichen Browsern gut lesbar sein. Effekte und Fotos sollten – von Ausnahmen abgesehen – sparsam eingesetzt werden. (Flash-Intros müssen nicht sein!) Dies gilt auch für die Farb- und Schriftgestaltung. Mit einer zurückhaltenden Farbgestaltung und einer lesefreundlich eingesetzten Typografie hebt man die Benutzerfreundlichkeit der Webseite.

 **Literaturhinweise**

Adler, Olivia/Holzgraefe, Hartmut: PHP lernen. Anfangen, anwenden, verstehen, München, Addison-Wesley Verlag, 2005.

Beste, Johanneso/vom Hove, Nicole/Reif, Christian/Werth, Daniela: Medien gestalten. Lernsituationen und Fachwissen zur Gestaltung und Produktion von Digital- und Printmedien, Köln, Bildungsverlag EINS 2013, S. 256 ff.

Hoffmann, Manuela: Modernes Webdesign. Gestaltungsprinzipien, Webstandards, Praxis, Bonn, Galileo Press, 2013.

Laborenz, Kai: CSS. Das umfassende Handbuch, Bonn, Galileo Press, 2012.

Morsy, Hussein: Adobe Dreamweaver CS6. Der praktische Einstieg, Bonn, Galileo Press, 2012.

Neutzling, Ulli: Typo und Layout im Web, Reinbek bei Hamburg, Rowohlt Taschenbuch, 2002.

1. Erläutern Sie die wesentlichen Merkmale einer digitalen Spiegelreflexkamera.

2. Welche verschiedenen Kameraobjektive gibt es? Erläutern Sie die unterschiedlichen Perspektiven und deren Wirkungen.

3. Erläutern Sie den Zusammenhang von Verschlusszeit und Blende.

4. Erklären Sie, was man unter Schärfentiefe versteht.

5. Erläutern Sie, was man bei Bewegungsfotos beachten sollte.

6. Erklären Sie, wie man eine Lichtzeichnung herstellen kann.

7. Erläutern Sie, was man unter Bildauflösung versteht.

8. Erläutern Sie: Welche Einstellungsgrößen bei Videofilmen kennen Sie? Welche Bewegungsformen der Kamera sind Ihnen bekannt?

9. Erklären Sie, was man unter dem „Schuss-Gegenschuss-Verfahren" versteht.

10. Erläutern Sie die Herstellung von „Brickfilmen".

11. Welche Grundüberlegungen sind bei der Herstellung eines „guten" Plakates zu beachten? Verdeutlichen Sie diese Kriterien anhand eines Beispiels.

12. Nennen Sie wichtige Merkmale, die für die Qualität einer Webseite entscheidend sind.

4.4 Architektur und Raumgestaltung

Zeitgenössischer Architektur begegnen

*Wohn- und Geschäftsgebäude in Wien: Das städtebauliche Konzept der Bebauung des ehemaligen
Geländes der Brauerei Liesing in der Breitenfurter Straße und die Architektur des Gebäudes stammt
von dem Wiener Architekturbüro COOP HIMMELB(L)AU.*

Einführung

Ob wir uns in unserer Wohnung aufhalten oder auf die Straße gehen, einen Platz überque-
ren oder die Innenstadt aufsuchen, das Schulgebäude besuchen oder ein Praktikum absol-
vieren, ein Museum betreten oder ein Konzert verfolgen – immer bewegen wir uns in durch
Architektur gestalteten Räumen. Wir begegnen der Architektur in sehr unterschiedlichen
Formen und Spielarten. Ob wir uns über ihr Aussehen ärgern oder hoch erfreut sind wegen
ihrer gelungenen Schlichtheit, immer wird man feststellen, dass ihre Gestalt die jeweilige
Zeit, in der sie entstanden ist, widerspiegelt. Dabei kommt der zeitgenössischen Architektur besondere Bedeutung zu, weil sie oftmals sehr eigenwillige und auf den ersten Blick
vielleicht zunächst unverständliche Bauweisen hervorbringt. Wenn wir uns aber auf den
Weg machen und uns die Spielarten der zeitgenössischen Architektur genauer anschauen,
werden wir die Hintergründe und Details verstehen lernen. Für diese Begegnungen kann
es hilfreich sein, jene Überlegungen, die wir im Kapitel 2.2 im Zusammenhang mit der Bildbetrachtung eingeführt haben, hier in veränderter Form auch auf die Architektur
anzuwenden.

Im Schnittpunkt der Ausgangssituation stehen folgende Komponenten:

Lässt man sich auf Architektur ein und erfährt eventuell Hintergründe, Aussagen der Architektin oder des Architekten etc., so erschließt sich schnell die Logik der Raumsprache eines Bauwerkes. Folgende Fragen können helfen, den eigenen Standpunkt der Betrachtung etwas genauer zu erforschen und zu benennen:

Welches Verständnis von Architektur habe ich? Habe ich mich schon einmal mit zeitgenössischer Architektur beschäftigt?

Wie gefällt mir das Haus? Welche Gefühle habe ich, wenn ich das Gebäude zum ersten Mal sehe?

Welches Verständnis von Raumgröße/-aufteilung habe ich? Was sagt dieses Bauwerk? Gefallen mir besondere Details der Bauausführung?

Welches Vorwissen habe ich über das Gebäude? Kenne ich den Architekten? Interessiert mich diese Art und Weise des Bauens?

Das Museum MARTa[1] in Herford, NRW

Es ergeben sich bei der Betrachtung von Zeichnungen und Fotos in der Vorbereitungsphase zu einer Begehung eines bestimmten Bauwerkes sicherlich noch viele andere Fragestellungen und Gedanken. Wichtig ist, dass man den ersten Eindruck, den man schon bei der Betrachtung der Abbildungen gewinnen kann, durch eine Beschreibung bewusster macht. Für die Begegnung zeitgenössischer wie auch historischer Architektur bieten sich vier Ansätze der Aneignung an:

1
Beschreibung der äußeren Gestalt des Objektes

2
Untersuchung von Hintergrundquellen und Einfluss durch andere Architektinnen und Architekten

3
Praktische Aneignungsmethoden

4
Beschreibung der Bedeutung und Funktion des Bauwerkes

Feuerwache Nord in Bielefeld, NRW

---

1 „Im Dreiklang zwischen Design (M für Möbel), Kunst (ART) und Architektur beziehungsweise Ambiente (a) sorgt das Projekt MARTa Herford für neue Impulse in Kunst, Design, Architektur und Wirtschaft – und das nicht allein regional, sondern über die Grenzen hinaus." (http://www.martaherford.de/pages/de/marta/konzept.html, 31.05.2008)

1. Beschreibung der äußeren Gestalt des Gebäudes

Diese erste Beschreibung des Bauwerkes sollte sprachlich möglichst genau vorgenommen werden, um die Besonderheiten der Architektur präzise in den Blick zu nehmen:
- Um welches Gebäude handelt es sich?
- Wann und warum ist dieses Bauwerk entstanden?
- In welcher Lage/Umgebung steht das Gebäude?
- Wie und nach welcher Bauweise ist das Gebäude erstellt worden?
- Nach welchem Konstruktionsprinzip ist das Haus erbaut worden?
- Welche Funktion hat das Gebäude und von wem wurde es erbaut (Architekturbüro, Auftraggeber)?
- Welche Werkstoffe sind bei diesem Bauwerk verwendet worden?
- Gibt es besonders auffällige Baudetails?
- Wie lässt sich der Grundriss, die Dachform und die Fassade des Gebäudes beschreiben?
- Gibt es besondere Blick- und Lichtführungen, Proportionen und Maße?

2. Hintergrundquellen

Um mehr über die Architektur des Bauwerkes zu erfahren, müssen weitere Quellen zur Betrachtung herangezogen werden. Architekturbücher, Zeitschriftenartikel, Filme und Aussagen der Architektin oder des Architekten können in die Arbeit einbezogen werden, um Hintergrundaspekte zu klären und die Ergebnisse zu fundieren. Dabei sind für den zweiten Schritt folgende Aspekte maßgebend:
- Einordnung des Gebäudes in eine Stilepoche der Architekturgeschichte/aktuelle Trends der zeitgenössischen Architektur
- Einordnung des Bauwerks in das Gesamtwerk der Architektin oder des Architekten
- Vergleich mit Bauprojekten, die von dem Architekturbüro bereits verwirklicht worden sind
- Vergleich mit Arbeiten von Architektinnen und Architekten, die auch nach diesen Formprinzipien arbeiten
- Verbindungen zur bildenden Kunst

3. Praktische Annäherungsmethoden

Die Auseinandersetzung mit einem bestimmten Bauwerk oder den Objekten einer Architektin oder eines Architekten kann mit praktischen Erarbeitungsmethoden fortgesetzt werden. Dazu sind folgende Anregungen zu nennen:
- Architekturfotos: Mit dem Fotoapparat kann man sich einen eigenen Standpunkt suchen, um das vorgestellte Bauwerk in den Blick zu nehmen. Durch die Vielzahl der gemachten Aufnahmen wird man die unterschiedlichen Perspektiven betrachten können.
- Architekturvideo: Eine Raumbegehung mit der Videokamera vermittelt einen anderen Blick und eine andere Perspektive.
- Gespräch mit der Architektin oder dem Architekten: Wenn diese Möglichkeit besteht, können weitere wertvolle und erkenntnisreiche Informationen zum Verständnis der Architektur eines Hauses gewonnen werden.

- Architekturzeichnungen/Freihandzeichnungen: Die zeichnerische Aneignung von Raumkörpern, Fassaden und Strukturmaßen kann den Blick schärfen für die räumlichen Proportionen des Bauwerkes (Fenster, Deckenhöhen) und die stilistische Einordnung. Mit der Freihandzeichnung lassen sich spontane Eindrücke und das, was beim ersten Blick besonders wichtig erscheint, skizzenhaft festhalten, um Formsprache und Maße in die eigene Sprache der spontanen Zeichnung zu übersetzen.
- Architekturmodelle: Das Herstellen von Architekturmodellen ist – wenn Details ausgearbeitet werden sollen – eine zeitintensive Angelegenheit. Mit diesem Verfahren aber lassen sich gut Einblicke in technische, konstruktive und ästhetische Probleme des Bauwerkes gewinnen. Im Sinne eines „frei gestalteten Modells" können die Formen des vorgestellten Architekturbeispiels aufgegriffen und modellhaft in andere fiktive Bauvorhaben übersetzt werden.

4. Die Bedeutung des Bauwerkes

Nach intensiver Beschreibung von Raumform, Farbe, Lichteinfall, verwendeten Materialien etc. des Bauwerkes und den entsprechenden Hintergrundinformationen des Objektes kann nun die Bedeutung der Architektur diskutiert werden. Ergebnis einer solchen Einschätzung ist die Klärung des Zusammenhangs zwischen der Intention der Architektin oder des Architekten (für die äußere Gestalt) und der Bedeutung (Funktion) des Gebäudes für die Nutzerinnen und Nutzer. Hilfreich kann dabei natürlich der Vergleich mit anderen Gebäuden anderer Epochen und Stilrichtungen sein. Bauvorhaben werden langfristig geplant und durchgeführt – Architekturbüros, Städteplanung, Bauingenieurwesen und Baubehörden spielen dabei eine wichtige Rolle. Viel Zeit, Arbeit und viele Entscheidungen sind notwendig, bis ein Bauwerk vollendet ist. Immer lassen sich aber an seiner äußeren Gestalt Hinweise auf den Zeitgeist und die gesellschaftlichen Einflüsse ablesen.

■ Verfahren/Beispiele

Dekonstruktivistische Architektur

1988 präsentierte die Architekturabteilung des Museums of Modern Art in New York eine Ausstellung mit dem Titel *Dekonstruktivistische Architektur*.
Gemeinsame Charakteristik dieser Bauten sind fragmentarische Bauelemente, Überlagerungen von Bauformen und die Transparenz des Planungsprozesses selbst. Im Gegensatz zur konstruktivistischen Architektur verkörpert der Dekonstruktivismus das Un-Harmonische; Gegensätze werden kompromisslos gezeigt, gewohnte Vor-

Die norddeutsche Landesbank am Friedrichswall in Hannover, GÜNTER BEHNISCH & Partner 2002

stellungen werden zerstört, nicht der rechte Winkel beherrscht die Blickrichtung, sondern die Dynamik überraschender Raumperspektiven. Die Betrachtenden werden gezwungen, sich mit scheinbar unverrückbaren Ansichten von Architektur zu beschäftigen.

Zu dieser Richtung der dekonstruktivistischen Architektur ggehören beispielsweise die Architekten GÜNTER BEHNISCH (1922–2010), das Wiener Architekturbüro COOP HIM-MELB(L)AU, das 1968 von WOLF DIETER PRIX (geb. 1942) und HELMUT SWICZINSKY (geb. 1944) gegründet wurde und der niederländische Architekt REM KOOLHAAS (geb. 1944). Ebenso vertreten der kanadisch-amerikanische Architekt FRANK O. GEHRY, der Amerikaner DANIEL LIBESKIND (geb. 1946 in Łódź, Polen) und die aus dem Irak stammende britische Architektin ZAHA HADID (geb. 1950) diese Auffassung von Architektur. Von den drei Letztgenannten werden im Folgenden einige Beispiele gezeigt:

Frank O. Gehry: „Ich fing an, mit den Formen auf eine ganz logische Weise zu spielen."

Das ENERGIE-FORUM-INNOVATION in Bad Oeynhausen

Aufgrund dieser collageartigen Verwendung von Baukörpern, Materialien und Raumvorstellungen gehört FRANK O. GEHRY zur Architektengruppe des Dekonstruktivismus. Seine Gebäude zeichnen sich besonders dadurch aus, dass sie von einer eher künstlerischen Vorstellung getragen zu sein scheinen. Der Blick für die funktionale Räumlichkeit im Inneren der Gebäude scheint sich mit einer skulpturalen Vorstellung von Raumgrößen zu mischen. Gehry verwendet unterschiedliche Baustoffe und kombiniert diese spielerisch. 1995 realisierte FRANK O. GEHRY in Bad Oeynhausen das ENERGIE – FORUM – INNOVATION (EFI) für das damalige örtliche Energieversorgungsunternehmen.

Oben: Frank O. Gehry, geb. 1929 in Toronto, lebt und arbeitet in Santa Monica, Kalifornien.

„[Dieses Gebäude, d. A.] ist ein Städtchen en miniature. Da gibt es massive Bauteile und transparente High-Tech-Glashüllen, exakt mit Fenstern gerasterte Flügel und dann wieder skulpturenhafte, konvex oder konkav bewegte Türmchen. Da gibt es Parts in weißem Putz und Fronten aus grauem Zinkblech und auch noch eine mächtige Kupfer-Tonne; da wechseln gerade Abschlüsse mit gewölbten, Pult- mit Halbtonnendächern. Das Ganze ist eine Collage, ein Puzzle, ein Spazierangebot fürs Auge, dem nicht altvertraute architektonische Konstruktions-Regeln zugrunde zu liegen scheinen, sondern Kompositions-Prinzipien der Bildhauerei, oder, noch eher, der Musik. Und doch ist diese beschwingte Vielfalt keineswegs formaler Selbstzweck. Schon beim Rundgang erkennt man durchaus Raum-Funktionen: [...] Eine Zugangsbrücke führt im Bogen ins Foyer, die ‚Main Road‘, die die Ausstellungshalle mit Konferenzsälen und Auditorium verbindet und von der zwei weitere Flügel für die Netzleitstelle und die Büros abgehen. Mit seinen vielen geschwungenen Formen erinnert der Grundriss an einen drehenden Propeller. [...] Man weiß nie so richtig, wo man ist, Gehry überrascht mit wechselnden Raumeindrücken auf Schritt und Tritt – in der Horizontalen wie in der Vertikalen, wo der Blick, vorbei an Emporen, die keineswegs der Achse des Foyers folgen, hie und da bis zur fast 17 Meter hohen Decke, zu schrägen Oberlichtern oder weißen Kuppelflächen wandern kann. Durch die bizarre Tektonik des Baus erreicht er eine regelrechte Durchdringung des Baus mit Tageslicht, das mal direkt einfällt, mal indirekt, über weiße Wände umgeleitet."[2]

Wohnhaus Norton in Venice, Kalifornien,   *Walt Disney Concert Hall in Los Angeles, USA*
Ansicht nach Westen

Über seine Arbeitsweise sagt Frank O. Gehry:

„Sie müssen wissen, wie ich an eine Aufgabe herangehe. Als ich nach Bad Oeynhausen kam, habe ich mir die kleinen Häuser gegenüber unserem Grundstück angesehen. [...] Mein erster Vorschlag war, so etwas wie die kleinen Häuser zu bauen. Was nun die Ausstellungshalle geworden ist, war im Modell ein kleines Haus. Das Energiegebäude nimmt den Maßstab der Häuser ringsum auf. Ich tat zuerst die Formen zusammen, und dann nahm ich einen Riegel für die Büros und krümmte ihn leicht, sodass er diese Form umschließt und auch an der Rückseite einen weiten Blick zulässt. Dann stellte ich fest, wenn ich die Büros

---

2   Scharffenort, H.: Puzzle voller Energie, S. 100 ff.

in einer geraden Linie anordne, gibt es zu lange Flure. Also versetzte ich sie ganz einfach gegeneinander. Das Konferenzzentrum ist auf der Rückseite, weil die Besucher durch die öffentliche Lobby dorthin gelangen, das andere ist der halbprivate Flügel mit den Büros. Als ich mich mit dieser Idee angefreundet hatte, fing ich an, mit den Formen auf eine ganz logische Weise zu spielen: um etwa Licht hineinzubringen und auch um diese Teile in eine Beziehung zueinander zu setzen. [...] Das Gebäude hätte in einem Material sein können, aber wegen der Maßstäbe wäre es dann zu einschüchternd geworden. Deshalb hängt der Wechsel in den Materialien mit der Maßstäblichkeit des Umfeldes zusammen."[3]

Daniel Libeskind: Räume gegen das Vergessen

Daniel Libeskind, geb. 1946 in Łódź, gilt als einer der wichtigsten Theoretiker, Lehrer und Vertreter der Architekturbewegung des Dekonstruktivismus.

Das Felix-Nussbaum-Haus in Osnabrück: Der von DANIEL LIBESKIND nachträglich entworfene Eingangsbereich verbindet beide Häuser.

Felix Nussbaum: Selbstbildnis mit Judenpass, nach August 1943, Öl auf Leinwand 56 x 49 cm

In Osnabrück wurde im Juli 1998 das weltweit erste fertiggestellte Gebäude des Architekten DANIEL LIBESKIND eröffnet – das Felix-Nussbaum-Museum, das die Sammlung von Gemälden des in Osnabrück geborenen und in Auschwitz ermordeten Künstlers FELIX-NUSSBAUM (1904–1944) beherbergt. Das Haus war als Erweiterungsbau des bereits bestehenden Kulturgeschichtlichen Museums geplant worden. LIBESKIND entwickelte ein architektonisches Konzept, das die Architektur des neuen Museums als eigenständige Gestaltung gegenüber dem Kulturgeschichtlichen Museums verstand. Die Jury formulierte damals: „Der Verfasser stellt das Museum in einen übergeordneten Zusammenhang, der konzeptionell versucht, das Leben und das Werk Felix Nussbaums zu verräumlichen."[4]

---

3 Mense, T./Gehry, F. O.: Leute wie ich sind für die Europäer der Schreckfaktor Nr. 1, S. 24
4 Stadt Osnabrück (Hrsg.): Räume gegen das Vergessen

Das bedeutet: Libeskind „schafft einen räumlichen Kontext, in dem die tragische Verknüpfung von Leben und Werk des in Osnabrück geborenen Künstlers zum alles bestimmenden Eindruck wird.

Mit einem System von Bezugslinien – zwischen Osnabrück, Berlin, Brüssel und Auschwitz – symbolisiert die Architektur die ständige Bewegung und zunehmende Orientierungslosigkeit im Leben Felix Nussbaums.

Die Atmosphäre allgegenwärtiger Unsicherheit vermittelt das Gebäude auf Schritt und Tritt. Nussbaum-Haus, Nussbaum-Gang und „Die Brücke" bieten dem Besucher nicht das gewohnte museale Umfeld zur Betrachtung von Bildern und Grafiken. Im Gegenteil: Leicht ansteigende oder abfallende Fußböden, nicht parallel verlaufende Wände, Fenster ohne rechten Winkel oder teilweise transparente Geschossdecken sorgen für ständige Irritation. Auch die äußere Gestaltung des Gebäudekomplexes setzt Zeichen. Die verwendeten Materialien Holz (Nussbaum-Haus), Beton (Nussbaum-Gang) und Zink (Brücke) stehen mit ihrer zunehmenden Kälte für Nussbaums Lebensweg: von der behüteten Jugend über die Zeit der Vertreibung und Bedrohung bis zum gewaltsamen Tod in Auschwitz."[5]

„Wer das Gebäude betritt, wird gleichsam eingesogen in eine klaustrophobische Atmosphäre: Enge Gänge und schmale Fenster, abschüssige Wege und scheinbar ausweglose Räume erzählen von Verfolgung, Ausgrenzung

Kulturgeschichtliches Museum und Felix-Nussbaum-Haus in Osnabrück: Historisches Hauptgebäude (links im Bild) mit Felix-Nussbaum-Museum (rechts) und Villa Schlikker (oben)

und Angst, aber auch von verzweifelter Hoffnung, von Lebenswillen und Auflehnung. [...]

In seinen traumatisierten letzten Monaten, flüchtend und in Todesangst, beginnt Nussbaums letzte, man mag kaum sagen: reifste Schaffensphase. Ohne Papiere und festen Wohnort, pendelnd zwischen verschiedenen Verstecken und Atelierplätzen, entstehen erschütternde Bilder. Nicht groß, doch erstaunlich monumental, zeigen sie Menschen in Entwurzelung, Vereinzelung und Gefangenschaft. Das wohl bekannteste Werk *Selbstbildnis mit Judenpass* – gemalt im August 1943 – zeigt ihn als endgültig Ausgestoßenen, in die Enge Getriebenen, mit Judenstern am Mantel. ‚Wenn ich auch untergehe, lasst meine Bilder nicht sterben', hat Felix Nussbaum kurz vor seiner Ermordung in Auschwitz gesagt. [...]"[6]

„[...] Den Lebensstationen Nussbaums, seinen Erfolgen in Berlin, seiner Zeit im Exil, seiner Gefangenschaft sind je einzelne Trakte des Gebäudes gewidmet, Libeskind versucht, das Leben und Leiden zur Form zu bringen. Doch ebenso wie in Berlin lässt er sich nicht ein-

---

5 Stadt Osnabrück (Hrsg.): Räume gegen das Vergessen
6 Schossig, R. B.: Bilder, die erschüttern

schränken auf das eine Thema. Mit geschickten Konstruktionen spannt er die Umgebung ein, den Altbau natürlich, aber auch ein klassizistisches Akzisehaus und die archäologischen Funde einer barocken Festungsbrücke. Und er schafft Anbindung zur Stadt: Ein Gebäudeflügel ist zielgenau ausgerichtet auf den Eingang des einstigen Hauptquartiers der NSDAP, die gleich neben dem Museum in der Villa Schlikker residierte. Der andere Gebäudetrakt zieht eine Fluchtlinie hinüber zu dem Ort, an dem die Synagoge Osnabrücks stand. Libeskind benennt also die Teilnehmer, und von den Besuchern klagt er Aufmerksamkeit ein, so wie das Gebäude aufmerksam sein will für die Spuren, die der Stadt eingeschrieben sind.“[7]

Zaha Hadid: „Es gibt 360 Winkelgrade.“

Das Feuerwehrhaus auf dem Gelände der Firma VITRA in Weil am Rhein

Neubau der Bergisel-Sprungschanze oberhalb von Innsbruck

Zaha Hadid, geb. 1950 in Bagdad, lebt und arbeitet in London und Wien.

„Berühmt wurde Zaha Hadid darüber hinaus durch die Arbeiten, die unrealisiert blieben: für Düsseldorf, für Wien, für Berlin, für Cardiff. Dargestellt in suggestiven Perspektiven, die auf dem Kunstmarkt inzwischen hohe Preise erzielen, weil es sich um eigenhändige Zeichnungen und Gemälde handelt; der Computer mit seinen neuen Möglichkeiten der Darstellung hielt erst später Einzug in das Büro der Architektin. Wie auch der Erfolg. Zunächst entstand anlässlich der Landesgartenschau 1999 ein weiterer Pavillon in Weil am Rhein, dann ein Straßenbahn-Terminal an der Peripherie von Straßburg (2001). Es folgte der elegante Neubau der Sprungschanze auf dem Bergisel oberhalb von Innsbruck (2002). Inzwischen reicht die Spanne der Arbeiten, mit denen sich Hadids Londoner Büro inzwischen beschäftigt, vom Stage Design für die Welttournee der Pet Shop Boys bis hin zu urbanistischen Planungen in China oder Singapur. Mitte des letzten Jahres wurde das vielleicht wichtigste Projekt der vergangenen Jahre fertiggestellt: eine vertikale Kunsthalle im mittleren Westen

---

7 Rauterberg, H.: Zacken der vierten Dimension

der USA, in Cincinnati. Sichtbeton, Stahl und Glas prägen das neokubistische Bauensemble des Contemporary Arts Center, eine Assemblage verschieden proportionierter und leicht gegeneinander versetzter Körper; [...] mit seinem Quäntchen Neo-Brutalismus folgt das Contemporary Arts Center einer deutlich anderen Entwurfshaltung als das eher biomorph dem Boden entwachsende Science Center namens ‚Phæno' in Wolfsburg, das noch in diesem Jahr eröffnet wird. Zaha Hadid, und das unterscheidet sie von manchen ihrer ungebetenen Mitstreiter der Ausstellung von 1988, zeigt sich in hohem Maße wandlungsfähig – bis hin zu dem jüngsten Projekt eines Guggenheim-Museums für die taiwanesische Stadt Taichung, bei dem ein Gebäudeflügel mithilfe von Schienen und Luftkissen in Bewegung versetzt werden soll. Ihre Entwurfshaltung, bei allen Unterschieden im Detail, und trotz aller Wandlungsfähigkeit, die sie kontinuierlich verfolgt hat, ist eingeflossen in das Bekenntnis: ‚Es gibt 360 Winkelgrade, warum also der Zuschlag für lediglich einen?'"[8]

▍ BEISPIEL

„Zaha Hadid beruft sich auf Intuition, Emotion und Sensibilität und ihre Architektur ist an ihre Person gebunden, wie die Skulptur an den Bildhauer. Begünstigt durch das wiedererwachte, breite Interesse an der Kunst in den 80ern, das dann auch Architekten wieder erlaubte, sich als Künstler zu fühlen, nahm sie diese Rolle für sich in Anspruch, und findet in der Architektur das Ausdrucksmittel zur kritischen Beschreibung des gesellschaftlichen Ist-Zustands. So sind ihre Projekte auch als Abbilder einer zersplitterten, fragmentierten Gesellschaft zu sehen, die des Normalen und in sich Geerdeten beraubt wurde. Die ständige Dynamisierung der Räume findet ihre Entsprechung im Trieb einer nach immer neuen Rekorden und Höchstleistungen lechzenden

Science Center „Phaeno" in Wolfsburg: ZAHA HADID zieht „die anschmiegsam-glatte Haut dem rauen Mauerwerk vor, in organisch gerundeten und voluminös wuchernden Beton gegossen, duckt sich ihr eigenartiges „Phaeno"-Wesen auf seinen fünf meterhohen Elefantenfüßen, macht sich trotz seiner Größe buckelig klein."[10]

Mediengesellschaft, die der Schönheit des Einfachen nichts mehr abgewinnen kann. Wie schwierig es ist, solche hoch entwickelten gezeichneten Visionen ins Gebaute umzusetzen, zeigt ihr 1993 fertig gestelltes Feuerwehrhaus auf dem Gelände des Stuhlherstellers VITRA im deutschen Weil am Rhein."[9]

8 Stöckmann, J.: Stillleben für das Zentrum.
9 Wolff, Jan A.: Contributions about Zaha Hadid, Wilhelm Holzbauer, Roland Rainer and Hans Scharoun
10 Stöckmann, J.: Stillleben für das Zentrum

Anregungen für die Bearbeitung von Lernsituationen

Praxissituation – für Kinder:

Das Familienhaus: Für Kinder ist zunächst die unmittelbare Umgebung von Interesse. Sie haben zum Thema Bauen und Architektur eine elementare Beziehung. Eine Aufgabe könnte es sein, ihr Familienhaus oder das Haus, in dem sie leben, auf einem DIN-A3-Blatt aufzuzeichnen und so den anderen Kindern der Gruppe architektonische Merkmale dieses Gebäudes – beispielsweise eine besondere Haustür, Fensterformen oder Fassadenfarbe – mitzuteilen. Die Kindestagesstätte: Um eine elementare Beschäftigung mit der Architektur des näheren Umfeldes und der bewussten Wahrnehmung von Bauformen soll es bei dieser Anregung gehen: Aus Tonpapier, dünnen Folien, Wellpappe oder anderen Materialien wird das Gebäude der Einrichtung nachgebaut und nachempfunden.

Praxissituation – für Jugendliche:

Architekturmodell: Frank O. Gehry verwendet sehr unterschiedliche Materialien: Blech, Holz, Stein. Seine Entwürfe für Gebäude sind verspielte Skulpturen und funktionales Bauwerk gleichermaßen. Diese besondere Art des Planens und Bauens könnte bei einem fiktiven Bauvorhaben (Pavillon auf dem Schulgelände, Schwimmhalle etc.) spielerisch als Anregung vorgegeben werden.

Weitere Anregungen

Themengebunden

- Architekturfantasien formulieren und als Modelle skizzieren
- das Verhältnis von Funktionalität und Ästhetik in der Architektur durch die Kombination verschiedener Materialien verdeutlichen
- Modelle für neue Gebäudeformen mit unterschiedlichen Materialien entwerfen und herstellen
- kreative Ansätze eines Raumentwurfs für eine konkrete Nutzung anhand mehrerer Modelle durchspielen

Experimentieren

- Bewegung, Dynamik und Geschwindigkeit in eine architektonische Form übersetzen und als Modell darstellen
- im Gegensatz dazu: Ruhe, Gelassenheit und Entschleunigung als architektonische Bildsprache

Vertiefung

- theoretische Beschäftigung mit Architektinnen und Architekten des Dekonstruktivismus und anderer Epochen und Stilrichtungen (beispielsweise Konzepte und Baubeispiele des Bauhauses)
- Die Architektur des Schulgebäudes: Einordnung des Baustils, Kritik und Diskussion von Veränderungsmöglichkeiten
- Zeichnung eines ausführlichen Architektenentwurfs für ein öffentliches Gebäude

Kommentar

Wenn man als Erzieherin oder als Erzieher das Thema Architektur aufgreifen möchte, muss man berücksichtigen, welches Verständnis, welche Kenntnisse und Interessen bei den Jugendlichen oder Kindern überhaupt vorhanden sind, um eine Auseinandersetzung mit der Architektur des Wohnumfeldes zu beginnen. Zum anderen ist es wichtig, sich der eigenen Vermittlerrolle bewusst zu sein. Eine Beschäftigung mit den vielfältigen Gestaltungen der Architektur wird nur gelingen, wenn hinreichend Begegnungs- und Erfahrungsmöglichkeiten mit Architektur geschaffen werden. Zur Vorbereitung ist wichtig, dass man möglichst viele Informationen über das Gebäude, die Architektin oder den Architekten sowie die Stilrichtung gesammelt hat, um sich ganz auf die Fragen und Kommentare der Kinder und Jugendlichen einzustellen. Es ist – wenn die Möglichkeit besteht – auch spannend, die Architektin oder den Archtitekten des Hauses zu bitten, den Kindern oder Jugendlichen das Gebäude vorzustellen und auf ihre spezifischen Fragen zu antworten. Soll beispielsweise die Bebauung des gesamten Wohnumfeldes zum Thema gemacht werden, so kann das entsprechende Material (Karten, Zeichnungen und Fotos) bei den Baubehörden der Stadt besorgt werden. Das Stadtarchiv bietet mit historischen Fotografien einen Einblick in die Geschichte des Wohnumfeldes.

 **Literaturhinweise**

Dal Co, Francesco u. a.: Frank O. Gehry. Das Gesamtwerk, Stuttgart 1998.
Gössel, Peter/Gabriele Leithäuser: Architektur des 20. Jahrhunderts, Köln, Taschen, 2012.
Holfelder, Moritz: Daniel Libeskind. Seismograph historischer Erschütterungen, Audio CD, Berlin, DOM publishers, 2010.
Jodidio, Philip: Hadid. Complete Works 1979–2013, Köln, Taschen, 2013.
Vidiellla, Alex Sánchez: Atlas der zeitgenössischen Architektur, Köln, Dumont Buchverlag, 2007.

Videos

Mense, Thomas u. a.: (my private) HEREOS. Volume 01, 147 Minuten, Herford 2005.
MARTa Freunde und Förderer e. V./Kreikenbohm, Uta: Loss of Control. Volume 04, 110 Minuten, Herford 2008.
Copans, Richard/Neumann, Stan: Baukunst 1-8, Filmreihe. Deutsche und französische Sprachfassung, ARTE EDITION/absolut Medien 2009/2010.

Architektur gestalten

Das Haus der McDonald's Kinderhilfe Stiftung in Bad Oeynhausen

Einführung

Architektur wird bestimmt durch ihre Gestalt, ihre Bedeutung und ihre Funktion. Ob ein Gebäude seiner Funktion gerecht wird, also eine gewünschte Atmosphäre entsteht, hängt davon ab, wie die Architektin oder der Architekt die Räume des Gebäudes zugeschnitten hat, welche Lichtführungen er gewählt hat, welche Farben, Materialien und Möbel er beispielsweise ausgesucht hat. Für die Arbeit als Erzieherin oder als Erzieher ist die Gestaltung von Häusern und Räumen insofern sehr wichtig, weil sie eine direkte Wirkung auf die Kommunikation in diesen Gebäuden ausübt. Architektur für Kinder und Jugendliche – in Kindergärten und Einrichtungen der Erziehungshilfe beispielsweise – ist immer eine Herausforderung für die Verantwortlichen. Sie haben sich in besonderer Weise Gedanken darüber zu machen, wie sie den spezifischen Bedürfnissen der ihnen anvertrauten Kinder und Jugendlichen durch die Gestaltung der Wohneinrichtungen näher kommen können. BRUNO BETTELHEIM beschreibt in seinem Buch „Der Weg aus dem Labyrinth" die Bedeutung und Wichtigkeit der Raumgestaltung für das Wohlbefinden:

„Etwas mehr weiß man über die Bedeutung kinästhetischer[11] Erfahrungen für unser Wohlbefinden und unsere Sicherheit, und darüber, wie sehr auch unser inneres Gleichgewicht gestört ist, wenn unsere kinästhetischen Empfindungen unangenehm oder verwirrend sind, selbst wenn sie vielleicht erregend sind. Wir selbst können diese Erfahrungen machen, wenn wir Achterbahn fahren, und jede Mutter weiß, wie unruhig ihr Baby wird, wenn es ihm beim Tragen nicht bequem ist, weil es entweder zu locker oder zu fest gehalten wird. Es ist äußerst wichtig für das Kind, dass es sicher gehalten wird und sein Gleichgewicht behält. Bauwerke vermitteln solche Gefühle in sehr starkem Maße, einige drücken uns nieder, andere streben mehr in die Höhe. [...] Dem Tastsinn wird bereits große Beachtung

---

11 Kinästhesie = Wahrnehmung der Raum-, Zeit-, Kraft- und Spannungsverhältnisse der eigenen Bewegung.

geschenkt. Textilentwerfer wissen, dass verschiedene Gewebe und Materialien auch unseren Tastsinn unterschiedlich ansprechen, selbst wenn wir sie nur sehen. Kinder und psychisch Kranke, die ihren Fernsinnen viel weniger trauen als normale Erwachsene, müssen ihre Finger über das Material gleiten lassen, um es zu erfühlen. […] Je mehr die baulichen Besonderheiten zum Berühren einladen und den Eindruck der Sicherheit vermitteln, um so eher kann man sich in dem Gebäude geborgen fühlen."[12]

Wolfgang Mahlke und Norbert Schwarte sind Künstler und Pädagogen und haben in zahlreichen Projekten die Gestaltung von Kindergärten und Einrichtungen für Wohngruppen begleitet. In ihrer Grammatik der Wohnfeldgestaltung schreiben sie:

„Raum ist mehr als Fußboden und Wände und Decke. Schon das Gewand, das jemand trägt, ist der erste Schritt zum Raum. Es ist die engste Höhle, die Hülle, in der man steckt, in der es einem wohl und warm ist, oder auch nicht. Raum ist auch das, was mit den Armen umschlossen wird, wenn man arbeitet. […] Mit jeder Bewegung verengt oder erweitert sich dabei der Raum. Raum ist keine starre, vom individuellen Erleben unabhängige Größe. Raum wird gebildet – durch die Eigenart des Menschen, der so gesehen mit seinem Körper ein Teil von ihm ist, indem er ihn mit seinen Armen umschließt. Raum bildet sich zum Gesprächspartner hin, der gegenübersitzt, zum Möbel, das hinter ihm steht. So erweitert sich der Raum bis hin zu den Wänden. Wenn Le Corbusier [13] fordert, dass die Decke nur so hoch sein darf, dass sie mit ausgestrecktem Arm erreichbar ist, definiert auch er den Raum vom Menschen her. […] Der zum Wohnen geeignetste Raum ist derjenige, der wesentlich auch Betätigung ermöglicht, zu spontanen Einfällen und Kreativität auffordert: nicht der reizüberflutete, sondern der stimulierende; sicher nicht der kahle, reizarme, sondern der, welcher in den plastischen, flächigen und linearen Formen, den Farben und Strukturen stimmig ist – nicht perfektioniert, nicht in seiner Stimmigkeit gebunden, sondern offen. Solche Offenheit kann sich vom Raum auf die Bewohner übertragen und ihr Leben erleichtern […]."[14]

Welchen Architektur- und Raumformen wird die Erzieherin oder der Erzieher im späteren Arbeitsfeld begegnen?

- im Kindergarten, im Kinderhort: Gestaltung des Kindergartens (Baukörper, Fassade), Einteilung der Gruppenräume, z. B. Spielecken, Bauecken, Angebotsflächen für Malexperimente, Gestaltung von Kommunikationszonen (Eingangshalle, Gesprächsecken, „Erlebnisecken"), Gestaltung der Außenanlagen
- in Wohngruppen der Erziehungshilfe: Gestaltung des Wohnhauses (Baukörper, Fassade), Gestaltung des Gemeinschaftsraumes, der Küche, der einzelnen Zimmer, der Außenanlagen. Die Gestaltung der Architektur/Räume ist hier ganz besonders wichtig, weil dadurch eine wohnliche Atmosphäre von Geborgenheit und Verlässlichkeit hergestellt werden soll.
- in Freizeiteinrichtungen: Gestaltung von Arbeits-/Kommunikations- und Spielmöglichkeiten in Freizeitzentren, Spielhäusern. Diese Gebäude sollen den unterschiedlichsten Interessen von Kindern, Jugendlichen, Mitarbeiterinnen und Mitarbeitern entsprechende

---

12 Bettelheim, B.: Der Weg aus dem Labyrinth S. 136 f.
13 Jeanneret Le Corbusier – französisch-schweizerischer Architekt (1887–1965)
14 Mahlke, W./Schwarte, N.: Wohnen als Lebenshilfe, S. 30 f.

räumliche Möglichkeiten bieten: Gruppenräume für Einzelaktivitäten, größere Räume für darstellende Aktivitäten (Theater, Präsentation, Ausstellung und Tanz/Disco).

Wie müssen gut gestaltete Räume beschaffen sein?

Woran kann man sehen und merken, ob man sich in einem Raum wohlfühlt oder nicht? Das räumliche Wohlbefinden ist die Voraussetzung dafür, sich in einem Raum frei zu orientieren, sich zu öffnen und sich produktiv und kreativ in einem Raum zu bewegen. Besonders Lernräume müssen Eigenschaften besitzen, die von sich aus bei allen Beteiligten ein spontanes Wohlbefinden ermöglichen – leider geschieht das nur sehr selten. Margit Vollmert

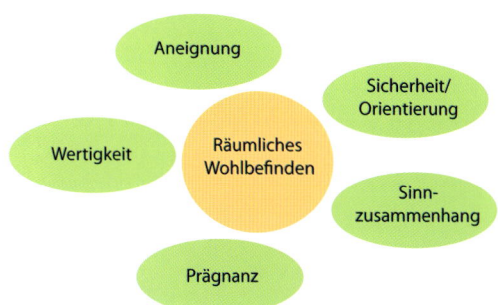

Faktoren für räumliches Wohlbefinden (Grafik nach Vollmert)

definiert fünf Faktoren für das räumliche Wohlbefinden:[15]

- **Aneignung:** Die Nutzerin und der Nutzer sind in der Lage, sich mit einem Raum vertraut zu machen, um ihn nutzen zu können.
- **Sicherheit/Orientierung:** Jeder Raum sollte eine Ausgewogenheit an Reizen auf die Nutzerin und den Nutzer ausüben. Zu viele Reize verhindern das konzentrierte Arbeiten, reizarme Räume wirken dagegen oft uninteressant und ermüdend. In nachvollziehbaren Strukturen fühlen sich die Nutzerinnen und Nutzer eines Raumes sicher und gut „aufgehoben".
- **Sinnzusammenhang:** Sind die Elemente eines Raumes (die Möbel beispielsweise) aufeinander abgestimmt? Stehen sie in einer inhaltlichen Beziehung zueinander und sind sie somit für die Nutzerin und den Nutzer nachvollziehbar?
- **Prägnanz:** Ist der Raum in seiner Struktur und Gestaltung einzigartig in seiner Wirkung und damit auch gut annehmbar für die Nutzerin und den Nutzer?
- **Wertigkeit:** Welchen Eindruck macht der Raum auf die Nutzerin und den Nutzer? Ist bei der Gestaltung des Raumes viel Mühe auf die Auswahl der Raumelemente verwendet worden? Werden Bilder beispielsweise in einem geeigneten Rahmen mit Passepartout oder einfach nur praktisch an die Wand „gepinnt"?

Zur Auseinandersetzung und Aneignung von Räumen gehört: zum einen die Erinnerung an Räume, in denen man gelebt hat – das erste Zimmer etwa oder die Wohnung, aus der man ausgezogen ist, um mit der Familie in eine andere Stadt zu gehen; zum anderen die Entwicklung von einer Vorstellung von einem Haus oder einer Wohnung mit von unterschiedlich eingerichteten Räumen für verschiedene Nutzungen.

---

15 Vgl. Vollmert, M.: Weit offene Augen …, S. 10 ff.

„Gedanken zur räumlichen Veränderung im Kindergarten: Fünf Sinne hat der Mensch: sehen, tasten, riechen, schmecken, hören. – Mit dem sechsten Sinn müssen wir sie wieder entdecken. – Haben die Kinder im Laufe des Tages Platz und Zeit zum Nachdenken? – Räume erproben heißt, Gewohnheiten ändern. – Ein sechster Sinn für die Sinne: Spiel- und Erlebnisräume für Kinder. – Kann eine gute Raumgestaltung eine Erzieherin ersetzen?"[16]

Beispiele

1. Elternhaus in Bad Oeynhausen

Blick in den Innenraum des Ronald McDonald Hauses in Bad Oeynhausen.

Außenansicht: Im Zentrum des Gebäudes der „Maypole".

„Als Zuhause auf Zeit für die kleinen Patienten in der Universitätsklinik der Ruhr-Universität Bochum wurde das Ronald McDonald Haus Bad Oeynhausen am 8. September 2001 eröffnet. Bis zu zwölf Familien mit schwer kranken Kindern können hier in wohnlicher Atmosphäre Unterkunft finden.

Frank Gehry, der internationale Star-Architekt, der auch das Guggenheim-Museum in Bilbao entworfen hat, spendete seine Version eines Zuhauses auf Zeit für das Ronald McDonald Haus Bad Oeynhausen mitten im Kurpark der Stadt. Im Mittelpunkt seines Entwurfes steht das ‚Y' für ‚Yes – Ja zum Leben!' und zieht sich wie ein roter Faden durch das gesamte Haus. Der Grundriss des Gebäudes ist ebenso dem ‚Y' nachempfunden wie beispielsweise der bunte Esstisch im Zentrum der großen Küche.

Alles hier ist lichtdurchflutet, mal durch die großen Dachfenster, dann wieder durch eine originelle Fensterkonstruktion, die es erlaubt, ‚um die Ecke' zu schauen. Dieses bunte Haus im Grünen befindet sich inmitten des wunderschönen Kurparks von Bad Oeynhausen. Hier können die Familien sowohl die berühmte Bali-Therme als auch das GOP Varieté im Kaiserpalais besuchen. Vor dem Haus befindet sich ein Abenteuer-Spielplatz der besonderen Art, auf dem die Kinder herumtollen können: Ein bespielbarer Lastwagen und eine dazugehörige Tankstelle sind die Attraktion – bei fast jedem Wetter. [...]"[17]

---

16 Kappesz, H.: Kreatives Leben mit Kindern, S. 89
17 McDonald's Kinderhilfe Stiftung (Hrsg.): Das Ronald McDonald Haus Bad Oeynhausen

2. Eva-Gahbler-Haus in Bielefeld-Sieker

„Das kleine Bürgerhaus des Sozialdienstes Kath. Frauen liegt im Zentrum einer typischen 70er-Jahre Großsiedlung mit 1600 Sozialwohnungen und 4400 Bewohnern aus über 50 Nationen, davon über 30 % Kinder und Jugendliche. [...]

Das Stadtteilhaus am Gerstenkamp versteht sich als Anlaufstelle, Treffpunkt und erweiterter Lebensraum für eine sehr heterogene Bewohnerschaft in einem Stadtteil mit besonderem Erneuerungsbedarf. Es sind Gruppen- und Veranstaltungsräume für vielfältige Nutzung durch die Anwohner erstellt worden. Das offene Haus hat sich seit der Einweihung im März 2004 zum zentralen Mittelpunkt des Stadtteils entwickelt, in dem die unterschiedlichen Angebote sich gegenseitig ergänzen und befruchten. Für die Gruppenangebote des Spielhauses stehen vier Gruppenräume, Tischtennis- und Gymnastik-raum, Werkstatt und Toberaum zur Verfügung, ergänzt durch Büro und Küche, zwei Gruppen-räume liegen im ruhigeren Bereich des Oberge-schosses, ergänzt durch eine Dachterrasse.

Alle Räume des 360 m² großen Stadtteilhauses öffnen sich zu einer zentralen, zweigeschossigen Eingangshalle. Die drei kubischen, mit einem Glasdach verbundenen Baukörper reagieren in ihrer schlichten Gestaltung auf die Umgebungsbebauung aus den 70er-Jahren, die Dachflächen am Fuß der 13-geschossigen Wohnbauten wurden als fünfte Fassade begrünt. Der Neubau ist bewusst mit hochwertigen Materialien und einer offenen, großzügigen Raumfolge gestaltet, um soziale Akzeptanz zu gewährleisten. Das Bürgerhaus bildet mit seiner Lärchenholzfassade und dem umgebenden Grünzug einen neuen Identifikationspunkt im Kontrast zu den umgebenden grauen Hochhausfassaden."[18]

Grundrisse und Architekturmodelle

Eine Möglichkeit, Architektur- und Raumvor-stellungen in der Fantasie zu realisieren, ist die Anfertigung von Skizzen, Entwurfszeich-nungen und Modellen. Als Erzieherin oder als Erzieher in einer Einrichtung wird man es immer auch mit baulichen Veränderungen oder sogar mit der Planung und Realisierung eines völlig neuen Bauvorhabens zu tun haben. Skizzenhaft oder modellhaft mit Pappe und Klebstoff die eigenen Ideen

18 Daum, T.: Eva-Gahbler-Haus Bielefeld-Sieker

einzubringen, kann den Kommunikationsprozess zwischen Träger, Architekturbüro, Kindern, Erzieherinnen und Erziehern bereichern.

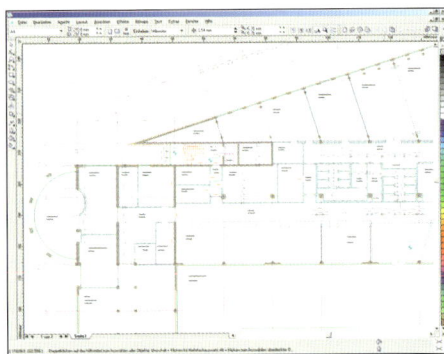

- **Freihandskizzen** werden einfach auf einem Zeichenpapier mit Bleistift oder Filzstift angefertigt; für **Entwurfszeichnungen** (Maßstab 1:50) werden Architektenpapier, Millimeterpapier oder weißes Zeichenpapier verwendet (DIN-A2-Format). Raumgrößen, Wandstärken und -öffnungen werden eingezeichnet. Die Bemaßungen werden zuächst nur an einigen Positionen eingetragen. Mit Farbstiften oder Aquarellfarben werden Mauerwerk und Gebäudeteile kenntlich gemacht. (Abb. oben). Für Entwurfszeichnungen auf dem PC werden CAD-Programme (= *Computer Aided Design* – computerunterstütztes Konstruieren) wie AutoCAD®, ARCHICAD oder SketchUp, das sich auch an Einsteiger richtet, eingesetzt. Vorteile sind u. a. die erhöhte Bearbeitungsgeschwindigkeit und die Veränderbarkeit bestehender Konstruktionszeichnungen.

Entwurfszeichnung mit Stift und Farbe (S. 245 unten) und am PC (oben) – ein Architekturmodell (unten)

- **Modelle** sind für Architektinnen und Architekten die Möglichkeit, Entwürfe als dreidimensionale Gebilde darzustellen. Die Betrachterin oder der Betrachter soll den Zusammenhang von Neubau und Umgebung – Größenverhältnissen, Außenanlagen, Fassadenstruktur, Nutzungsmöglichkeiten etc. – beurteilen können. Die spezielle Nutzung eines Gebäudes, die Innenarchitektur, die Raumaufteilung oder die Einrichtung der Räume beispielsweise können durch maßstäbliche Modell sichtbar gemacht werden. Architektonische Fantasien und utopische Raumvorstellungen lassen sich so auch besser auf ihre Machbarkeit und ihren Realitätsbezug hin überprüfen und die Frage beantworten, ob die Architektur überhaupt in die Umgebung passt.

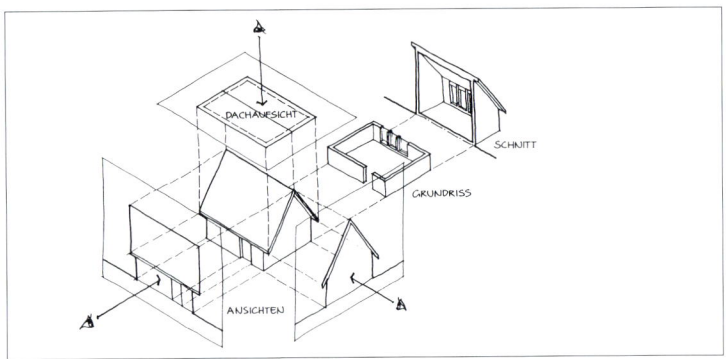

Grundriss, Schnitte und Ansichten in der Architekturzeichnung

Materialien und Werkzeuge

Für den Modellbau sind folgende Materialien verwendbar: Papier, Pappe (Holzpappe), Sperrholz, Äste, Zweige, Rinde (und andere Naturmaterialien), Bindfäden, Sand, Kies, Ton, Gips etc. Kleber und Leim, Schrauben und Nägel. Entsprechend den Materialien und Techniken sind auch die dafür geeigneten Werkzeuge zu verwenden: Scheren, Schneidemesser, Lineale, Bleistifte, Sägen, Bohrer etc.

Für die Entwurfszeichnungen benötigt man Millimeterpapier, Zeichenpapier, Architektenpapier, Bleistifte (2B, 3B, 4B), Geodreieck, Lineal, Zirkel, Faserstifte, Aquarellfarben. Für die Arbeit am PC: Auto-CAD®; ARCHICAD und SketchUp.

Design und Inneneinrichtungen

Ein Gebäude lebt von seiner ganz besonderen Inneneinrichtung, der Gestaltung des Raumes. Wie die Fußböden, die Wände und Decken beschaffen sind, welche Möbel in den Raum gestellt werden oder welche Leuchten eingesetzt werden, haben für das Wohlbefinden der Nutzerin und des Nutzers eine hohe Bedeutung. Neben der Gebrauchsfunktion eines Objektes und des verwendeten Materials geht es auch um die ästhetische Form – um die Wirkung auf unsere Sinneswahrnehmung. Jeder Mensch gestaltet seinen Raum nach bestimmten Vorstellungen – Wände, Möbel, Gebrauchsgegenstände – und möchte seinem Wohnbereich einen unverwechselbaren Charakter geben.

Aspekte der Raumgestaltung

- **Raumaufteilung:** Der zu gestaltende Raum wird immer als Ganzes wahrgenommen. Wird der Raum in seiner jetzigen Gestaltung von der Fläche her betont? Wie wird die Raumhöhe in die Gestaltung einbezogen, z. B. durch Abhängen der Decke oder Einbau von Podesten? Wie ist das Verhältnis von Treffpunkten und Rückzugsmöglichkeiten? Wodurch kann ein Gefühl von Sicherheit und Geborgenheit erzeugt werden?
- **Gegenstände:** Die Form, die Struktur, das Material und die Farbe der Möbel bestimmen den Raumeindruck. Nicht immer können neue Möbel angeschafft oder gebaut werden. Auch alte Möbel, entsprechend aufgearbeitet oder in der Form verändert, können einen interessanten Blickfang darstellen.
- **Farbe:** Der Farbanstrich gibt dem Raum seine Atmosphäre und spricht die Gefühle an. Ob verhaltene bis dunkle Farben gewählt werden oder eher naturnahe Farbtöne, hängt entscheidend von den Bedürfnissen der Bewohnerinnen und Bewohner der Räume ab (Ausprobieren und Farbproben an der Wand herstellen). Die Farbe Weiß beispielsweise kann die Assoziation von kalt, eisig, sauber etc. hervorrufen. Andererseits weiten weiße Wände den Raum.
- **Licht:** Um aber einem Raum einen gewünschten Charakter zu geben, sollte Licht gezielt eingesetzt werden (Spots). Licht kann Akzente setzen, indem es bestimmte Zonen eines Raumes ausleuchtet. Besondere Gegenstände können punktuell angestrahlt werden und die Plastizität des Gegenstandes hervorheben. Durch die Färbung des Lichtes werden z. B. Arbeitszonen (helle Ausleuchtung) von Rückzugsmöglichkeiten (warmes Licht) unterschieden.

Sitzmöbel

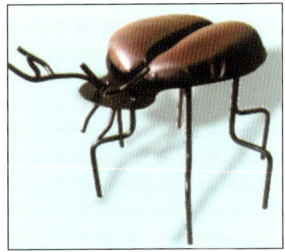

Sitzmöbel: *„Jungle-Fever"
(links), Sitzkissen in Apfelform
(Mitte), Hocker in Käferform
(rechts oben) und der „Wiggle
Side Chair" aus verleimtem
Wellkarton von Frank O. Gehry
(rechts unten)*

Raumplanung

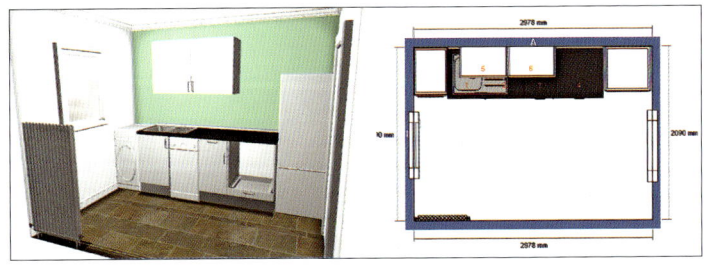

*Grundriss- und Objekt-
teplanung einer Küche:
Einige Möbelhäuser
bieten auf ihren Web-
seiten eine Software an,
mit der man maßstäb-
lich und in 3D die
genaue Vorstellung der
Küche entwickeln und
planen kann.*

Anregungen für die Bearbeitung von Lernsituationen

Praxissituation – für Kinder

Gestaltung des Gruppenraumes einer Einrichtung: „Wir wollen unseren Gruppenraum verändern": Erarbeiten Sie anhand der in der Grafik zum räumlichen Wohlbefinden (S. 243)
genannten Aspekte einen Fragebogen für Kinder, dessen Ergebnisse den Erwachsenen vermitteln sollen, wie sich die Kinder ihren Kindergarten vorstellen. Zeichnungen könnten
diese Fragebogenaktion ergänzen.

Praxissituation – für Jugendliche

Architekturfantasien: Die Jugendlichen selbst können am besten ausdrücken, wie sie sich ein Jugendhaus vorstellen. Unter dem Motto „Wenn wir uns den Treffpunkt selbst bauen könnten ..." sollen die Jugendlichen Modelle, Skizzen und eventuell auch Zeichnungen von Außenanlagen anfertigen und einem Architekturbüro vorlegen. Obwohl es sich hier lediglich um den spielerischen Umgang mit Architekturfantasien der Jugendlichen handelt, sollten die entstandenen Modelle dennoch einer ernsten Begutachtung unterzogen und in der Planungsphase berücksichtigt werden.

Weitere Anregungen

Themengebunden

- Herstellen von Grundrissen und Architekturmodellen für eine fiktive Kindergarteneinrichtung, in der besonders die Naturnähe berücksichtigt werden soll
- Überlegungen für die Außenanlage einer Kindertagesstätte (Eventuell können die entstandenen Ideen auch in einer Projektwoche in Zusammenarbeit mit einer kooperierenden Praxisstelle verwirklicht werden.)
- Befragungen von ortsansässigen Architektinnen und Architekten zu Bauprojekten für Kindertagesstätten
- mit einem 3D-Programm eine Küche planen und zeichnen

Experimentieren

- sehr unterschiedliche Räume begehen, die Eindrücke und Wahrnehmungen aufschreiben und austauschen
- einen Raum mit sehr einfachen Mitteln verändern und probeweise umgestalten; den Prozess dokumentieren und auswerten
- die Verbindung suchen zwischen Raumgestaltung und Rauminstallation, zwischen Ästhetik und Funktion eines Raumes: Veränderungsmöglichkeiten benennen und Entwürfe zeichnen
- über die Funktionalität von Räumen nachdenken und Kriterien für eine gute Einrichtung entwickeln

Einsatz von Möbeln

- Möbelstücke durch Zugabe unterschiedlicher Materialien verfremden
- Möbel betrachten und versuchen, eine eigene Vorstellung von Design für Sitzgelegenheiten und Tische zu kreieren

Kommentar

Die spielerische Auseinandersetzung mit Gebäuden und Bauformen soll für den Bereich Architektur sensibilisieren. Für die erzieherische Arbeit bedeutet der kreative Umgang mit Architektur immer auch ein Stückchen Auseinandersetzung mit der eigenen baulichen Umwelt – mit dem Haus der Wohngruppe, dem Haus des Kindergartens, mit dem Schulgebäude, mit der Architektur im Stadtteil etc. Das Bauen und Gestalten von Räumen gehört zu den elementaren Lernsituationen des kreativen Handelns. Schon im Sandkasten schaffen sich die Kinder eine Welt aus Gebäuden und Straßen und experimentieren mit dem Formenreichtum, der sich im Spiel mit dem Material Sand immer wieder verändert. Die Beschaffenheit der Baukörper und Räume hat indirekten Einfluss auf das Befinden der Menschen in den Gebäuden, in denen sie arbeiten oder leben. Deshalb ist die Beschäftigung mit der Architektur sozialer Einrichtungen in der Ausbildung zur Erzieherin bzw. zum Erzieher immer auch eine Reflexion der Lebenswelt der betroffenen Personen und ein Nachdenken über architektonische Veränderungsmöglichkeiten.

 **Literaturhinweise**

Ching, Frank: Handbuch der Architekturzeichnung, 3. Aufl., Ostfildern-Ruit, Hatje Cantz, 1999.

Franz, Margit/Vollmert, Margit: Raumgestaltung in der Kita: Wohlfühlräume für Kinder von 3 bis 7, München, Don Bosco Verlag, 2012.

Mahlke, Wolfgang/Schwarte, Norbert: Raum für Kinder. Ein Arbeitsbuch zur Raumgestaltung in Kindergärten, 4. Aufl, Weinheim, Beltz, 1997.

Nielen, Britta: Raumgestaltung – Räume zum Leben, Räume zum Lernen, in: Zimmermann-Kogel, Katrin u. a.: Praxisbuch Sozialpädagogik. Arbeitsmaterialien und Methoden, Band 3, Troisdorf, Bildungsverlag EINS, 2007, S. 54 f.

Von der Beek, Angelika u.a.: Hundert Welten entdeckt das Kind: Kinderräume bilden: Ein Ideenbuch für Raumgestaltung in Kitas - Ein Werkstattbuch, Berlin, Cornelsen Verlag Scriptor, 2010.

1. Nennen Sie Aspekte, die bei der Betrachtung und Beschreibung eines Gebäudes wichtig sind.

2. Erläutern Sie, was man unter „dekonstruktivisitischer Architektur" versteht. Was sind die charakteristischen Merkmale dieser Architekturrichtung?

3. Vergleichen Sie die Gebäude von Daniel Libeskind mit denen von Frank O. Gehry. Nennen Sie Gemeinsamkeiten und Unterschiede in der Formensprache der beiden Architekten.

4. Welche Methoden eignen sich gut für die Auseinandersetzung mit dem Thema Architektur? Nennen Sie exemplarisch einige Verfahren.

5. Erläutern Sie den Satz von Mahlke/Schwarte: „Raum ist mehr als Fußboden und Wände und Decke."19

6. Wie müssen gute Räume beschaffen sein? Welche Aspekte spielen bei der Raumgestaltung eine wichtige Rolle? Erläutern Sie ihre Bedeutung.

7. Erläutern Sie, welche Gesichtspunkte besonders bei der Gestaltung von Räumen für Kinder und Jugendliche zu beachten sind.

8. Erläutern Sie, wie ein Raum speziell für den Bildungsbereich „Ästhetische Bildung" gestaltet werden müsste.

---

19 Mahlke, W./Schwarte, N.: Wohnen als Lebenshilfe, S. 30

5 Kreatives Handeln in Projekten

Einführung

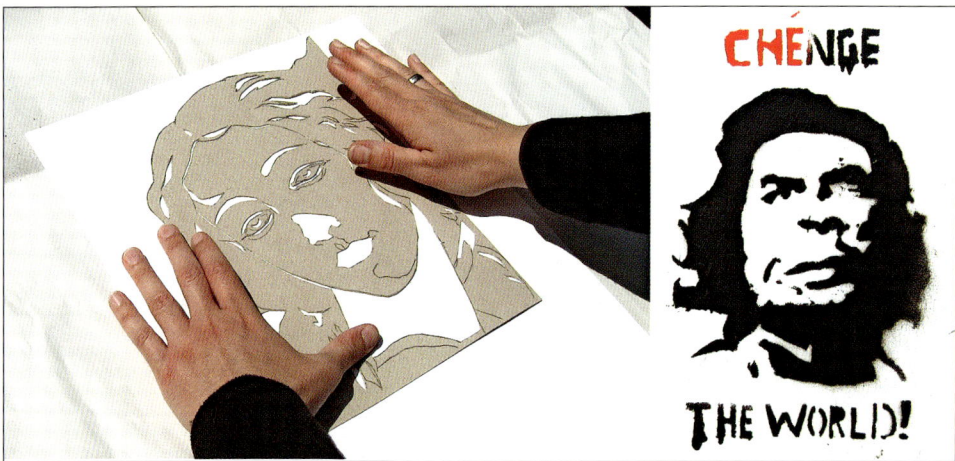

Stencil: Graffiti mit Schablone und Sprühlack auf Papier (links) und an einer Wand (rechts)

Die Herstellung eines Videofilms oder die Durchführung einer Plakataktion umfasst zahlreiche Arbeitsschritte, die nicht alle an einem Tag durchgeführt werden können. Von der Ideenfindung bis zum vorzeigbaren Ergebnis müssen unterschiedliche Aufgaben von einer Gruppe in Teamarbeit geleistet werden. Jede Teilnehmerin und jeder Teilnehmer dieser Arbeitsgruppe bringen dabei ihre Kompetenzen ein. Der Einzelne kann sich und andere in einem Arbeitszusammenhang über einen längeren Zeitraum hinweg erleben und so in der Auseinandersetzung mit der vorgegebenen Aufgabe Neues unmittelbar erfahren und kennenlernen.

Ein Projekt im Bereich des kreativen Handelns

- geht von einer berufsbezogenen, künstlerischen Problemstellung aus
- realisiert sich in einer längerfristigeren, komplexeren Lernsituation
- ist interdisziplinär angelegt und verbindet adäquat Theorie und Praxis
- erfordert Teamarbeit und die Bereitschaft der Einzelnen bzw. des Einzelnen, Kenntnisse und Fertigkeiten sowie persönliche, soziale und methodische Fähigkeiten einzubringen und auf unvorhersehbare Situationen flexibel zu reagieren
- wird von allen Beteiligten während und am Ende der Durchführung reflektiert
- zielt auf die Realisierung einer konkreten, künstlerischen Arbeit – im ideellen und materiellen Sinne

Die Projektarbeit im Lernort Schule entspricht der Handlungssituation im Lernort Praxis. In beiden Situationen ist das Gelingen des Projektes wesentlich davon abhängig, wie man mit anderen (Teilnehmenden oder Mitarbeitenden) zusammenarbeiten kann, um zu einem optimalen und für alle befriedigenden Ergebnis zu gelangen.

Da beide Bereiche sich in ihrer pädagogischen Aufgabe, Zielsetzung und ihren Rahmenbedingungen voneinander unterscheiden, ist auch der Hintergrund für die Durchführung von Projekten jeweils ein anderer. In beiden Fällen stellen Projekte eine Ausnahme, etwas Besonderes dar. Sie sind der gegenteilige Blickwinkel zur gewohnten Perspektive des Alltags.

In der Schule wird mit dem projektorientierten Arbeiten der Wunsch nach anschaulichem und handlungsorientierten Lernen, welches indirekt erfahrenes und durch Bücher vermitteltes Wissen durch unmittelbare Erfahrungen (Selbsttätigkeit) ersetzen soll, verbunden. Projekte in der sozialpädagogischen Praxis, z.B. im Kindergarten, sollen zwar auch das ganzheitliche Lernen durch Erfahrungen fördern (mit „allen Sinnen" lernen), entscheidender aber ist, dass die Alltagsroutine der Einrichtung (Morgenkreis, Freispiel, Hausaufgabenbetreuung etc.) durch die Projektorientierung punktuell durchbrochen werden soll.

Im Berufspraktikum lernen Praktikantinnen und Praktikanten die Kinder und Jugendlichen und auch die Mitarbeiterinnen und Mitarbeiter der Einrichtung über einen längeren Zeitraum hinweg kennen. Dadurch können sie viele Situationen und Probleme besser verstehen und auch kreatives Handeln langfristiger und gezielter planen. Für die Durchführung von Projekten folgt daraus, dass die Berufspraktikantinnen und -praktikanten dadurch die Möglichkeit erhalten, ihre Erfahrungen mit Projektarbeit, die sie in der schulischen Ausbildung gewonnen haben, gut auf die sozialpädagogische Arbeit im Berufsfeld übertragen können.

Darüber hinaus bietet das Lernen in Projekten auch für die Kommunikation von Lehrpersonal mit Schülerinnen und Schülern andere und vielfach auch neue Perspektiven: In der Projektphase wird der Arbeitszusammenhang in der Regel von der Arbeitsgruppe selbstständig organisiert; das Lehrpersonal nimmt dabei eine beratene Rolle ein.

Projektarbeit in den Lernorten Schule und Praxis

Kennzeichnend für die Projektarbeit ist:
1. Ein besonderer Anlass, vielleicht ein aktuelles Thema, ein Ereignis oder eine komplexe berufliche Aufgabenstellung, die eine intensive Bearbeitung rechtfertigt.
2. Die Zeitstruktur: Meistens finden Projekte mehrere Tage lang statt. Die Arbeitszeiten sind allerdings abhängig von den zeitlichen Rahmenbedingungen des Lernortes Schule oder den Tagesrhythmen der Kinder und Jugendlichen in den Einrichtungen. Auf jeden Fall sollte aber für die Durchführung eines Projektes genügend Zeit zur Verfügung stehen, um so einen Freiraum für vielfältige kreative Erfahrungen zu schaffen.
3. Die Kooperation mit anderen Fachrichtungen der Ausbildung oder mit der Belegschaft der Einrichtung: An der Bearbeitung der Aufgabenstellung beteiligen sich die verschiedenen Lernbereiche der Ausbildung – Lösungsmöglichkeiten werden fächerübergreifend erarbeitet und erprobt.

4. Die besondere Erarbeitungsweise des Problems: Informationen lassen sich nicht allein im Schulgebäude oder in der Einrichtung finden. Neben Text- und Quellenarbeit gehören auch die Befragung von Zeitzeugen, die Besichtigung, das Interview, die Dokumentation, das Rollenspiel und die bildnerische Aufbereitung zum Arbeitsrepertoire. Die Teilnehmenden eines Projektes sollen die verschiedenen Facetten einer gewählten Arbeitsaufgabe kennenlernen und die Verantwortung für das Gelingen der „Unternehmung" durch eigene Beiträge übernehmen (selbstständiges Lernen).

5. Das Lernen in der Gruppe/im Team: Der Austausch in den Erarbeitungsphasen hat eine große Bedeutung. Man kann erfahren, wie die anderen Teilnehmenden auf den eigenen Beitrag reagieren, welche Wege und Ideen geeignet sind, die Arbeit weiterzubringen, wie das Gegenüber an der Aufgabe arbeitet, ob man sich anderen Vorstellungen anschließen kann oder nicht. Jeder arbeitet anders, auch mit einer anderen Geschwindigkeit. Soziale Spannungen in der Lerngruppe, zwischen den Kindern und Jugendlichen, müssen durch Gespräche ebenso geklärt werden wie auch die Übernahme von Verantwortung für bestimmte Aufgabenbereiche. Es kann zu Motivationsschwankungen kommen. Nicht immer sind alle konzentriert und engagiert bei der Sache. Hier kommt es darauf an, durch geeignete Impulse den Fortgang der Arbeit immer wieder positiv zu fördern. Projekte sollen soziale und fachpraktische Erfahrungen durch die intensive Auseinandersetzung mit den anderen Teilnehmenden und der Aufgabe ermöglichen. Die Erzieherin oder der Erzieher soll den Kindern und Jugendlichen kooperative Arbeitsweisen vermitteln und ihnen bei der Lösung von auftretenden Konflikten helfen.

6. Die Präsentation und Sicherung der Ergebnisse: Die aufgewendete Mühe und die Sammlung des reichhaltigen Materials, die fertiggestellten Produkte (Zeichnungen, Plastiken, Filme etc.) fordern eine entsprechende Präsentation vor einem Publikum im Rahmen der Schule oder an einem Praxisort.

   Der Abschluss der Arbeit hat für alle Beteiligten einen ganz besonderen Stellenwert. Publikumsreaktionen sind für Kinder und Jugendliche eine wertvolle und wichtige Lernerfahrung. Zum einen gewinnen sie durch diese Veranstaltung Sicherheit im Umgang mit Formen der Moderation und öffentlichen Diskussion, zum anderen regen die Bestätigungen und Kommentare zu weiteren Projekten an. Sicherung der Ergebnisse heißt auch, die gewonnenen Erkenntnisse in der Lerngruppe auszuwerten, kritisch zu betrachten und die Zusammenarbeit zu reflektieren.

Stichworte für die Planung

- **Themenfindung:** Rollenspiel und Brainstorming können bei der Formulierung der ersten Assoziationen hilfreich sein. Die Ergebnisse der Ideensuche können auf Wandzeitungen festgehalten werden, damit sie für alle sichtbar und nachvollziehbar sind. Die Festlegung auf ein Thema sollte nicht zu früh erfolgen. Ratsam wäre dafür sogar ein zweiter Termin, damit alle Beteiligten die im gemeinsamen Einführungsgespräch ausgetauschten Argumente noch einmal überdenken können.
- **Planung:** An der Planung sollten alle Beteiligten (Fachkollegium, Schülerinnen und Schüler, Belegschaft, Kinder, Jugendliche) teilnehmen. Dabei werden die jeweiligen

Erarbeitungsschritte festgelegt. Es ist wichtig, dass die Informationen über den Stand der Vorbereitungen hinreichend ausgetauscht werden. Wünschenswert wäre auch eine Infowand als Infobörse an einem zentralen Ort.

- **Vorbereitung:** An der Beschaffung des Materials für die Erarbeitung (Texte etc.) sollten möglichst alle gleichermaßen beteiligt werden.

- **Medieneinsatz:** Welche Bearbeitungsmedien zur Anwendung kommen, sollte ebenfalls in der Gruppe besprochen und festgelegt werden. Dabei sind die vorhandenen technischen Bedingungen der Schule/Einrichtung zu berücksichtigen. Sollten die benötigten Medien nicht verfügbar sein, kann auch über das Ausleihen von Geräten nachgedacht werden. Hier ist es wichtig, dass festgelegt wird, wer sich darum kümmert (Nachfrage, eventuelle Kosten abklären, Ausleihen).

- **Zeit/Räume:** Die entsprechenden Gremien in der Schule, die Mitarbeiterinnen und Mitarbeiter der Einrichtung müssen rechtzeitig über das Vorhaben informiert werden: Welche Gruppen nehmen an dem Projekt teil? Welche Kolleginnen und Kollegen begleiten dieses Projekt (Stundenplan/Dienstpläne beachten!)? Welche Räume werden benötigt?

- **Kosten:** Jedes Projekt kostet Geld. Die Finanzierung ist mit der Schulleitung/dem Träger zu besprechen (Anträge!). Auch die Frage der Kostenbeteiligung der Schülerinnen und Schüler, Kinder und Jugendlichen muss in der Gruppe besprochen werden.

- **Ankündigung:** Es wird sich als sehr hilfreich erweisen, einen Projektfahrplan mit allen notwendigen Daten (Zeiten/Räume/Programmpunkte etc.) zu erstellen, den alle Beteiligten bekommen. In den Einrichtungen der sozialpädagogischen Praxis müssen Projekte rechtzeitig angekündigt werden: durch E-Mails an die Mitarbeiterinnen und Mitarbeiter, Plakate im Eingangsbereich und Ankündigungen auf der Webseite.

- **Durchführung:** Die Teilnehmenden eines Projektes arbeiten weitestgehend selbstständig. Sie organisieren ihre Arbeitsstruktur in der Kleingruppe selbst. Das Fachkollegium sowie die Praktikantinnen und Praktikanten stehen beratend zur Verfügung, nehmen an ausgewählten Arbeitsschritten der Gruppen teil, leiten besondere Arbeitstechniken an, geben Impulse, beobachten den Arbeitsprozess. Bei auftretenden Schwierigkeiten, die den Fortgang der Arbeit behindern, sollte möglichst frühzeitig ein klärendes Gespräch gesucht werden, damit die Arbeit fortgesetzt werden kann. Von dem Fachkollegium sowie den Praktikantinnen und Praktikanten wird in dieser Phase ein hohes Maß an Flexibilität verlangt. Zwischenergebnisse müssen schnell beurteilt werden, Hinweise zu besonderen Techniken müssen nach den Erfordernissen der gegebenen Situation eingeführt werden, Material muss eventuell kurzfristig beschafft werden.

- **Präsentation:** Der Abschluss eines Projektes ist immer ein besonderer Augenblick: Die Ergebnisse des Projektes werden gezeigt. Folgende Fragen müssen geklärt sein: Wo, wann und wie sollen die Ergebnisse gezeigt werden? Wer soll dazu eingeladen werden? Wie soll die Veranstaltung durchgeführt und angekündigt werden (Plakat, Einladung etc.)? Wer moderiert die Präsentation?

Die Abschlussveranstaltung sollte zeitlich übersichtlich strukturiert werden. Aufkommende Langeweile durch lang andauernde Beiträge kann die Aufmerksamkeit der Zuhörerinnen und Zuhörer strapazieren. Die „Botschaft" kommt dann am besten an, wenn die Form der Präsentation möglichst prägnant und aufgelockert ist. Es sollte für Abwechslung in der Darbietung gesorgt werden (Musik!). Die Teilnehmenden eines Projektes erwarten eine Reaktion – Zustimmung oder Kritik – auf ihre Arbeitsergebnisse. Eine Diskussion, in der sich das Publikum spontan äußern kann, auch schriftliche Kommentare, die per Fragebogen eingeholt werden, können für die abschließende Reflexion in der Gruppe Stichworte und Anhaltspunkte für die Einschätzung der geleisteten Arbeit geben. Diese Aufarbeitung der Ergebnisse in der Gruppe soll auch die Frage beantworten, welche Erfahrungen und neuen Erkenntnisse dieses Projekt für die Teilnehmenden gebracht hat.

- **Dokumentation:** Aufzeichnungen, Bilder, Objekte, Filme etc. sollten – wenn sie nicht in den Besitz der Kinder und Jugendlichen oder Schülerinnen und Schüler übergehen – gesammelt werden. Dazu wird eine Sammlung der Texte, Dokumente und eine Videoaufzeichnung der Abschlussveranstaltung angelegt und in einem Archiv (Schulbibliothek) aufbewahrt und anderen zugänglich gemacht.
- **Auswertung/Reflexion:** Im letzten Schritt geht es schließlich darum, die gesamte Lernsituation der Projektarbeit zu bewerten: Die kreativen Arbeitsergebnisse sollen kritisch betrachtet und gewürdigt werden. Aber auch der gesamte Arbeitsprozess in der Gruppe – Zusammenarbeit, Qualität der einzelnen Beiträge, Verlässlichkeit etc. – wird hier reflektiert.

Anregungen für die Bearbeitung von Lernsituationen

Praxissituation – für Kinder
Drachen: Überlegen Sie, wie Sie ein Projekt mit dem Thema „Wir lassen die Drachen fliegen" in Ihrem Kindergartenpraktikum planen und durchführen könnten. Wie lässt sich die Kindergartengruppe für dieses Thema motivieren? Welche Aspekte können mit diesem Projekt angesprochen werden? Welche Vorbereitungen sind für die Durchführung und das Gelingen notwendig? Welche Aktivitäten könnten Sie mit diesem Thema anregen und welche Bearbeitungstechniken könnten beispielsweise angeboten werden?

Praxissituation – für Jugendliche
Projekte im Alltag: Diskutieren Sie vor dem Hintergrund Ihrer Praktikumserfahrungen, an welchen Fragestellungen und Projektthemen die Jugendlichen Ihrer Praxiseinrichtung interessiert sein könnten. Welche Voraussetzungen und Möglichkeiten sind in dieser Einrichtung für die Durchführung eines Projektes gegeben? Welche Konsequenzen ergeben sich aus der Projektarbeit für den Alltag der Einrichtung? Welche neuen Erfahrungen könnten die Jugendlichen durch projektorientiertes Lernen machen?

Weitere Anregungen

Themengebunden

- Videofilm über die Freizeiteinrichtungen eines Stadtteils (z. B. „Fördervereine überneh-men kommunale Aufgaben" oder „Jugendtreff im Stadtteil")
- Raumgestaltung: Jugendliche besuchen regelmäßig die Teestube eines Jugendhauses und haben den Wunsch geäußert, ihren Raum neu und nach ihren Vorstellungen ansprechender zu gestalten und ein kleines Eröffnungsprogramm zu entwerfen.
- Skulpturen zum Thema „Denkmäler und Gedenkstätten"
- Herstellung von Skulpturen/Plastiken/Objekten oder eines Wandbildes für den Außen-bereich (Gartenbereich einer Einrichtung oder Schulhof)
- Inszenierung eines Spektakels mit Masken, Texten und Musikeinspielungen
- Vorbereitung und Durchführung einer Kunstausstellung mit Bildern und Objekten von Kindern oder Jugendlichen (→ Ausstellung)

Diskussion und Planung

- einen Katalog an möglichen Projektthemen für die verschiedenen Handlungsfelder auf-stellen und überprüfen, ob sie dem Anforderungsniveau der beruflichen Handlungs-kompetenzen gerecht werden
- Projektthemen mit einem besonderen Bezug zu den Querschnittsaufgaben sozialpäda-gogischer Fachkräfte entwickeln (Partizipation, Inklusion, Prävention, Sprachbildung, Wertevermittlung, Vermittlung von Medienkompetenz) und auf die beschriebenen Ausdrucksformen (Kapitel 4) anwenden
- Projektarbeiten für konkrete Handlungssituationen entwerfen und die Praxisrelevanz überprüfen

Kommentar

Kreatives Handeln in Projekten ist verbunden mit dem Prinzip der Anschauung und Selbst-tätigkeit, bindet künstlerisches und handwerkliches Arbeiten in einen thematischen Zusammenhang ein und versucht durch die Einbeziehung anderer Fächer, punktuell Ganz-heitlichkeit in der Arbeit herzustellen. Projekte bieten die Möglichkeit, Fähigkeiten und Fer-tigkeiten, die im Alltag häufig wenig Beachtung finden, über einen längeren Zeitraum hinweg zu erproben und zu zeigen. Allerdings sollte der Begriff Projekt nicht als viel ver-sprechendes Zaubermittel gegen die Routine des Alltags überstrapaziert werden. Dies könnte leicht geschehen, wenn man die Tätigkeitsbereiche einfach zeitlich ausdehnt, die Herstellung von Druckgrafiken beispielsweise auf mehrere Tage ausdehnen und dies dann als Projekt bezeichnen würde. Vielmehr besteht ein Projekt darin, für das eigene kreative Handeln eine Idee zu entwickeln, ein Thema zu finden, an dem man sich orientieren kann und die Bereitschaft zu zeigen, neue Erfahrungen zu machen und neue Fertigkeiten zu erwerben. Außerdem gehört dazu, diesen Erkenntnisgewinn wiederum einer kritischen Reflexion zu unterziehen und sich zu fragen: Habe ich durch dieses Projekt meine persön-liche Handlungskompetenz weiter entwickeln können? Welchen Lernzuwachs und welche neuen Erkenntnisse konnte ich aus diesem Projekt mitnehmen?

📖 Literaturhinweise

Antes, Wolfgang: Projektarbeit für Profis. Praxishandbuch für moderne Projektarbeit, Weinheim, Beltz Juventa, 2010.

Greving, Heinrich u. a.: Praxis- und Projektarbeit Sozialpädagogik, Troisdorf, Bildungsverlag EINS, 2006.

Gudjons, Herbert: Handlungsorientiert lehren und lernen: Schüleraktivierung. Selbsttätigkeit. Projektarbeit, Bad Heilbrunn, Verlag Julius Klinkhardt, 2008.

Hänsel, Dagmar: Projektunterricht. Ein praxisorientiertes Handbuch, 2. Aufl., Weinheim, Beltz, 1999.

Klein, Ferdinand: Inklusive Erziehungs- und Bildungsarbeit in der Kita. Heilpädagogische Grundlagen und Praxishilfen, Troisdorf, Bildungsverlag EINS, 2010.

Plakataktion

Studierende der Fachschule für Sozialpädagogik gestalten eine Plakatwand

Einführung

Ein Plakat in der Größe einer Werbetafel kann auf aktuelle Probleme in Gesellschaft und Politik – wie beispielsweise Ausländerfeindlichkeit, Klimakatastrophe oder Finanzskandale – aufmerksam machen oder einfach durch seinen optischen Reiz wirken. Die vielfach aufgestellten Werbetafeln prägen das Bild der Großstädte. Ergänzt werden die großflächigen statischen Bildträger durch entsprechende Videowände auf Bahnhöfen oder an Verkehrsknotenpunkten. Ihre Botschaften sind vorwiegend kommerziell – optisch schreiend und inhaltlich aufdringlich. Es sollte aber nicht vergessen werden, dass sich das Medium „Großflächenplakat" auch hervorragend für andere visuelle Mitteilungen eignet. Die riesig erscheinende Bildfläche wirkt mit ihren gestalterischen Möglichkeiten in hohem Maße animierend auf die Gestaltenden.

Mittel und Materialien

- **für die Vorbereitungen in der Schule:** Computer mit entsprechendem Grafikprogramm, farbige Tonpapiere, Bleistifte, Scheren, Overheadfolien (kopierfähig), Overheadprojektoren oder Beamer
- **für die Arbeit vor Ort:** geeignete Leitern, Papierkleber (Kleister), breite Pinsel, langes Lineal, Zollstöcke, Bleistifte, Scheren, Videokamera und Fotoapparat.

Großflächenplakate haben bundesweit das einheitliche Format 252 x 356 cm. Das entspricht 18 Bogen DIN A1 im Hochformat oder 9 Bogen DIN A0 im Querformat. Vermietet werden Großflächen von den überregional arbeitenden Außenwerbeunternehmungen für jeweils eine Dekade (10 Tage). Dabei beträgt die Miete zwischen 50,00 und 100,00 EUR plus MwSt. Einige Unternehmen zeigen sich aus Gründen der Eigenwerbung Studierendenarbeiten gegenüber aufgeschlossen und gewähren einen Preisnachlass. Die Werbefirmen möchten vorab einen Plakatentwurf zur Ansicht bekommen, nehmen aber in der Regel keinen Einfluss auf den Inhalt der Darstellung. Die Geschäftsbedingungen werden bei der Anmietung zugeschickt.

Die Wände werden für die Zeit von zehn Tagen „weiß eingedeckt" vermietet. Dies ist insofern vorteilhaft, weil dadurch schon ein weißer Untergrund für die Gestaltung gegeben ist. Da die Werbeflächen meistens an verkehrsreichen Straßen aufgestellt sind, vor Ampelanlagen, an Kreuzungen oder Fußgängerüberwegen, ist es wichtig, die visuelle Gestaltung des Plakates darauf auszurichten. Deshalb muss der Inhalt möglichst kurz und prägnant dargestellt werden: Die Textzeile muss so knapp formuliert werden, dass sie schnell wahrgenommen und verstanden werden kann. Die bildnerischen Elemente sollten nach den Prinzipien des visuellen „Blickfangs" (Eyecatcher) – ungewöhnliches Bildmotiv, auffällig große Schrift – ausgearbeitet werden.

Wichtig: Plakataktionen gehören zum Bereich Öffentlichkeitsarbeit und sollten vorab mit der Schulleitung oder den Kolleginnen und Kollegen, die für die Pressearbeit der Schule zuständig sind, abgesprochen werden. Die Lokalpresse könnte zu dieser Aktivität eingeladen werden, um die Medienwirksamkeit der Plakataktion zu steigern.

Die Vorbereitungen in der Schule

Die Arbeit im Unterricht beginnt mit einem Brainstorming in der Gruppe. Es ist auch denkbar, dass eine Plakataktion eingebunden wird in die Erarbeitung einer Lernsituation eines fächerübergreifenden Lernzusammenhangs. Danach folgt eine intensive und besonders kreative Phase: Erste Ideen werden formuliert und aufgezeichnet. Spontan wird kritisiert, verbessert, umgestellt oder verworfen (Teamarbeit). Wichtig ist hierbei, dass diese erste Ideensammlung dokumentiert wird: An

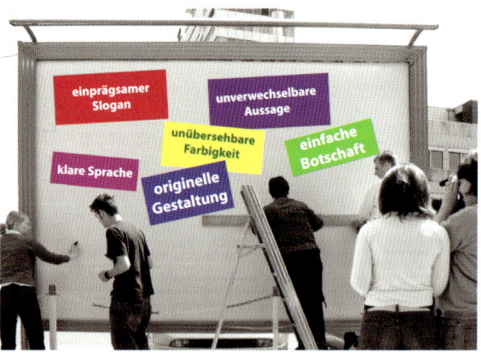

Merkmale der Plakatgestaltung

einer Pinnwand werden alle Versuche ausgehängt und somit stets sichtbar für den laufenden Diskussionsprozess – einer ausgiebigen Suche nach eingängigen Sprüchen und Symbolen, die das vereinbarte Thema treffend kommunizieren. Aus dieser Spannung von Text und Bildzeichen ergibt sich dann der aussagekräftige Plakatentwurf, der in allen seinen Dimensionen kritisch diskutiert und schließlich verabschiedet wird.

Danach beginnt die eigentliche Herstellung eines Plakates. Je nach Gruppensituation sind an der Realisation eines Plakatentwurfs ca. 4–5 Schülerinnen und Schüler beteiligt. Die Anzahl der Kleingruppen dieser Arbeitsphase hängt aber entscheidend von der Anzahl der angemieteten Werbeflächen ab (Kostenfrage!). Alle Bildteile (Texte, Bildzeichen) werden im Medien- bzw. Kunstraum vorproduziert.

- Zunächst wird auf dem PC ein maßstäblicher Plan des Plakates mit allen Maßangaben für die Textteile und Bildzeichen hergestellt. Für diesen Arbeitsschritt kann beispielsweise folgende Software verwendet werden: **Adobe® Illustrator CS 6, Microsoft® Office Publisher 2013**. Auch jedes andere Grafikprogramm eines anderen Herstellers kann für die Entwurfsarbeit verwendet werden. Für einfache Gestaltungen ist auch das Textverarbeitungsprogramm **Microsoft® Office Word 2013** einsetzbar.

  Die vorbereiteten Bildelemente (Grafiken, Fotos) werden importiert und die Typografie entsprechend der Plakatintention ausgesucht. Auf dem PC lassen sich nun die „Bausteine" des Plakatentwurfs hin- und herschieben, vergrößern oder verkleinern und genau positionieren.

- Für diesen Schritt gibt es zwei Verfahren: Einmal kann der Entwurf ausgedruckt und auf eine Overheadfolie kopiert werden. Die Folie wird auf eine Wand in der entsprechenden Plakatgröße – 252 x 356 cm – projiziert. Die auf farbiges Tonpapier in der gewünschten Schriftgröße projizierten Buchstaben werden dann nachgezeichnet und ausgeschnitten. Bei längeren Texten sollte für eine übersichtliche Sortierung gesorgt werden. Einfache Bildelemente können mit dem gleichen Verfahren vergrößert und auf Papier vorproduziert wer-

Plakatentwurf mit Adobe® Illustrator CS 6

den. Mithilfe einer speziellen Software werden beliebig vergrößerte Fotos in entsprechend viele DIN-A4-Stücke aufgeteilt und ausgedruckt. Hierbei sind die Kosten für die Druckerpatronen zu berücksichtigen.

Dieser Vorgang lässt sich aber auch verkürzen, indem man den Computer an einen Beamer anschließt und die Plakatvorlage in der entsprechenden Größe direkt auf die Wand bzw. auf die Tonpapiere projiziert und – wie oben beschrieben – weiter verarbeitet.

Die Arbeit vor Ort

Die vorproduzierten Buchstaben des Textes werden dann vor Ort auf die weiße Plakatwand geklebt. Zur genauen Positionierung der Buchstaben werden mit Bleistift und Lineal vorher Hilfslinien aufgezeichnet. Zum

Die vorgefertigten Buchstaben werden angeklebt.

Aufkleben wird ein Spezialkleber verwendet, der von den Firmen für Außenwerbung auf Anfrage gern zur Verfügung gestellt wird.

Auch die vorproduzierten Bildteile können so aufgeklebt werden. Die Arbeit an der Plakatwand ist ebenfalls eine Gruppenarbeit. Während der eine Teil der Gruppe mit dem Ankleben der Schriften und Bildteile beschäftigt ist, sollten die anderen Schülerinnen und Schüler den Fertigungsprozess kritisch beobachten, gegebenenfalls Korrekturen geben, z. B. bezüglich der Buchstabenabstände.

Wichtig ist die Video- und Fotodokumentation des Arbeitsprozesses für eine anschließende Auswertung in der Schule. Da auch die Reaktionen von Passantinnen und Passanten auf die dargestellte Bildaussage interessant sind, sollten je nach Situation Interviews mit der Videokamera aufgenommen werden.

Die eingefangenen Stimmen und Kommentare eignen sich gut für eine spätere Diskussion in der Gruppe über die Botschaft des Plakates (Reflexion).

Großflächenplakate zu den Themen: Sexueller Missbrauch, Ausländerfeindlichkeit sowie gesellschaftliche und politische Skandale und Katastrophen.

Anregungen für die Bearbeitung von Lernsituationen

Praxissituation – für Kinder
Abenteuerspielplatz: Für den Abenteuerspielplatz im Stadtteil wird eine freizeitpädagogische Aktion für Kinder geplant. Neben der inhaltlichen Vorbereitung des Spielangebotes und den organisatorischen Aufgaben wird auch die Öffentlichkeitsarbeit besprochen. Das Stichwort „Werbung" wird genannt. Ein kleines Team wird damit beauftragt, speziell für diesen Tag Plakate zu entwerfen, die einmal die Konzeption der Aktivität vermitteln und ebenso die Anwohnerschaft des Stadtteils ansprechen und erreichen sollen. Das Team kommt nun auf die Idee, eine Firma anzusprechen, um für eine eigene Plakatgestaltung eine Werbetafel zu bekommen bzw. zu mieten.

Praxissituation – für Jugendliche

Werbung für den Jugendtreff: Überlegen Sie, wie Sie das Mittel Großflächenplakat, z. B. während des Praktikums, in einem Haus der offenen Tür einsetzen könnten. Überlegen Sie, wie Sie mit einer Gruppe von Jugendlichen das Medium Plakatwand für eine „Werbung" für den Jugendtreff nutzen könnten. Mit welchen malerischen oder fotografischen Mitteln lässt sich die Arbeit dieser Einrichtung besonders gut vermitteln? Welche Anteile der Gestaltungsarbeit können die Jugendlichen selbst ausführen? Wer könnte die Finanzierung der Plakatwände übernehmen?

Weitere Anregungen

Themengebunden

- „Spielmöglichkeiten in unserem Stadtteil": Vorausgehen könnte eine Befragung der Kinder aus dem Stadtteil über die vorhandenen Spielmöglichkeiten. Sie könnten beispielsweise ihre Vorstellungen und Wünsche malen. Zusammen mit einem Motto könnten diese Bilder später auf die Werbefläche geklebt werden. Überlegen Sie auch einen geeigneten Slogan für das Plakat.
- aktuelles Thema aus dem Schulleben: Entwerfen Sie dazu ein Plakat als Beitrag und Belebung der Diskussion. Die Idee sollte möglichst schnell (auf großen Papierbahnen von Zeitungsendrollen) realisierbar sein.
- Grundkonzept für die Bewerbung einer Veranstaltung der Schule oder einer Einrichtung planen (Einladung, Plakate und Website mit Slogan oder Symbol)
- Plakat für eine Musikgruppe oder eine Kulturveranstaltung gestalten unter Verwendung von selbst gemachten Fotovorlagen (Digitalkamera, Bearbeitungssoftware)
- Großflächenbilder (Großflächenplakate) für eine besondere städtische Situation konzipieren
- für den Beruf der Erzieherin bzw. des Erziehers werben: Wie könnte die Gestaltung eines Großflächenplakates dazu aussehen?

Experimentieren

- Plakatvordrucke, die von den Werbefirmen zur Verfügung gestellt werden, zerschneiden und zu großen Collagen zusammenkleben
- mit Plakatvariationen spielen und das Plakat täglich verändern
- die Plakatwand als großformatiges Wandbild: Mit welchen Formen und Farben könnte man Aufmerksamkeit erzeugen?

Diskussion

- Auseinandersetzung mit Plakaten der politischen Parteien anhand von historischen und zeitgenössischen Beispielen als aktuelle Lernsituation – konkreter Bezug: Analyse und Bewertung der Plakate eines gerade laufenden Kommunal-, Landtags- oder Bundestagswahlkampfs
- Großflächenplakate als Kunst im öffentlichen Raum im Vergleich zu Graffiti oder Street Art diskutieren

Kommentar

Es ist wichtig, dass die Gestaltung einer Plakatwand von einer Kleingruppe erarbeitet wird. Nicht nur die Herstellung der Formteile für die Wand, sondern gerade auch die notwendige und oftmals sicherlich langwierige Diskussion der Idee in der Gruppe ist das Spannende der Arbeit. Ein besonderer Reiz des Plakatprojektes besteht darin, nicht nur in der Schule, sondern auch in der Stadt – also in der Öffentlichkeit – zu arbeiten. Die arbeitende Gruppe ist ständig den Blicken, Zurufen und Reaktionen der Passanten ausgesetzt, muss gegebenenfalls Stellung nehmen und reagieren. Damit gewinnt die Arbeit eine öffentliche Dimension und bietet je nach Brisanz der dargestellten Aussage eine Fülle an Erfahrungen. Da nach zehn Tagen das Plakat wieder übergeklebt wird und damit die Arbeit unwiederbringlich verschwindet, können nur noch Fotos von der Plakatwand den Schülerinnen und Schülern einen Eindruck von ihrer Arbeit vermitteln. Plakataktionen kosten verhältnismäßig viel Geld. In der Planungsphase der Aktion ist deshalb zu überlegen, welchen finanziellen Beitrag die Schülerinnen und Schüler selbst tragen können (und wollen), welche Kooperationsmöglichkeiten es geben könnte, z. B. Beteiligung der SV der Schule oder Unterstützung durch eine Plakatfirma.

 ## Literaturhinweise

Staeck, Klaus/Volland, Ernst: Kunst und Politik: Politische Arbeiten aus vier Jahrzehnten, Wetzlar, Büchse der Pandora, 2012.
Verein 100 beste Plakate e. V.: 100 beste Plakate 12, Mainz, Verlag Hermann Schmidt, 2013.

Internethinweise

Die Plakatsammlung des Deutschen Historischen Museums Berlin: www.dhm.de/sammlungen/plakate/ (Aufruf: 13.02.2014).
Plakatfirma für Außenwerbung: www.stroeer.de/ (Aufruf: 13.02.2014).
Deutsches Plakat Museum im Museum Folkwang: www.museum-folkwang.de/de/sammlung/deutsches-plakat-museum.html (Aufruf: 13.02.2014).

Ausstellung

Vorbereitung eines Ausstellungsplakates mit Buchstabenschablonen und Sprühlack

Einführung

In freizeitpädagogischen Einrichtungen wird auch kulturpädagogisch gearbeitet. Künstlerinnen und Künstler, die in der Region leben, bieten in den Sommermonaten in Zusammenarbeit mit dem Kollegium der Einrichtung Workshops an – mit dem Ziel, die ästhetische Praxis der Kinder und Jugendlichen zu fördern. In den Ateliers entstehen Arbeiten in den Bereichen Malerei, Druckgrafik, Fotografie und Plastik. Die Themen werden von den Teilnehmenden frei gewählt, jeder kann – mit künstlerischer Begleitung und Beratung – in die eigene Auseinandersetzung mit dem Material treten und ein Werk realisieren. Am Ende eines Workshops gibt es meistens eine Ausstellung, um die künstlerische Arbeit zu würdigen. Bei der Eröffnung der Ausstellung präsentieren alle Beteiligten die Ergebnisse ihres Schaffens. Eltern, Freunde und Bekannte, Interessenten und auch die Lokalpresse werden eingeladen, um die Präsentation auch der Öffentlichkeit des Stadtteils vorzustellen. Die Koordination des gesamten Ausstellungsprojektes wird von den Mitarbeiterinnen und Mitarbeitern der Einrichtung geleistet (→ Lernort Museum).

✂ Mittel, Materialien und Organisation

- Lernvoraussetzungen: Welche künstlerischen Verfahren sind den Teilnehmenden bekannt?
- Arbeitsmaterialien: Wer finanziert die Materialien? Wie und woher werden sie beschafft?

- Zielvereinbarungen: Sind alle Teilnehmenden des Workshops damit einverstanden, dass die Arbeiten ausgestellt werden?
- Arbeitsformen: Soll möglichst frei, ohne thematische Vorgaben gearbeitet werden? Sollen die Medien frei gewählt werden können? Offene Atelierarbeit?
- Zeitvorgaben: Wird ausschließlich im Unterricht gearbeitet oder gibt es auch individuelle Arbeitszeiten?
- Qualität: Nach welchen Kriterien sollen die Arbeiten beurteilt werden – auch im Hinblick auf die Präsentation?
- Öffentlichkeitsarbeit: Einladungen, Plakat, Internetseite, Presse

▓ Verfahren – Aspekte der Handlungsphasen

1. Analyse und Ziel: Welcher thematische Rahmen wird für das Projekt gewählt – literarische Vorgabe, individuelle Erfahrungen oder politischer Bezug? Oder soll frei gearbeitet werden? Welchen Umfang und Rahmen soll die Ausstellung haben?
2. Planung und Erarbeitung: Wie soll der Arbeitszusammenhang für die Herstellung der künstlerischen Arbeiten gestaltet werden? Welche Freiräume können geschaffen werden? Wie soll die Begleitung aussehen?
3. Durchführung: Realisierung der Objekte und Arbeiten, Werbemittel wie Plakat, Pressemitteilungen und Internetseite
4. Präsentation – Reflexion: Vorbereitung der Ausstellung, Einrichtung der Arbeiten und Auswertung der Zusammenarbeit

Anregungen für die Bearbeitung von Lernsituationen

Praxissituation – für Kinder und Jugendliche

- Im Kollegium einer Kindertageseinrichtung wird das Thema „Ästhetisches Lernen" und Kreatives Handeln diskutiert. Es wird beschlossen, für alle Gruppen der Einrichtung in einem bestimmten Zeitraum besondere Workshops mit künstlerischen Techniken anzubieten. Eine Ausstellung im Gebäude der Bezirksvertretung soll die Ergebnisse und Arbeiten der Stadtteilöffentlichkeit präsentieren.
- Begegnungen mit Künstlerinnen und Künstlern: Die Kindergruppe der Einrichtung besucht eine Künstlerin oder einen Künstler im Atelier, informiert sich über die Arbeits- und Lebensweise. Die Künstlerin oder der Künstler wird in die Einrichtung eingeladen, um mit den Kindern künstlerisch zu arbeiten und eine Ausstellung vorzubereiten. Dabei werden auch Aspekte des Kunstmarktes angesprochen.
- Museumsbesuch: Die Gruppe der Einrichtung besucht eine Ausstellung in einem regionalen Museum und informiert sich darüber hinaus über die Museumsarbeit und die Vorbereitungen zur Ausstellung. (→ Lernort Museum)

Weitere Anregungen

- sich über kulturpädagogische Angebote im Stadtteil, in der Stadt und Region informieren und in einer Broschüre zusammenstellen
- offene Malangebote, Workshops oder Kunstwochen veranstalten und die Ergebnisse ausstellen
- den Stadtteil und die nähere Umgebung mit ästhetischen Mitteln darstellen
- Künstlerinnen und Künstler sowie Kunstpädagoginnen und -pädagogen zu einem Elternabend einer Kindertagesstätte einladen und mit ihnen über Themen der ästhetischen Bildung diskutieren

 **Literaturhinweise**

Günster, Ursula: Kunst aus Kinderhänden. Aus einer Idee wird ein Projekt, in: Kindergarten heute, Heft 11-12/2000, S.42 f.
Küls, Holger u. a.: Kunst für Kinder – Kinder als Künstler, in: ders.: Lernfelder Sozialpädagogik, Troisdorf, Bildungsverlag EINS, 2006, S. 9 f.

Internethinweise

Museumsdatenbank: www.kunst-und-kultur.de und www.museumskalender.de (Aufruf jeweils: 13.02.2014)
Museen und Sammlungen in Österreich: www.austria.info/at/kunst-kultur-in-oesterreich/museen-und-sammlungen-1073651.html und www.museum.at/(Aufruf 13.02.2014)

Lernort Museum

Beispiele für Orte der Kunst: *Das Museum MUMOK in Wien, das Museum MARTa in Herford, das MOMA in San Francisco und die Kunsthalle Bielefeld mit dem Denker von Auguste Rodin vor dem Eingang.*

Einführung

Museen sind Orte, wo Sammlungen verschiedenster Art betrachtet werden können. Für fast alles, was heutzutage als sammelnswert und -würdig angesehen wird, gibt es Museen. Dabei reicht die Bandbreite von kleinen Museen, wo jemand beispielsweise seine eigene Privatsammlung zeigt, bis zu den großen Museen der Städte, wo wertvolle Arbeiten bekannter Künstlerinnen und Künstler ausgestellt sind. Museen für bildende Kunst – oder verwandte Gebiete – gibt es in fast allen größeren Städten. Die Museen, als kulturelle Einrichtungen, stehen allen Interessierten offen. Erzieherinnen und Erzieher sollten die angebotenen Möglichkeiten nutzen, um Kinder und Jugendliche frühzeitig mit diesen Einrichtungen öffentlichen Lebens bekannt und vertraut zu machen. Einer „Schwellenangst", wie sie leider in späteren Altersstufen öfters zu finden ist, sollte bereits in der Kindheit entgegengewirkt werden. Eine aktuelle Ausstellung, welche Verknüpfungen mit den Interessen der Kinder und Jugendlichen bietet, wäre sicherlich der beste Einstieg und Anlass, um sich näher mit den Angeboten eines Museums zu befassen.

Gedanken zur Planung eines Museumsbesuchs

Für einen Museumsbesuch sprechen:
- die Bedeutung der originalen Begegnung
- die Anschaulichkeit der vielfältigen Inhalte

- die Erlebnisqualität allgemein
- die Motivationskraft des Lernortes
- die Notwendigkeit, Kinder/Jugendliche mit den Orten des kulturellen Lebens vertraut zu machen und ihnen Möglichkeiten für deren Nutzung aufzuzeigen

Empfehlungen für die Planung, Organisation und Durchführung von Museumsbesuchen

1. Bei längeren und „abenteuerlichen" Anfahrten sollte genügend Zeit für Erholungspausen eingeplant werden.
2. Die Orientierung in den Räumlichkeiten des Museums fällt leichter, wenn vorher aus Erzählungen und Abbildungen etwas darüber erfahren wurde.
3. Arbeitsaufträge (Fragebögen, Suchspiele, Beobachtungsaufgaben) erleichtern es, einen Rundgang durch das Museum zu strukturieren und zur längeren Betrachtung vor einzelnen Kunstwerken zu verweilen.
4. Die Auseinandersetzung mit den Werken der bildenden Kunst kann nicht nur verbal, sondern auch nonverbal erfolgen. Wird Wert auf differenzierte sprachliche Äußerungen und fachsprachliche Benennungen gelegt, sollte das Vokabular bereits vorher vermittelt werden.
5. Vor dem Museumsbesuch sollte geklärt werden, was im Vordergrund steht: das Erlebnis der Kunstwerke im Allgemeinen, die Betrachtung eines bestimmten Kunstwerks oder eine Diskussion über den Kunstbegriff.
6. Da sich Kinder/Jugendliche und Museumspädagoginnen und -pädagogen erst aufeinander einstellen müssen, sollte die Erzieherin bzw. der Erzieher bei der Gruppe bleiben und evtl. auftretende Verständigungsschwierigkeiten auffangen.
7. Der Museumsbesuch sollte entsprechend der Aufnahmefähigkeit der Teilnehmenden zeitlich begrenzt sein. Der erste Museumsbesuch sollte – einschließlich bildnerisch-praktischer Versuche – nicht länger als 90 Minuten dauern.
8. Das Programm des Museumsbesuchs sollte individuell auf die Lerngruppe abgestimmt sein. Eine museumspädagogische Abteilung bietet in der Regel keine Standardprogramme an. Erzieherinnen und Erzieher sollten die Belegschaft der museumspädagogischen Abteilung über die Lernausgangslage und die Ziele des Besuchs genau informieren.
9. Beim ersten Museumsbesuch sollten nicht zu viele Lernziele gleichzeitig angestrebt werden. Empfehlenswert ist die Einbettung in eine Angebotsreihe mit Gesprächen und praktischen Arbeiten und mehreren Besuchen im Museum.
10. Der Museumsbesuch sollte inhaltlich an die Angebote in den Einrichtungen anknüpfen.
11. Im Museum sollten den Kindern/Jugendlichen vertraute Methoden angewandt werden.
12. Eine „Vorgestaltung" bietet die Möglichkeit, sich in eigenen bildnerisch-praktischen Versuchen mit Inhalten, Motiven, Darstellungsprinzipien oder Materialien auseinanderzusetzen. Dabei werden Toleranz und Verständnis für die Phänomene angebahnt und mentale Begriffe ausgebildet.
13. „Das Museum als Institution" sollte zum Gesprächsgegenstand gemacht werden. Die Kenntnis der Aufgaben, Organisationsstrukturen und Präsentationsformen hilft den Kindern/Jugendlichen, sich schneller zurechtzufinden, Bedingungen zu verstehen und die Notwendigkeiten von Einschränkungen im Verhaltensspektrum einzusehen.

Themen und mögliche Verlaufsplanungen

Veranstaltungen werden meistens nach dem Konzept der „aktiven Kunstbetrachtung" gestaltet. Eine Kombination aus Gesprächen, Spielen, Geschichten und bildnerisch-praktischen Versuchen eröffnet unterschiedliche Möglichkeiten des Zugangs und macht den Museumsbesuch zu einer informativen und erlebnisreichen Veranstaltung (→ Ausstellung).

█ **BEISPIELE**

Ein Museum im Karton: Ein Ausstellungsraum wird mit eigenen Inhalten gefüllt

Ein „futuristisch" anmutender Ausstellungsraum

Ein Ausstellungsraum mit Drahtobjekten

Ein Ausstellungsraum mit Naturmaterialien

Ein Ausstellungsraum, der wie ein „Schaufenster" gestaltet wurde. Beispielsweise in Textilmuseen findet man sehr oft diese Art der Präsentation von Bekleidung aus verschiedenen Epochen.

Detail

Anregungen für die Bearbeitung von Lernsituationen

Praxissituation – für Kinder und Jugendliche

Ein Ausstellungsraum im Karton: Im örtlichen Museum wird eine interessante Ausstellung zum Thema „Wohnwelten" gezeigt. Die Erzieherin oder der Erzieher hat sich zu einem Besuch mit der Gruppe dort angemeldet. Ein Museumspädagoge steht ihr oder ihm mit Rat und Tat zur Seite. Nach dem Rundgang durch die Ausstellung und Gesprächen zu ausgewählten Ausstellungsstücken wird den Kindern/Jugendlichen in den Werkräumen des Museums eine Aktivität angeboten. Mit vorbereitetem Material können die Kinder/Jugendlichen ihre eigenen „Wohnwelten im Karton" gestalten. Sie können dabei das, was ihnen als besonders beeindruckend im Gedächtnis geblieben ist, nachbauen oder ihre eigenen und völlig neuen Wohnwelten schaffen.

Je nach Ausstellung, Angebot und Absprache mit dem Museumspädagogen bzw. der -pädagogin können ebenso andere Aktivitäten mit den Kindern/Jugendlichen durchgeführt werden.

Weitere Anregungen

Museum und Kunst
- sich mit dem Museumsangebot in der Stadt beschäftigen
- Museumsarchitektur betrachten, Beispiele näher untersuchen und charakteristische Merkmale herausarbeiten
- Museumsbauten entwerfen und als Modell darstellen – möglicherweise auch für reale städtebauliche Situationen

Diskussion folgender Aussagen über Kunst
- „Kunst hat etwas mit Können zu tun."
- „Ein Kunstwerk muss einen wirklich ‚anspringen' und begeistern."
- „Was man heute oftmals in Ausstellungen sehen kann, ist keine Kunst."
- „Oft denke ich: Das kann ich auch."
- „Viele, die sich als Künstlerin oder als Künstler verstehen, sind es gar nicht."
- „Die alten Meister sind wirkliche Künstler. Diese Kunst hat viel Arbeit gemacht."
- „Die moderne Kunst ist oft unverständlich und zu kompliziert."
- „Man kann gar nicht verstehen, warum Kunstwerke oft sehr teuer sein sollen."
- „Kauft eine Stadt beispielsweise ein Kunstwerk aus Stahl für viel Geld an und stellt es auf einem Platz aus, so ist das wenig sinnvoll, man sollte besser in Kindergärten investieren."
- Eine eigene Position zur Frage „Was ist Kunst?" finden und in einer Diskussion vertreten.

Kommentar

Die Programme der Museen sind in der Regel als Angebote zu verstehen, die durch Themen-, Methoden-, Verfahren- und Materialvielfalt oder Schwerpunktsetzung zu einer aktiven Kunstbetrachtung auffordern. Weiterhin sind die Angebote Einladungen, um sich internationales Kulturgut zu erschließen, Türen für ein Verständnis zu öffnen, um selbst bildnerisch aktiv zu werden und um so auch Möglichkeiten für Rückschlüsse auf die eigene Person zu ermöglichen.

Man muss auch wissen, dass ein Museum kein Ort des „reinen Konsums" ist. Wer beispielsweise eine Zirkusvorstellung besucht, wird das Programm (vielleicht Beifall klatschend) für lange Zeit in guter Erinnerung behalten. Aber ein Museumsbesuch ist damit nicht vergleichbar. Hier muss die Erzieherin oder der Erzieher vorbereitet sein, damit sich die Kinder oder Jugendlichen, wenn sie Fragen haben, nicht allein gelassen fühlen. Dazu gehört ebenfalls, sich bereits vor dem Museumsbesuch über Öffnungszeiten, Eintrittsbedingungen, Beratungsmöglichkeiten und die gezeigte Ausstellung zu informieren.
Eine durchdachte und auf die Zielgruppe abgestimmte Vorbereitung für einen Museumsbesuch ist daher unverzichtbar.

Tipps:

Ein Tipp für alle, die hier noch „Anfänger" sind:
Gehen Sie zügig durch eine Ausstellung und sehen Sie sich alles kurz an. Kehren Sie dann zu den Werken zurück, die für eine Kunstbetrachtung infrage kommen und wählen Sie das Werk aus, welches am besten zur Verknüpfung mit der Arbeit in der Einrichtung geeignet ist (→ Methoden der Bildanalyse).

Literaturhinweise

Föhl, Patrick S. u. a.: Das barrierefreie Museum: Theorie und Praxis einer besseren Zugänglichkeit. Ein Handbuch, Bielefeld, Transcript Verlag, 2007.
Jacobs, Doris: Interkulturelle Museumspädagogik. Weinheim, Deutscher Studienverlag, 1989.
Marx, Carola u. a.: Das Museum als Lern- und Erfahrungsraum: Grundlagen und Praxisbeispiele, Köln, Böhlau Verlag, 2012.
Schmidt-Herwig, Angelika (Hrsg.): Museumspädagogik in der Praxis. Frankfurt am Main, Brandes und Apsel, 1996.
Weschenfelder, Klaus/Zacharias, Wolfgang: Handbuch Museumspädagogik. Orientierungen und Methoden für die Praxis, Düsseldorf, Schwann Verlag, 1992.

Kunst im öffentlichen Raum

Daniel Knorr: Explosion, *Kunsthalle Wien Karlsplatz, Wien 2012: Die Skulptur zeigt den nur Bruchteile von Sekunden dauernden Vorgang einer Explosion. Diese Arbeit versteht sich als Kritik an der Medienkultur, die uns täglich Fotos, Filme oder Videospiele präsentiert, in denen Explosionen und deren Zerstörungskraft allgegenwärtig geworden sind.*

Nicht nur in Museen können die Werke von Künstlerinnen und Künstlern betrachtet werden, sondern auch auf öffentlichen Plätzen, vor Gebäuden oder in Grünanlagen sind Skulpturen und Plastiken zu sehen. Die Präsentation von Kunst im öffentlichen Raum hat eine lange Tradition. Während in früheren Epochen in jeder Stadt an markanten Orten Denkmäler, Standbilder oder Statuen herausragender Persönlichkeiten aufgestellt wurden, sind seit den 60er-Jahren des letzten Jahrhunderts immer mehr Arbeiten bildender Künstlerinnen und Künstler in der Stadtöffentlichkeit ausgestellt worden. Dadurch hat die Wahrnehmung von Kunstwerken im städtischen Raum eine neue Bedeutung bekommen. Somit wechselte die Funktion öffentlich aufgestellter oder an Gebäuden angebrachter Kunstobjekte von einer repräsentativen oder mitunter auch dekorativen Bedeutung hin zu einer eher kritischen Auseinandersetzung mit dem städtischen Umfeld und dem Zeitgeist der Epoche. Zeitgenössische Kunst im öffentlichen Raum korrespondiert mit der Geschichte des politischen und sozialen Ortszusammenhangs.

Da Kunst im öffentlichen Raum inzwischen zur Stadtplanung und -gestaltung gehört und für alle öffentlich sichtbar und wahrnehmbar (und auch nicht mehr wegzudenken) ist, sollten Erzieherinnen und Erzieher auch dieses Angebot zur Begegnung mit bildender Kunst nutzen.

„Neben dem Streben der Kunstschaffenden nach Sichtbarkeit, Produktions- und Ausstellungsmöglichkeiten, ging es Kulturpolitikern und Stadtplanern um die ästhetische Gestaltung der Umwelt und des Stadtraumes. Die Bezeichnung des Stadtraumes als öffentlichen Raum ergab sich aus zeitgenössischen Diskussionen um die gewandelte Öffentlichkeit und den Anspruch auf eine demokratische Nutzung und Gestaltung der Stadt. Im Vertrauen auf die ästhetische Wirkung wurde Kunst im Stadtraum vielfach eine öffentliche erzieherische Aufgabe zugesprochen. […] Unter dem Eindruck massiver öffentlicher Auseinandersetzungen um die Aufstellung einzelner Skulpturen kam es in den 1980er-Jahren zu einer breiten kulturpolitischen Diskussion um die Art und ästhetische Qualität öffentlich aufgestellter Kunst, um ihre Funktion und ihre Legitimation, den öffentliche Raum zu besetzen. […] Da die beliebige Aufstellung von Atelierwerken im öffentlichen Raum mehrheitlich abgelehnt wurde, konnte Ortsspezifizität, verstanden als Bezugnahme auf formale, soziale und historische Spezifika eines Ausstellungskontextes, zu einem wichtigen Kriterium öffentlich aufgestellter Kunst werden. Kunstwerke werden seither nach mehr oder weniger intensiven Recherchen für den jeweiligen Ort entwickelt."[1]

Fragen zum Thema Kunst im öffentlichen Raum

- Was versteht man unter Kunst im öffentlichen Raum?
- Was will Kunst im öffentlichen Raum?
- Was versteht man unter öffentlichem und privatem Raum?
- Wie wird Kunst im Museum, wie wird Kunst im öffentlichen Raum wahrgenommen?
- Welche Formen, Inhalte etc. hat Kunst in der Öffentlichkeit?
- Aus welcher Epoche stammt die Plastik, Skulptur, die wir auf dem Platz in der Innenstadt betrachten wollen?
- Was unterscheidet Kunst im öffentlichen Raum von Werken der Alltagskunst: Plakate, Werbung, Skulpturen und Plastiken in Fußgängerzonen?

 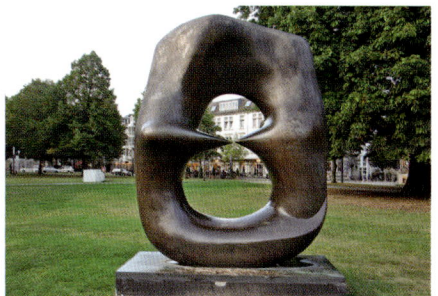

*Zwei Plastiken von Henry Moore im öffentlichen Raum: „*HILL ARCHES*", Wien 1978 und „*OVAL MIT SPITZEN*", Bielefeld 1974*

---

1   Büttner, C.: Kunst im öffentlichen Raum, S. 396

Ken Lum: *Pi, Medieninstallation, Wien Westpassage Karlsplatz 2006. Das Werk besteht aus insgesamt 14 verspiegelten Paneelen, die an die Seitenwände der Passage angebracht sind, sowie LED-Anzeigen hinter einigen der verspiegelten Tafeln. Zu ernsthaften und auch trivialen Themen werden fortlaufend aktuelle Statistiken eingeblendet. In der Mitte der Passage wird die Zahl Pi mit 478 Dezimalstellen dargestellt. In einer Vitrine schließlich sind statistische Handbücher zu den Themen „Bevölkerungsentwicklung und Migration" ausgelegt.*

Thomas Schütte: *Kirschensäule, skulptur projekte münster 1987. Die Aufstellung dieser Arbeit, die den Künstler Claes Oldenburg zitiert, wurde mehrfach zum Anlass genommen, den umgebenden Platz umzugestalten.*

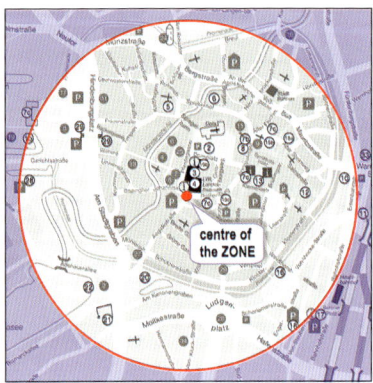

Marc Wallinger: Zone, skulptur projekte münster 2007. Die Innenstadt von Münster hat der Künstler in 4,50 Meter Höhe mit einer ca. fünf Kilometer langen Schnur umspannt, die sich den Gegebenheiten der Stadt (Bauten, Bäumen etc.) anpasst. Der Mittelpunkt der kreisförmigen Fadenskulptur liegt auf einer Verkehrsinsel (Bild oben). Die feine Linie am Himmel ist nur schwer zu erkennen, für die Betrachtenden ist die Markierung fast unsichtbar.

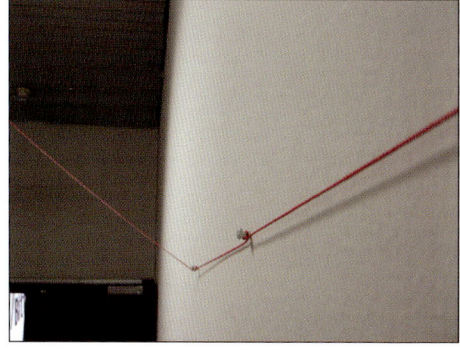

Der rote Faden: *Marc Wallingers Himmelsskulptur gab den Impuls, durch das Schulgebäude einen roten Faden zu ziehen – durch Klassen- und Fachräume, Lehrerzimmer und Sekretariate.*

Das Netzwerk der Kommunikation: *rote Holzpfähle mit Drähten und Zetteln mit kurzen Botschaften verteilen sich auf einem Rasenstück.*

Anregungen für die Bearbeitung von Lernsituationen

Praxissituation für Kinder und Jugendliche

Die Tageszeitung berichtet darüber, dass die Stadt plant, den Skulpturengarten am Kunstmuseum zeitgemäßer und für die Besucherinnen und Besucher des Museums attraktiver zu gestalten. Die einzelnen Exponate sollen durch eine neue Positionierung mehr Beachtung finden.

● Die Erzieherin oder der Erzieher nimmt diese Zeitungsnachricht zum Anlass, die Kinder/ Jugendlichen zu fragen, welche Kunstwerke im städtischen Raum bekannt sind, bzw. von ihnen wahrgenommen werden. Um die geschilderten Erfahrungen zu vertiefen, plant die Erzieherin oder der Erzieher einen vorbereiteten Rundgang durch die Stadt, um an einigen Standorten die Skulpturen genauer zu betrachten. Eine Aussprache über die Formen und Materialien der Kunstwerke könnte sich anschließen.

- Vertiefung des Themas Kunst im öffentlichen Raum: Die Erzieherin oder der Erzieher entwickelt nach ausgiebigen Recherchen zusammen mit der Gruppe eine konzeptionelle Planung eines eigenen Objektes für einen spezifischen öffentlichen Raum im Stadtteil. Dabei wird überlegt, unter welchen Bedingungen das erarbeitete Modell eines Kunstobjektes realisiert werden könnte. Der Erarbeitungsprozess wird mit der Digitalkamera oder der Videokamera dokumentiert.

Weitere Anregungen

- die Bedeutung von Kunstwerken im öffentlichen Raum an einigen Beispielen untersuchen und in einer Präsentation erläutern
- „Street Art" oder „Urban Art" als künstlerische Ausdrucksform in der Öffentlichkeit beschreiben
- künstlerische Aktionen für städtische Orte konzipieren
- eine Webseite zum Thema Kunst im öffentlichen Raum planen und einrichten

 **Literaturhinweise**

Franzen, Brigitte/König, Kasper/Plath, Carina: skulptur projekte münster 07, Köln, König, 2007.
Könneke, Achim (Hrsg.): Außendienst. Kunstprojekte in öffentlichen Räumen Hamburgs. Phase 1, Hamburg 2000.
Schenker, Christoph/Hiltbrunner, Michael (Hrsg.): Kunst und Öffentlichkeit. Kritische Praxis der Kunst im Stadtraum Zürich, Zürich, JRP Ringer, 2007.

Internethinweise

Kunst im öffentlichen Raum Wien. Index 1968 – 2012: www.koer.or.at/de/ (Aufruf 13.02.2014).

Personenverzeichnis

Literaturverzeichnis

Adam, Hubertus: Parforceritte durch den Architekturparcours. Mit Zaha Hadid geht in diesem Jahr die bedeutendste Architekturauszeichnung der Welt, der Pritzker-Preis, erstmals an eine Frau, in: Frankfurter Rundschau vom 23.03.2004.

Arnold, Paul, in: Landesinstitut für Erziehung und Unterricht Stuttgart (Hrsg.): Meisterwerke der Kunst, Villingen, Neckar Verlag, 1989, S. 5.

Benjamin, Walter: Kleine Geschichte der Fotografie. Das Kunstwerk im Zeitalter seiner technischen Reproduzierbarkeit: Drei Studien zur Kunstsoziologie, 4. Auflage, Frankfurt am Main, Suhrkamp, 1977.

Bettelheim, Bruno: Der Weg aus dem Labyrinth. Leben lernen als Therapie, übersetzt von Eva Gärtner, Stuttgart, Deutsche Verlags-Anstalt, 1975.

Brockhaus Enzyklopädie, Mannheim 1986.

Büttner, Claudia: Kunst im öffentlichen Raum, in: Franzen, Brigitte/König, Kasper/Plath, Carina: skulptur projekte münster 07, Köln 2007, S. 396.

Cieslik-Eichert, Andreas: Kreative Methoden für die Praxis, Arbeitsbuch für sozial- und heilpädagogische Berufe, Köln, Bildungsverlag EINS, 2013.

Csikszentmihalyi, Mihaly: Kreativität. Wie Sie das Unmögliche schaffen und Ihre Grenzen überwinden, 2. Auflage, übersetzt von Maren Klostermann, Stuttgart, Klett-Cotta, 1997.

Dadaismus, in: Brockhaus Enzyklopädie, Mannheim, Brockhaus, 1986, S. 521.

Daum, Thomas: Eva-Gahbler-Haus Bielefeld-Sieker, SKF Bewerbung, Daum Architekten BDA, Bielefeld 2004.

Dietrich, Georg/Walter, Hellmuth: Grundbegriffe der psychologischen Fachsprache, München, Ehrenwirth, 1971.

documenta und Museum Fridericianum Verwaltungs-GmbH: documenta Kassel 16/06 – 23/09/2007, Katalog, Köln 2007, S. 250.

Eid, Klaus/Ruprecht, Hakon: Collage und Collagieren. Anregungen für Schule und Freizeit, München, Don Bosco Verlag, 1985.

Ernst, Max: Biographische Notizen, in: [Ausstellung im] Wallraf-Richartz-Museum, Köln, 28. Dez. 1962 bis 3. März 1963 [Ausstellungskatalog], Köln, Wallraf-Richartz-Museum, 1963, S. 25.

Franzen, Brigitte/König, Kasper/Plath, Carina: Skulptur-Projekte Münster 07 [ein Gemeinschaftsprojekt des Landschaftsverbandes Westfalen-Lippe, der Stadt Münster und des Landes Nordrhein-Westfalen], hrsg. von Brigitte Franzen für das LWL-Landesmuseum für Kunst und Kulturgeschichte (Westfälisches Landesmuseum) Münster, Köln, König, 2007.

Kappesz, Hilde: Kreatives Leben mit Kindern. Der Situationsansatz im Kindergartenalltag, 2. Auflage, Freiburg im Breisgau, Herder, 1994.

Kükelhaus, Hugo/zur Lippe, Rudolf: Entfaltung der Sinne. Ein „Erfahrungsfeld" zur Bewegung und Besinnung, Frankfurt am Main, Fischer-Taschenbuch-Verlag, 1996 (Originalausgabe 1982).

Küls, Holger u. a.: Lernfelder Sozialpädagogik, Troisdorf, Bildungsverlag EINS, 2004.

Landesinstitut für Erziehung und Unterricht Stuttgart (Hrsg.): Meisterwerke der Kunst, Villingen, Neckar Verlag, 1989.

Mahlke, Wolfgang/Schwarte, Norbert: Wohnen als Lebenshilfe. Ein Arbeitsbuch zur Wohnfeldgestaltung in der Behindertenhilfe, Weinheim, Beltz, 1985.

Martens, Mathias/Steinseifer, Martin: Die globale Bildermaschine. Der Einsatz von Handyfotografie bei Medienereignissen nährt die problematische Utopie einer „demokratischen Berichterstattung", in: der Freitag vom 25.11.2005, online unter http://www.freitag.de/autoren/der-freitag/die-globale-bildermaschine (Aufruf: 10.02.2014).

Martin, Ernst: Didaktik der sozialpädagogischen Arbeit. Eine Einführung in die Probleme und Möglichkeiten sozialpädagogischen Handelns, München, Juventa, 1989.

McDonald's Kinderhilfe Stiftung (Hrsg.): Das Ronald McDonald Haus Bad Oeynhausen, online unter: http://www.mcdonalds-kinderhilfe.org/was-wir-machen/ronald-mcdonald-haeuser/bad-oeynhausen/unser-haus/ (Aufruf: 12.02.2014).

Mense, Thomas/Gehry, Frank O.: Leute wie ich sind für die Europäer der Schreckfaktor Nr. 1. Interview mit Frank O. Gehry, in: Frank O. Gehry. Das Energie-Forum-Innovation, hrsg. von Manfred Ragati, Bielfeld, Kerber Verlag, 1996.

Ministerium für Schule und Weiterbildung des Landes Nordrhein-Westfalen: Richtlinien und Lehrpläne. Fachschulen des Sozialwesens – Fachrichtung Sozialpädagogik, Entwurf vom 18.09.2013, Düsseldorf 2013.

Ministerium für Schule und Weiterbildung des Landes Nordrhein-Westfalen: Mehr Chancen durch Bildung von Anfang an – Grundsätze zur Bildungsförderung für Kinder von 0 bis 10 Jahren in Kindertageseinrichtungen und Schulen im Primarbereich in Nordrhein-Westfalen, Düsseldorf 2011.

Mühle, Günther: Entwicklungspsychologie des zeichnerischen Gestaltens. Grundlagen, Formen und Wege in der Kinderzeichnung, 3. Auflage, Frankfurt am Main, Barth, 1971.

Muster-Wäbs, H./Schneider, K.: Vom Lernfeld zur Lernsituation, Sozialpädagogik. Strukturierungshilfe zur Analyse, Planung und Evaluation von Unterricht, Bildungsverlag EINS, Troisdorf 2005.

Ragati, Manfred/Kreikenbohm, Uta (Hrsg.): Frank O. Gehry. Das Energie-Forum-Innovation in Bad Oeynhausen, Bielefeld, Kerber Verlag, 1996.

Rauterberg, Hanno: Zacken der vierten Dimension, in: DIE ZEIT vom 18.06.1998, online unter http://www.zeit.de/1998/26/199826.libeskind_.xml (Aufruf: 11.02.2014).

Richter, Hans-Günther: Die Kinderzeichnung. Entwicklung, Interpretation, Ästhetik, Düsseldorf, Schwann, 1987.

Richter, Hans-Günther: Entwicklung und Struktur der Bildnerei von Heranwachsenden, in: Theunissen, Georg (Hrsg.): Kunst, ästhetische Praxis und geistige Behinderung, Bad Heilbrunn, Klinkhardt + Biermann, 1997, S. 20 ff.

Schäfer, Gerd E.: Ästhetische Bildung, in: Ders. (Hrsg.): Bildung beginnt mit der Geburt. Ein offener Bildungsplan für Kindertageseinrichtungen in Nordrhein-Westfalen, 2. Auflage, Weinheim, Beltz-Verlag, 2005, S. 117 ff.

Scharffenort, Heiner: Puzzle voller Energie. Virtuoses Spiel mit Formen, Raum und Licht, in: Architektur & Wohnen, Heft 6, 1995, S. 100 ff.

Schellmann, Bernhard: Medien verstehen – gestalten – produzieren, Haan-Gruiten, Verlag Europa Lehrmittel, 2001.

Literaturverzeichnis

Schossig, Rainer B.: Bilder, die erschüttern, in: Der ZEIT-Museumsführer: Das Felix-Nussbaum-Haus in Osnabrück, DIE ZEIT 32/2010, online aktualisiert am 13.08.2010 unter http://www.zeit.de/2010/32/Museum-Osnabrueck (Aufruf: 11.02.2014).

Schulz, Isabel: „Was wäre das Leben ohne Merz?" Zur Entwicklung und Bedeutung des Kunstbegriffs von Kurt Schwitters, in: Meyer-Büser, Susanne/Orchard, Karin (Hrsg.): Aller Anfang ist Merz – von Kurt Schwitters bis heute, übers. aus dem Franz. von Regina Schmitt-Ott, Ostfildern-Ruit, Hatje Cantz, 2000, S. 244 ff.

Seitz, Rudolf/Beisl, Horst: Materialkiste. Anregungen zur ästhetischen Erziehung im Kindergarten, München, Kösel, 1986.

Seitz, Rudolf: Kunst in der Kniebeuge. Ästhetische Elementarerziehung: Beispiele, Anregungen, Überlegungen, 4. Auflage, München, Don Bosco Verlag, 1985.

Stadt Osnabrück (Hrsg.): Räume gegen das Vergessen. Das architektonische Konzept. Homepage des Felix-Nussbaum-Hauses, online unter http://www.osnabrueck.de/fnh/16355.asp (Aufruf: 11.02.2014).

Stöckmann, Jochen: Stillleben für das Zentrum. Stadtmarketing gegen Konzernmarketing: Mit „Phaeno" von Zaha Hadid rüstet sich Wolfsburg gegen die „Autostadt" von VW, in: Frankfurter Rundschau vom 21.03.2003.

Uhr, Harald: Von Anfang an. Zu den künstlerischen Arbeiten von Jürgen Stollhans, in: Kröger, Michael (Hrsg.): Sieben auf einen Streich [zur Ausstellung Sieben auf einen Streich, Marta Herford, 8. Juli – 27. August 2006], Bielefeld, Kerber, 2006, S. 6 ff.

Urban, Klaus K.: Kreativität. Herausforderung für Schule, Wissenschaft und Gesellschaft, Münster 2004

Vollmert, Margit: Weit offene Augen ... zeigen uns Anmutungsqualität. Wie Räume wirken (können), in: TPS – Theorie und Praxis der Sozialpädagogik, Heft 1/2005, Seelze, Friedrich Verlag, 2005, S. 10 ff.

Wescher, Herta: Die Collage. Geschichte eines künstlerischen Ausdrucksmittels, Köln, DuMont, 1968.

Wolff, Jan A.: Contributions about Zaha Hadid, Wilhelm Holzbauer, Roland Rainer and Hans Scharoun, London, New York, Detroit, 1994.

Zacharias, Wolfgang: Der (Kultur-)pädagogische Alltag ist eine Collage, in: Kunst + Unterricht, Heft 100, Seelze, Friedrich-Verlag, S. 43 ff.

Ziegler, Albert: Hochbegabung, München, Ernst Reinhardt Verlag, 2008.

Stichwortverzeichnis

Stichwortverzeichnis

Bildquellenverzeichnis

Adobe Systems GmbH; A. Cieslik-Eichert, Bielefeld: S. 191, 192

akg-images, Berlin: S. 43, 81 (2x), 83, 88, 174, 175, 235

akg-images / Hilbich: S. 237 li.

akg-images / Schütze / Rodemann: S. 237 re.

akg-images / Udo Hesse: S. 237 u.

bitterbredt.de: S. 236

Alexander Calder: Chock 1972: S. 134

Alexander Calder: Fisch mit Menschenkopf, 1976: S. 133

Canon Deutschland GmbH; A. Cieslik-Eichert, Bielefeld: S. 184, 185, 186

Hatje Cantz: S. 246

A. Cieslik-Eichert, Bielefeld: S. 5, 6, 8, 9 (3x), 13, 22 (2x), 34 (3x), 35 (2x), 36, 37(4x), 38 (2x), 38, 39, 42, 44, 46, 69, 79, 85, 87, 88, 89, 94 (2x), 96, 97, 117, 118 (2x), 121 (2x), 122 (2x), 123 (2x), 124 (2x), 127, 128, 129 (2x), 131 (3x), 132 (4x), 133 (2x), 146, 147, 150 (2x), 151(4x), 152, 153 (2x), 176, 179, 183 (3x), 186 (3x), 187 (3x), 188 (4x), 189 (2x), 190 (2x), 191, 192 (3x), 193 (2x), 195 (2x), 198 (3x), 199 (8x), 201 (3x), 202 (3x), 203 (3x), 204 (8x), 217, 219, 220, 221, 223, 225 (4x), 229, 230, 232, 233, 234 (2x), 235, 243, 245, 246, 248, 252, 259, 260, 261 (2x), 268, 275 (2x), 276 (4x)

Close, Chuck: Selbstportrait, courtesey Pace Wildenstein, New York: S. 88

Thomas Daum Bielefeld: S. 245 (3x)

Dietmar Dietrich, Wien: S. 276

Dorothee Dietrich, Wien: S. 229, 276

Benjamin Eichert, Bielefeld: S. 131, 220

Christine Eichert, Bielefeld: S. 229

Felix Eichert, Frankfurt am Main: S. 197, 204

Marlene Dumas („Die Hände der Kunst", Ausstellung im Museum MARTa,

Herford, 2008): S. 61

Anne Fiebiger, Gütersloh: S., 248

Janina Freiberger, Werther: S. 176, 179

Frank O. Gehry: Wiggle Side Chair, © www.vitra.com/Hans Hansen: S. 248

Claus Jacke: S. 55 (2x), 56 (4x), 57 (2x), 58 (4x), 59 (2x), 60, 68 (2x), 69, 70 (3x), 71 (3x), 73, 93 (4x), 94, 95, 102, 103 (2x), 104, 105 (4x), 107, 108, 109, 137, 138 (2x), 139 (2x), 142, 144, 145, 146 (2x), 147(3x), 148, 207 (2x), 209, 210 (4x), 211, 213

Daniel Knorr (Kunsthalle Wien); A. Cieslik-Eichert, Bielefeld: S. 274

Microsoft Deutschland GmbH; Jacke, Claus: S. 212

Museum MARTa, Herford: S. 230

picture alliance/abaca: S. 233 u.

Bildquellenverzeichnis

picture alliance/ dpa: S. 136 (2x)

Ronald McDonald Stiftung, München, Cieslik- Eichert, Andreas: S. 241, 244

Elena Ruthmann, Bielefeld: S. 179

thomas mayer_ archive: S. 238

Angelika Salfeld, Gehrden: S. 85

Erik Salfeld, Leonberg: S. 92

Schülerarbeiten: S. 17, 19 (3x), 20 (2x), 22 (2x), 52, 59, 60 (2x), 65, 69, 72, 73, 74 (2x), 75, 79 (2x), 80, 109 (2x), 110 (2x), 111 (2x), 113 (2x), 114 (2x), 115, 122 (3x), 141 (2x), 154 (4x), 157, 158 (5x), 159 (2x), 160 (3x), 161 (4x), 162, 163 (2x), 167, 168 (4x), 169 (4x), 170 (3x), 173, 175 (2x), 176, 179, 262 (3x), 270 (3x), 271 (3x), 277 (2x)

Marc Wallinger: Zone; Cieslik-Eichert, Andreas: S. 276

Robert Wilson („Die Hände der Kunst", Ausstellung im Museum MARTa, Herford, 2008): S. 61

Simone Wulf, Frankfurt am Main: S. 197, 204

VG Bild-Kunst, Bonn:

Corneille: Afrika ist nicht fern © VG Bild-Kunst, Bonn 2014: S. 23, 28

Corneille: Ohne Titel, 1951, © VG Bild-Kunst, Bonn 2014: S. 29

Combas, Robert: Zeichnung © VG Bild-Kunst, Bonn 2014: S. 61

Duchamp, Marcel: Fountain by R. Mutt, 1917, © Succession Marcel Duchamp/VG Bild-Kunst, Bonn 2014: S. 174

Duchamp, Marcel: Fahrrad-Rad, 1913, © Succession Marcel Duchamp/VG Bild-Kunst, Bonn 2014: S. 175

Ernst, Max: Der Briefträger Cheval - Le facteur, 1929/30, © VG Bild-Kunst, Bonn 2014: S. 81

Hausmann, Raoul: ABCD, 1923, © VG Bild-Kunst, Bonn 2014: S. 82

Hazoumé, Romuald: Kanistermaske © VG Bild-Kunst, Bonn 2014: S. 178

Heartfield, John: Adolf, der Übermensch: Schluckt Gold, 1930, © The Heartfield Community of Heirs/VG Bild-Kunst, Bonn 2014: S. 88

Nussbaum, Felix: Selbstbildnis mit Judenpass, 1943, © VG Bild-Kunst, Bonn 2014: S. 253

Schwitters, Kurt: Das Bäumerbild, 1920 © VG Bild-Kunst, Bonn 2014: S. 43

Schwitters, Kurt: Das Unbild, 1919 © VG Bild-Kunst, Bonn 2014: S. 83

Schütte, Thomas: Kirschsäule, © VG Bild-Kunst, Bonn 2014: S. 276

Siekmann, Andreas: Trickle Down © VG Bild-Kunst, Bonn 2014: S. 177

Staeck, Klaus: Werk © VG Bild-Kunst, Bonn 2014: S. 61

Staeck, Klaus: Globalisierungsopfer auf dem Weg zum Mars © VG Bild-Kunst, Bonn 2014: S. 88

Picasso, Pablo: Stillleben mit Rohrstuhlgeflecht, 1912, © Succession Picasso/VG Bild-Kunst, Bonn 2014: S. 81

Stollhans, Jürgen: Mosaik, © VG Bild-Kunst, Bonn 2014: S. 88